高等学校教材

劳动教育与训练

杨萌 彭素强 主编

化学工业出版社

·北京·

内容简介

《劳动教育与训练》以新时代人才培养为主线，以提高学生的劳动意识和劳动素养为目标，从劳动、劳模、工匠"三个精神"与社会劳动、专业实践相融合的角度，分为绪论、理念篇和技能篇。绪论主要介绍了中华优秀传统文化与马克思主义劳动观。理念篇旨在让学生深入理解劳动的价值，树立正确的劳动观念；弘扬"三个精神"，培育劳模工匠；培育优良品质，成就美好未来；传承红色基因，勇担时代重任。技能篇则重点培养学生的实际操作能力，让学生通过开展生产劳动，创造美好生活；学习劳动技能，传承优秀文化；加强自我锻炼，激发创新活力；用劳动回馈社会，用行动构筑人生；强化安全意识，确保劳动安全；强化法治意识，保障合法权益。

本书既可作为高等学校劳动教育课程的教材，也可作为企业职工劳动教育的培训教材。

图书在版编目（CIP）数据

劳动教育与训练/杨萌，彭素强主编.—北京：化学工业出版社，2024.5
ISBN 978-7-122-45646-5

Ⅰ.①劳⋯　Ⅱ.①杨⋯②彭⋯　Ⅲ.①劳动教育-教材　Ⅳ.①G40-015

中国国家版本馆CIP数据核字(2024)第096838号

责任编辑：提　岩　熊明燕　甘九林
文字编辑：李　双　谢晓馨　刘　璐
责任校对：王鹏飞
装帧设计：关　飞

出版发行：化学工业出版社
　　　　　（北京市东城区青年湖南街13号　邮政编码100011）
印　　装：大厂聚鑫印刷有限责任公司
787mm×1092mm　1/16　印张13$\frac{1}{2}$　字数300千字
2024年6月北京第1版第1次印刷

购书咨询：010-64518888　　　　　售后服务：010-64518899
网　　址：http://www.cip.com.cn

凡购买本书，如有缺损质量问题，本社销售中心负责调换。

定　　价：45.00元　　　　　　　　版权所有　违者必究

前言

"任何一个民族,如果停止劳动,不用说一年,就是几个星期,也要灭亡,这是每一个小孩都知道的。"马克思认为劳动在人和人类社会形成和发展过程中起决定作用:劳动不仅创造了人和人类社会,而且是人类社会赖以存在和发展的基础,是人们全部社会关系形成和发展的基础,错综复杂、丰富多彩的整个社会物质、精神生活过程,不过是劳动过程的展开和深化。中国传统社会一直保留着不间断的耕读结合的教育传统以及身体力行的劳动示范和家训、诗歌中关于劳动教育的传承,形成了勤劳的优良传统。现代教育家蔡元培在民国初年担任教育总长时,也曾提出"德智体美劳"五育并重的先进教育方针。

新中国成立以后,劳动教育在"为工农服务、为生产建设服务"的直接指引下创建和发展,与教育方针的结合从德智体三育到面向现代化、面向世界、面向未来三个面向;从德智体美四育到党的十八大提出的立德树人;2018年9月,习近平总书记在全国教育大会上的重要讲话首次提出"培养德智体美劳全面发展的社会主义建设者和接班人";2020年3月,中共中央、国务院发布《关于全面加强新时代大中小学劳动教育的意见》,要求将劳动教育纳入中小学国家课程方案和职业院校、普通高等学校人才培养方案,设置劳动教育必修课程,形成具有综合性、实践性、开放性、针对性的劳动教育课程体系,达成劳动教育的总体目标:"通过劳动教育,使学生能够理解和形成马克思主义劳动观,牢固树立劳动最光荣、劳动最崇高、劳动最伟大、劳动最美丽的观念;体会劳动创造美好生活,体认劳动不分贵贱,热爱劳动,尊重普通劳动者,培养勤俭、奋斗、创新、奉献的劳动精神;具备满足生存发展需要的基本劳动能力,形成良好劳动习惯。"

本书结合应用型高校在家庭、学校、社会、行(企)业四位一体劳动养成教育体系的探索和实践,依据教育部《大中小学劳动教育指导纲要(试行)》编写,通过从家庭的"自我服务、生活劳动",高校的"劳动教育理论、校内公共服务、校内公益志愿劳动、劳动技能",社会的"公益劳动、志愿劳动",行(企)业的"专业劳动、创新职业劳动"的养成,并以高校为劳动教育的主阵地,与学生的学业职业规划相融合,围绕创新创业,结合专业实习实践等,重视新知识、新技术、新工艺、新方法应用,创造性地解决实际问题,达到家校合一,助力"爱劳动"的劳动习惯与价值取向;企校合一,助力"懂劳动"的劳动内涵与时代担当;社校合一,助力"会劳动"的劳动品质与奉献精神,强化安全意识、法治意识和榜样引领。在劳动教育中增强诚实劳动意识,积累职业经验,提升就业创业能力,形成正确的就业观和择业观，具备面对重大灾害等危机主动作为的奉献精神，明确劳动创造美好生活。

本书立足于应用型高校劳动教育和训练的实施，具有注重劳动养成教育体系的构建，体现学生的自觉劳动和终身劳动；注重整合家庭、学校、社会、行（企）业各方力量参与，体现强化综合实施；注重理论与多层实践相结合，体现劳动技能养成和提升；注重开展多方位的评价和激励，体现学生中心的自身特色。

本书由杨萌、彭素强担任主编，赵旭德、曲长海、赵栋楠、冯心怡担任副主编。杨萌负责整体设计、整体构架，杨萌、彭素强一起负责内容选择、把关和统稿。具体编写分工为：绪论、第一章、第二章由杨萌编写；第三章由李翾编写；第四章、第十章由曲长海、黄紫薇编写；第五章、第六章由彭素强、冯心怡编写；第七章由赵旭德编写；第八章、第九章由赵栋楠、彭丹编写。全书由张方胜主审。

在编写过程中还吸收借鉴了国内劳动教育研究的诸多新成果，参考了国内一些应用型高校"关于加强新时代劳育工作的实施方案"中探索创新符合新时代要求、五育并举融合发展的具有学校鲜明特色的劳动育人体系构建与实施的宝贵经验，得到了湖北理工学院教务、学工等部门的大力支持，在此一并致以诚挚的谢意！

由于编者水平所限，书中不足之处在所难免，敬请广大读者批评指正。

杨萌
2024年5月

数字化资源
拓展阅读

目录

绪论　中华优秀传统文化与马克思主义劳动观 / 001

第一节　劳动创造中华优秀传统文化 / 001

一、汉字"劳"的演变与释义 / 001

二、中华优秀传统文化 / 002

三、以劳动为载体的中华优秀传统文化 / 002

四、以实践传承和创新发展中华优秀传统文化 / 008

第二节　中国共产党关于劳动教育百年来的探索 / 010

一、劳动教育与社会主义核心价值观的融合 / 010

二、丰富多样的劳动教育实践活动 / 010

三、重视劳动模范和技能人才的培养 / 010

四、劳动教育与义务教育、高等教育的结合 / 011

理 念 篇

第一章　认识劳动价值，树立劳动观念 / 014

第一节　劳动创造价值，实现人生理想 / 014

一、劳动的含义 / 015

二、劳动的类型 / 015

三、劳动的价值 / 017

第二节　加强劳动教育，锻造时代新人 / 020

一、劳动教育的主要内容 / 021

二、劳动教育的重要意义 / 021

三、劳动教育的基本原则 / 023

四、劳动教育的总体目标 / 024

第三节　树立正确的劳动观，用劳动实现中国梦 / 024

一、马克思主义劳动观的内容 / 025

二、马克思主义劳动观的意义 / 027

三、中国特色社会主义劳动观的创新与发展 / 028

第二章　弘扬"三个精神"，培育劳模工匠 / 031

第一节　传承劳动精神，点亮青春梦想 / 031

一、劳动精神的内涵 / 032

二、劳动精神的价值理念 / 033

三、在实践中传承劳动精神 / 035

第二节　弘扬劳模精神，汲取奋进力量 / 035

一、什么是劳动模范 / 036

二、劳模精神的内涵 / 037
三、在实践中弘扬劳模精神 / 039

第三节 践行工匠精神，传承工匠文化 / 040

一、工匠精神的内涵 / 041
二、工匠精神的时代价值 / 042
三、用行动践行工匠精神 / 044

第三章　培育优良品质，成就美好未来 / 047

第一节 主动劳动，快乐劳动 / 047

一、主动承担劳动任务 / 048
二、尽心尽力完成劳动任务 / 049

第二节 诚信劳动，踏实劳动 / 053

一、遵守规范 / 053

二、脚踏实地 / 055
三、实事求是 / 056

第三节 合作劳动，共促发展 / 057

一、合作劳动的意义 / 058
二、提高合作劳动能力的途径 / 059

第四章　传承红色基因，勇担时代重任 / 063

第一节 传承革命精神，坚定奋斗目标 / 063

一、革命精神的内涵 / 064
二、革命精神的时代价值 / 067

第二节 接受红色教育，牢记使命担当 / 068

一、回顾伟大历史，重拾红色记忆 / 069
二、参观红色基地，接受精神洗礼 / 071

三、开展红色活动，领会红色精神 / 071
四、传承红色基因，汇聚复兴伟力 / 072

第三节 不畏艰难困苦，勇担时代重任 / 072

一、艰苦奋斗精神的时代价值 / 073
二、培养艰苦奋斗精神 / 075
三、投身社会主义建设 / 076

技　能　篇

第五章　开展生活劳动，创造美好生活 / 082

第一节 家务自理，自立自强 / 082

一、衣物整洁 / 082
二、烹饪熟练 / 087
三、家庭保健 / 091
四、其他家务 / 093

第二节 美化校园，从我做起 / 097

一、建设文明寝室 / 098

二、共建美丽校园 / 101
三、垃圾分类 / 103

第三节 勤工助学，筑梦育人 / 109

一、什么是勤工助学 / 109
二、选择合适的勤工助学岗位 / 110
三、勤工助学的时间安排与劳动报酬 / 111
四、准备勤工助学面试 / 112

第六章　学习劳动技能，传承优秀文化 / 115

第一节　懂农业，学农民，识农村 / 115
一、中国农耕文化 / 116
二、农民的优秀品质 / 119
三、农村民俗 / 121

第二节　知工业，学工人，通技艺 / 125
一、中国工业文明 / 126
二、工人的优秀品质 / 127
三、传统工艺 / 129

第七章　加强自我锻炼，激发创新活力 / 133

第一节　参加实习实训，开启职业人生 / 133
一、实习实训的类型 / 134
二、实习实训的意义 / 135
三、实习实训的要求 / 137

第二节　激发创新活力，共筑创业梦想 / 139
一、培养创新创业思维 / 140
二、掌握创业知识 / 144
三、撰写创业计划书 / 147

第八章　用劳动回馈社会，用行动重筑人生 / 151

第一节　志愿服务，让爱传递 / 151
一、志愿服务的特点和类型 / 152
二、志愿者的自我修养 / 155
三、参与志愿服务 / 156
四、弘扬志愿精神 / 158

第二节　社会实践，服务大众 / 159
一、"三支一扶"计划 / 160
二、"三下乡"社会实践 / 162

第三节　社区服务，便民利民 / 165
一、了解社区居民服务需求 / 166
二、策划社区服务活动 / 167

第九章　强化安全意识，确保劳动安全 / 169

第一节　强化安全意识，筑牢安全防线 / 169
一、劳动安全事故的分类 / 169
二、劳动安全事故发生的原因 / 170
三、强化劳动安全意识的途径 / 172

第二节　提高防范能力，确保人身安全 / 174
一、防止触电 / 174
二、防止机械伤害 / 175
三、防止火灾发生 / 178

四、警惕职业病 / 179

第三节　掌握急救常识，守护生命之花 / 181
一、触电急救 / 182
二、意外受伤急救 / 182
三、烫伤急救 / 183
四、中暑急救 / 183
五、心脏骤停急救 / 184

第十章 强化法治意识，保障合法权益 / 187

第一节 学习法律法规，明辨权利义务 / 187

一、我国的劳动法律制度 / 188

二、劳动者的权利 / 191

三、劳动者的义务 / 193

第二节 遵守劳动纪律，增强责任意识 / 195

一、劳动纪律的内容 / 195

二、遵守劳动纪律的重要性 / 197

三、如何做到遵守劳动纪律 / 197

第三节 增强知法守法意识，维护自身权益 / 198

一、如何维护实习权益 / 199

二、如何维护就业权益 / 202

三、如何解决违约问题与劳动争议 / 204

参考文献 / 208

绪论

中华优秀传统文化与马克思主义劳动观

第一节 劳动创造中华优秀传统文化

一、汉字"劳"的演变与释义

"劳",基本汉字,在500个最常用字中排第425位,造字法为会意。一般指人类创造物质或精神财富的活动、辛苦辛勤、劳动者的简称、用力等意。其字形演变过程如图0-1所示。

| 甲骨文 | 金文 | 战国文字 | 篆文 | 隶书 | 楷书 | 简体 |

图0-1 "劳"字形演变过程

"劳"字甲骨文作从二火、从衣,表示烛火下缝缀衣服的辛劳,衣中小点代表缝缀的痕迹;金文有作从二火、从衣,火上加短横的,也有作从二火、从心,表示心力操劳的;战国文字省略"衣"旁改写作"冖"旁,其下从力,表示屋内灯下劳作的意思;篆文继承了战国文字的写法,《说文解字》误以为"从力,荧省",表示大火烧到屋子,人们全力灌救的辛苦;隶书、楷书都继承篆文写法,在六书中属于异文会意。六书是由汉代的学者把汉字的构成和使用方式归纳成的六种类型,分别是:象形、指事、会意、形声、转注、假借。其中象形、指事、会意、形声是"造字法",转注、假借是"用字法"。中国汉字中,形声字占最多。

"劳"的基本解释有：①人类创造物质或精神财富的活动：～动、～力、～逸、功～（功业、成绩）、按～分配；②辛苦、辛勤：～苦、～顿（劳累困顿）、～瘁（劳累辛苦）、～碌（事情多而辛苦）、～心、疲～、烦～、任～任怨；③劳动者的简称：～工（旧时指工人）、～资；④用力：～苦功高、勤～、徒～无功；⑤用言语或实物慰问：慰～、～军（慰劳军队）；⑥姓。

二、中华优秀传统文化

文化是人类社会特有的一种社会现象，是人们长期创造形成的产物，同时又是一种历史现象，是社会历史的积淀物。广义的文化是人类创造出来的所有物质和精神财富的总和，既包括世界观、人生观、价值观等具有意识形态性质的部分，又包括自然科学和技术、语言和文字等非意识形态的部分。确切地说，文化是指一个国家或民族的历史、地理、风土人情、传统习俗、生活方式、文学艺术、行为规范、思维方式、价值观念等。根据英国人类学家爱德华·泰勒的定义，文化是"包括知识、信仰、艺术、法律、道德、风俗以及作为一个社会成员所获得的能力与习惯的复杂整体"，其核心是作为精神产品的各种知识，其本质是传播。

传统文化是文明演化而汇集成的一种反映民族特质和风貌的文化，是各民族历史上各种思想文化、观念形态的总体表现。其内容当为历代存在过的种种物质的、制度的和精神的文化实体和文化意识。它是对应于当代文化和外来文化的一种统称。中国的传统文化，依据中国历史大系表顺序，经历了史前时期的有巢氏、燧人氏、伏羲氏、神农氏（炎帝）、黄帝（轩辕氏）、尧、舜、禹等时代，到夏朝建立，之后绵延发展。中国的传统文化有儒家、杂家、纵横家、道家、墨家、法家、兵家、名家、阴阳家以及中国化的佛家等文化意识形态；古文、诗、词、曲、赋、民族音乐、民族戏剧、国画、书法、对联、灯谜、射覆、酒令、歇后语，以及民族服饰、生活习俗；在民俗方面，则通过中国古代传统历法以传统节日的形式体现出来。其中，儒家、佛家、道家思想，以及"三位一体"的合流思想对中国传统文化影响最为直接而深刻。

中华优秀传统文化反映了中华民族的精神追求，形成了中华民族特有的价值取向和精神气质。经过千百年的传承，中华优秀传统文化已经成为中华民族最基本的文化基因，植根在中国人内心，潜移默化影响着中国人的思想方式和行为方式，成为中华民族共同的精神家园，塑造了海纳百川、兼容并蓄的民族品质。

三、以劳动为载体的中华优秀传统文化

1. 文学作品

击壤歌

[先秦]佚名

日出而作，日入而息。凿井而饮，耕田而食。帝力于我何有哉？

译文：太阳出来就去耕作田地，太阳落山就回家去休息。凿一眼井就可以有水喝，种

出庄稼就不会饿肚皮。这样的日子有何不自在，谁还去羡慕帝王的权力。

周南·芣苢
《诗经》

采采芣苢，薄言采之。采采芣苢，薄言有之。采采芣苢，薄言掇之。采采芣苢，薄言捋之。采采芣苢，薄言袺之。采采芣苢，薄言襭之。

译文：繁茂鲜艳的芣苢呀，我们赶紧来采呀。繁茂鲜艳的芣苢呀，我们赶紧采起来。繁茂鲜艳的芣苢呀，一片一片摘下来。繁茂鲜艳的芣苢呀，一把一把捋下来。繁茂鲜艳的芣苢呀，提起衣襟兜起来。繁茂鲜艳的芣苢呀，掖起衣襟兜回来。

豳风·七月
《诗经》

七月流火，九月授衣。一之日觱发，二之日栗烈。无衣无褐，何以卒岁。三之日于耜，四之日举趾。同我妇子，馌彼南亩，田畯至喜。

七月流火，九月授衣。春日载阳，有鸣仓庚。女执懿筐，遵彼微行，爰求柔桑。春日迟迟，采蘩祁祁。女心伤悲，殆及公子同归。

七月流火，八月萑苇。蚕月条桑，取彼斧斨，以伐远扬，猗彼女桑。七月鸣鵙，八月载绩。载玄载黄，我朱孔阳，为公子裳。

四月秀葽，五月鸣蜩。八月其获，十月陨萚。一之日于貉，取彼狐狸，为公子裘。二之日其同，载缵武功，言私其豵，献豜于公。

五月斯螽动股，六月莎鸡振羽，七月在野，八月在宇，九月在户，十月蟋蟀入我床下。穹窒熏鼠，塞向墐户。嗟我妇子，曰为改岁，入此室处。

六月食郁及薁，七月亨葵及菽，八月剥枣，十月获稻，为此春酒，以介眉寿。七月食瓜，八月断壶，九月叔苴，采荼薪樗，食我农夫。

九月筑场圃，十月纳禾稼。黍稷重穋，禾麻菽麦。嗟我农夫，我稼既同，上入执宫功。昼尔于茅，宵尔索绹。亟其乘屋，其始播百谷。

二之日凿冰冲冲，三之日纳于凌阴。四之日其蚤，献羔祭韭。九月肃霜，十月涤场。朋酒斯飨，曰杀羔羊。跻彼公堂，称彼兕觥，万寿无疆。

译文：七月大火向西落，九月妇女缝寒衣。十一月北风劲吹，十二月寒气袭人。没有好衣没粗衣，怎么度过这年底？正月开始修锄犁，二月下地去耕种。带着妻儿一同去，把饭送到向阳的土地上去，田官分发食物。

七月大火向西落，九月妇女缝寒衣。春天阳光暖融融，黄鹂婉转唱着歌。姑娘提着深竹筐，一路沿着小道走，伸手采摘嫩桑叶。春来日子渐渐长，人来人往采白蒿。姑娘心中好伤悲，害怕要随贵人嫁他乡。

七月大火向西落，八月要把芦苇割。三月修剪桑树枝，取来锋利的斧头，砍掉高高长枝条，攀着细枝摘嫩桑。七月伯劳声声叫，八月开始把麻织。染丝有黑又有黄，我的红色更鲜亮，献给贵人做衣裳。

四月远志结了籽，五月知了阵阵叫。八月田间收获忙，十月树上叶子落。十一月上山猎貉，猎取狐狸皮毛好，送给贵人做皮袄。十二月猎人会合，继续操练打猎功。打到小猪归自己，猎到大猪献王公。

五月蚱蜢弹腿叫，六月纺织娘振翅。七月蟋蟀在田野，八月来到屋檐下。九月蟋蟀进门口，十月钻进我床下。堵塞鼠洞熏老鼠，封好北窗糊门缝。叹我妻儿好可怜，岁末将过新年到，迁入这屋把身安。

六月食李和葡萄，七月煮葵又煮豆。八月开始打红枣，十月下田收稻谷。酿成春酒美又香，为了主人求长寿。七月里面可吃瓜，八月到来摘葫芦。九月拾起秋麻子，采摘苦菜又砍柴，养活农夫把心安。

九月修筑打谷场，十月庄稼收进仓。黍稷早稻和晚稻，粟麻豆麦全入仓。叹我农夫真辛苦，庄稼刚好收拾完，又为官家筑宫室。白天要去割茅草，夜里赶着搓绳索。赶紧上房修好屋，开春还得种百谷。

十二月凿冰冲冲，正月搬进冰窖中。二月开初祭祖先，献上韭菜和羊羔。九月寒来始降霜，十月清扫打谷场。两槽美酒敬宾客，宰杀羊羔大家尝。登上主人的庙堂，举杯共同敬主人，齐声高呼寿无疆。

江南
汉乐府

江南可采莲，莲叶何田田。鱼戏莲叶间。鱼戏莲叶东，鱼戏莲叶西，鱼戏莲叶南，鱼戏莲叶北。

译文：江南又到了适宜采莲的季节了，莲叶浮出水面，挨挨挤挤，重重叠叠，迎风招展。在茂密如盖的荷叶下面，欢快的鱼儿在不停地嬉戏玩耍。一会儿在这儿，一会儿又忽然游到了那儿，说不清究竟是在东边还是在西边，是在南边还是在北边。

归园田居·其三
[晋]陶渊明

种豆南山下，草盛豆苗稀。晨兴理荒秽，带月荷锄归。道狭草木长，夕露沾我衣。衣沾不足惜，但使愿无违。

译文：我在南山下种植豆子，地里野草茂盛豆苗稀疏。清晨早起下地铲除杂草，夜幕降临披着月光才回家。山径狭窄草木丛生，夜间露水沾湿了我的衣裳。衣衫被沾湿并不可惜，只愿我不违背归隐心意。

悯农二首·其二
[唐]李绅

锄禾日当午，汗滴禾下土。谁知盘中餐，粒粒皆辛苦？

译文：盛夏中午，烈日炎炎，农民还在劳作，汗珠滴入泥土。有谁想到，我们碗中的米饭，一粒一粒都是农民辛苦劳动得来的呀？

秋浦歌十七首·其十四
[唐]李白

炉火照天地，红星乱紫烟。赧郎明月夜，歌曲动寒川。

译文：炉火熊熊燃烧，红星四溅，紫烟蒸腾，广袤的天地被红彤彤的炉火照得通明。炼铜工人在明月之夜，一边唱歌一边劳动，他们的歌声打破幽寂的黑夜，震荡着寒天河流。

望江南·暮春
[宋]苏轼

春已老，春服几时成。曲水浪低蕉叶稳，舞雩风软纻罗轻。酣咏乐升平。微雨过，何处不催耕。百舌无言桃李尽，柘林深处鹁鸪鸣。春色属芜菁。

译文：春已归去，春衣几时制成？小溪弯弯水缓浪低平，盏盏蕉叶杯水面稳稳行。舞雩坛上风轻轻，轻轻拂动轻柔纻罗衣襟。让我们尽情高歌欢舞，歌唱天下升平。小雨才飘过，何处农家不催耕？喧春的百舌鸟已无语，绚丽的桃李也已开过芬芳尽。那催春的布谷鸟啊，也早已飞进深深茂密的桑林。春天啊一片春色，已嘱托根硕叶肥的芜菁。

清平乐·村居
[宋]辛弃疾

茅檐低小，溪上青青草。醉里吴音相媚好，白发谁家翁媪？大儿锄豆溪东，中儿正织鸡笼。最喜小儿亡赖，溪头卧剥莲蓬。

译文：草屋的茅檐又低又小，溪边长满了翠绿的小草。含有醉意的吴地方音，听起来温柔又美好，那满头白发的是谁家的公婆父老？

大儿子在小溪东边的豆田锄草，二儿子正在家里编织鸡笼。最喜欢的顽皮的小儿子，他正横卧在溪头草丛，剥着刚摘下的莲蓬。

金字经·樵隐
[元]马致远

担挑山头月，斧磨石上苔。且做樵夫隐去来。柴，买臣安在哉？空岩外，老了栋梁材。

译文：当明月挂上了山头，挑着柴担一步步走下山岗；在长满苔藓的石上，把斧子磨得锋亮。姑且做个樵夫，去隐居在山乡。打柴，那打柴的朱买臣如今又在何方？空山深处，埋没了栋梁高材，一年年老去了时光！

2. 劳动号子

劳动号子是产生并应用于劳动的民间歌曲，具有协调与指挥劳动的实际功能。在劳动过程中，尤其是集体协作性较强的劳动，为了统一步伐，调节呼吸，释放身体负重的压力，劳动者常常发出吆喝或呼号。这些吆喝、呼号声逐渐被劳动人民美化，发展为歌曲的形式。从最初劳动中简单的、有节奏的呼号，发展为有丰富内容的歌词、有完整曲调的歌曲形式。劳动号子作为民歌的一个主要体裁，早在原始时代人们开始从事集体劳动时就已产生。数千年来，它伴随着劳动大众在与自然的搏斗中发挥了巨大的社会功能，创造了人类战胜自然的一个又一个奇迹，是人与自然和劳动相结合又相碰撞而产生的最早的精神、艺术之花。劳动号子体现出了劳动人民的智慧和力量，表现出劳动人民的乐观精神和大无畏的英雄气概，具有永恒的历史文化价值。

劳动号子主要有以下几类：

① 搬运号子，在装卸、扛抬、挑担、推车等劳动中歌唱。其代表作有：山西《走绛州》、黑龙江《哈腰挂》等。

山西民歌：走绛州

一根扁担软溜溜地溜（呀哈嗨），软溜软溜软溜软溜溜（呀哈嗨），担上了扁担我走绛州，筐儿绳儿刺啦啦啦嘣，路旁树儿柳叶子儿青，青呀青呀青呀青呀（哎咳哎咳咿哟）走绛州。

一辆小车吱扭扭地扭（呀哈嗨），吱扭吱扭吱扭吱扭扭（呀哈嗨），推上了小车我走绛州，轱辘辘儿咕噜噜噜转，树上的鸟儿喳喳喳喳唱，唱呀唱呀唱呀唱呀（哎咳哎咳咿哟）走绛州。

小小毛驴踢踏踢踏踢（呀哈嗨），踢踏踢踏踢踏踢踏（呀哈嗨），赶上了毛驴我走绛州，驴儿驴儿踏踏踏踏跑，棒槌鼓儿咚咚咚咚敲，咚咕咚咚咚咚咚（哎咳哎咳咿哟）走绛州。

② 工程号子，在打夯、打硪、伐木、采石等劳动中歌唱。其代表作有：湖北《石硪硪歌》、湖南《打硪歌》等。

湖北沔阳：石硪硪歌

我出身，本是在，高山之上；我姓石，叫硪子，来到稻场。多亏了，石匠们，将我凿上；一头大，一头小，又圆又光。

农友们，收割时，把我用上；架硪盘，用牛拖，帮忙打粮。忙完了，季节活，将我闲放；反说我，不如磨，愚蠢非常。

昨夜里，睡土台，耳听人讲；说政府，搞建设，修筑堤防。又说是，片硪轻，难保质量；赶不上，我石硪，身壮力强。

次日里，硪工们，扎上轿杠；十二人，抬起我，像抬新娘。抬到了，工地上，开口就唱；他一唱，我一蹦，不慌不忙。论深度，打到了，八寸以上；把堤坝，筑成了，铁壁铜墙。哪怕它，洪水大，能够抵挡；修好堤，保丰收，增收棉粮。我翻身，搞建设，出了力量；感谢了，共产党，办法周详。

③ 农事号子，在农业劳动中歌唱，如打麦、舂米、车水、薅草等。其代表作有：安徽《舂米号子》、湖北《嗬咚嗬》、江苏《打麦号子》等。

④ 船渔号子，伴随水运、打鱼、船务等劳动。其代表作有：陕西《黄河船夫曲》、四川

《川江船夫号子》、湖南《澧水号子》等。

3. 传统节日

中国传统节日，是中华民族悠久历史文化的重要组成部分，形式多样、内容丰富。传统节日的形成，是一个国家或民族的历史文化长期积淀凝聚的过程。中华民族的古老传统节日，涵盖了原始信仰、祭祀文化、天文历法、易理术数等人文与自然文化内容，蕴含着深邃丰厚的文化内涵。从远古先民时期发展而来的中华传统节日，不仅清晰地记录着中华民族先民丰富而多彩的社会生活文化内容，也积淀着博大精深的历史文化内涵。

中国的传统节日主要有：春节（农历正月初一），元宵节（农历正月十五），龙抬头、社日节（农历二月初二），上巳节（农历三月初三），寒食节（冬至后的第105或106天），清明节（公历4月5日前后），端午节（农历五月初五），七夕节（农历七月初七），中元节（农历七月十五），中秋节（农历八月十五），重阳节（农历九月初九），下元节（农历十月十五），冬至节（公历12月21～23日），除夕（农历十二月二十九或三十）等。

春节是指我国传统上的农历新年，古时春节曾专指节气中的立春，也被视为一年的开始，后来改为农历正月初一新年开始，一般认为至少要到正月十五新年才结束。据说夏朝以春季一月为正月，商朝以冬季十二月为正月，周朝以冬季十一月为正月。秦始皇统一六国后，规定以冬季十月为正月（阴历）。到西汉才又恢复夏朝正月，定寅月（今农历正月）为岁首。古时的正月初一被称为元旦、元日、新正等，直到中国近代辛亥革命胜利后，南京临时政府为了顺应农时和便于统计，规定在民间使用夏历（农历），在政府机关、厂矿、学校和团体中实行公历（纪年不用公元纪年法而用民国纪年法）。到中华人民共和国成立前夕，1949年9月27日，中国人民政治协商会议上才正式把夏历（农历）新年定为"春节"，因而至今仍有许多人将过春节叫过年。

春节民谣

腊七腊八粥儿甜，除尘去旧迎新年；二十三，到小年，糖瓜祭在灶王前；二十四，祖院祀，拜早年用香钱；二十五，贴大福，福到门前敬圣贤；二十六，贴春联，春联祝贺幸福年；二十七，备新衣，新衣正装禄寿齐；二十八，贴窗花，寓意吉祥大家发；二十九，桌上有，糕点素果心意久；旧年三十候新年，守岁饺子盛满盘；新年首日大初一，一元初始建佳期！

元日

[宋]王安石

爆竹声中一岁除，春风送暖入屠苏。千门万户曈曈日，总把新桃换旧符。

4. 二十四节气

中国古代是一个农业社会，农业需要严格了解太阳运行情况，农事完全根据太阳进行，所以在历法中又加入单独反映太阳运行周期的"二十四节气"，用作确定闰月的标准。二十四个时节和气候，是我国古代订立的一种用来指导农事、从事生产的补充历法，是中华民族劳动人民长期经验积累的成果和智慧的结晶。目前，中国正统的二十四节气以河南为本。

"二十四节气"分别为：立春、雨水、惊蛰、春分、清明、谷雨、立夏、小满、芒种、夏至、小暑、大暑、立秋、处暑、白露、秋分、寒露、霜降、立冬、小雪、大雪、冬至、小寒、大寒。二十四节气当中，有个别既是自然节气点也是传统节日，如清明、冬至等，这些节日兼具自然与人文两大内涵。2016年11月30日，中国"二十四节气"被正式列入联合国教科文组织人类非物质文化遗产代表作名录。

二十四节气歌

春雨惊春清谷天，夏满芒夏暑相连。秋处露秋寒霜降，冬雪雪冬小大寒。
每月两节不变更，最多相差一两天。上半年来六廿一，下半年是八廿三。

二十四节令歌

打春阳气转，雨水沿河边；惊蛰乌鸦叫，春分沥皮干；清明忙种麦，谷雨种大田；立夏鹅毛住，小满雀来全；芒种五月节，夏至不纳棉；小暑不算热，大暑三伏天；立秋忙打靛，处暑动刀镰；白露烟上架，秋分无生田；寒露不算冷，霜降变了天；立冬交十月，小雪地封严；大雪河汊上，冬至不行船；小寒进腊月，大寒又一年。

四、以实践传承和创新发展中华优秀传统文化

中华优秀传统文化是中华民族的"根"与"魂"。习近平总书记指出："优秀传统文化是一个国家、一个民族传承和发展的根本，如果丢掉了，就割断了精神命脉。"

中华优秀传统文化是中华民族在五千多年的社会实践中形成的思想理念、传统美德和人文精神的集合，体现出中华民族特有的思维方式和精神标识。它在历史上为推动民族进步和社会发展发挥过重要作用，时至今日依然具有显著的时代价值。

以劳动实践传承和创新发展中华优秀传统文化，需要坚持做到"以劳树德"。《论语》开篇"学而时习之，不亦说乎"，其中"学"与"习"指的就是对于德性的修养和践行。《大学》亦是如此："大学之道，在明明德，在亲民，在止于至善。"创造性转化和创新性发展中华优秀传统文化是坚持和发展中国特色社会主义的文化之根与精神之源，对于弘扬社会主义核心价值观、丰富治国理政价值理念、增强文化自信文化担当，具有重要意义。在实现中华民族伟大复兴的新征程中，我们需要深化对传统文化的科学认知，赋予优秀传统文化新的时代内涵和现代表达形式；既要看到它在推动传统社会发展中的重要作用，又要明晰它所蕴含的糟粕劣根，更要承认传统文化的优秀基因经过创新转化在当今时代仍具重大思想价值和现实意义，以此激发传统文化的创造活力，从而为中国式现代化建设提供精神滋养和智力支撑。

以劳动实践传承和创新发展中华优秀传统文化，需要坚持做到"以劳增智"。中华民族从有巢氏开拓人类原始巢居文明、燧人氏发明钻木取火、伏羲氏创造文字替代结绳记事、

神农氏尝百草、黄帝实行田亩制、大禹治水到都江堰水利工程；从秦始皇一统六国的"车同轨、书同文、行同伦"到"指南针、造纸术、火药、印刷术"的四大发明；从半殖民地半封建社会到中国特色社会主义新时代，中华民族通过改革开放、万众创新，始终通过劳动实践推动人文和自然科学的发展，推动人类社会的不断进步。

以劳动实践传承和创新发展中华优秀传统文化，需要坚持做到"以劳强体"和"以劳育美"。中国古代体育是随着古代社会政治、经济、科学、文化的发展在劳动实践中逐渐传承、丰富起来的，并在历史的进程中最终形成了一套独特而完整的身体运动体系。其包括由生产实践与军事训练及战斗技能转化而来的体育活动内容，如射箭、射弩、跑步、跳跃、投掷、角力、角抵、相扑、摔跤、举重、马术，以及弄潮、游泳、跳水、潜水、滑冰和滑雪等；也有具有技击和保健特色的武术与养生体育，具有娱乐竞技特色的运动，诸如蹴鞠、击鞠、步打球、捶丸、踏球及其他球类运动；也有劳逸结合、具有益智特点的，如以围棋、象棋、广象戏、三人象棋、三友棋为代表的盘上棋戏，以六博、樗蒲、双陆、打马、象戏、弹棋为代表的骰戏，以叶子戏、酒牌、马吊、宣和牌、麻将为代表的纸牌戏，以摊钱、关扑、敲诗、骰宝、压宝、花会、闱姓为代表的猜射戏和棋牌博弈类活动；还有具有地域、民俗时令和休闲特点的民俗民间体育，如龙舟竞渡、舞龙、舞狮、荡秋千、打陀螺、拔河、跑旱船、登高、踏青、放风筝、抖空竹、跳百索、垂钓、捉迷藏等。

中华优秀传统文化所孕育的民族精神是凝聚全国各族人民的价值纽带。兼容并蓄、融会贯通的传统文化是中华民族共同的精神财富，它可以凝聚社会各领域的力量，激发各民族成员的归属意识、认同意识和进取意识，形成推动社会发展的凝聚力和创造力。中华优秀传统文化在历久弥新中培育了以爱国主义为核心的团结统一、爱好和平、勤劳勇敢、自强不息的民族精神，这种伟大精神是中华民族获取自尊和坚定自信的力量源泉，是中华民族生存发展壮大的精神支柱，是实现中华民族伟大复兴的最大价值共识，也是现代化进程中促进国家统一、维系民族团结、寻求价值和谐的终极文化基因。在经济全球化、政治多极化、文化多元化的时代背景中，我们既要保持民族文化底色，守住民族精神阵地，又要参与人类文明交流互鉴，为世界文明进步作出应有贡献。传统文化所关注的人与自然、人与人、人与自我的和谐关系，所追求的真善美的人生境界，表明它是一种道德践履之学、内圣外王之学、安身立命之学和人生智慧之学。其中蕴含的大思想、大智慧，可以慰藉心灵、涵养德性、纯洁情感，为解决当代人的思想意识与价值困惑提供智慧。习近平总书记在传承传统文化精髓的基础上提出"人类命运共同体"的新思想和新发展理念，为走向世界大同和推动世界和平发展提供中国方案，便是最好例证。

探究与分享

（1）了解中国劳动生产工具的变迁和演变。
（2）听一听符合自己兴趣爱好的"劳动号子"。
（3）深度了解某类中华优秀传统文化的发展史。

第二节　中国共产党关于劳动教育百年来的探索

中国共产党成立至今已经走过了100多年的光辉历程，在劳动教育方面进行了广泛而深入的探索。劳动教育一直是中国共产党的重要任务之一，旨在弘扬劳动光荣，推崇劳动者，培养劳动精神和技能，促进全民劳动，改善人民生活水平，实现社会繁荣和进步。

中国共产党始终强调劳动是最光荣的，劳动者是社会的中流砥柱。从建党初期就提出"劳动创造美德""劳动教育是基础教育"的口号，倡导全民劳动、尊重劳动者，强调劳动创造价值、实现自我价值。劳动教育贯穿于党的各项工作中，是推动经济社会发展的重要支撑。

一、劳动教育与社会主义核心价值观的融合

中国共产党将劳动教育与社会主义核心价值观紧密结合，通过传播社会主义核心价值观中的劳动创造美德、勤劳致富等观念，引导人们热爱劳动、尊重劳动，在社会主义建设的各个时期都发挥了重要作用。

在新中国成立初期，广大劳动者以饱满的热情投身到国家建设中，涌现出了一大批劳动模范，如"铁人"王进喜。他们以自己的实际行动诠释了劳动的价值和意义，成为社会主义核心价值观的生动体现。在改革开放时期，勤劳致富的观念深入人心，无数劳动者通过自己的努力和创新，实现了个人的梦想，也为国家的发展作出了贡献。劳动教育不仅是一种教育方式，更是一种思想理念，是培养社会主义建设者和接班人的重要途径。

二、丰富多样的劳动教育实践活动

中国共产党组织并推动了大量的劳动教育实践活动，如劳动教育实践活动周、义务劳动等。这些实践活动不仅是对劳动者的一种尊重和肯定，更有助于培养党员和群众勤劳节俭、艰苦奋斗的传统美德，促进全社会形成尊重劳动、崇尚劳动、勤劳致富的良好风气。例如，每年的"五一"劳动节前后，各地都会组织形式多样的劳动竞赛和技能展示活动，激发劳动者的积极性和创造性。同时，在学校和社区，也会组织学生和居民参与义务植树、打扫卫生等活动，培养他们的劳动意识和社会责任感。

三、重视劳动模范和技能人才的培养

中国共产党高度重视劳动模范和技能人才的培养，鼓励广大劳动者争做劳动模范、学习先进技术，为国家建设和发展贡献力量。通过表彰和宣传劳动模范事迹、举办技能比赛等活动，激励更多人投身劳动，努力提升自身技能水平，为推动经济社会发展作出积极贡献。

劳动模范是时代的楷模，他们在平凡的岗位上创造了不平凡的业绩。如航天英雄杨利伟、大国工匠徐立平，他们以精湛的技艺和无私的奉献精神，为国家的科技进步和国防建设立下了汗马功劳。同时，各种技能比赛也为广大劳动者提供了展示才华的舞台，促进了技能的交流和提升。

四、劳动教育与义务教育、高等教育的结合

在中国共产党的领导下，劳动教育得到了广泛的实践和推广。我国推行义务教育，将劳动教育纳入学校教育内容，让学生从小学习劳动的重要性和技能。此外，还积极推动劳动教育实践活动，鼓励广大学生参与社会实践和义务劳动，培养他们热爱劳动、勤俭节约的品质。

高等教育作为培养高素质人才的重要阶段，中国共产党大力促进劳动教育与之结合。高等教育注重培养学生的学术能力和专业素养，而劳动教育的融入能让学生在实践中深化对知识的理解，提高解决实际问题的能力。众多高校与企业开展合作，通过实习、实训等方式，让学生在真实的工作场景中体验劳动，提升劳动技能。

总的来说，中国共产党在劳动教育领域进行了长期而深入的探索和实践，不断完善劳动教育体系，培养劳动者的劳动精神和技能，推动全社会形成尊重劳动、崇尚劳动、勤劳致富的良好风气。在今后的发展中，中国共产党将继续坚持劳动教育的重要地位，推动劳动教育不断深化，为实现中华民族伟大复兴的中国梦而努力奋斗。

随着科技的进步和社会的发展，劳动教育也面临着新的挑战和机遇。未来，我们要更加注重创新劳动教育的方式和内容，培养适应新时代需求的高素质劳动者。同时，要进一步加强劳动教育的制度保障，完善相关法律法规，确保劳动教育的顺利开展。

劳动教育与训练

理念篇

第一章

认识劳动价值，树立劳动观念

劳动是人类创造物质或精神财富的活动。加强劳动教育是继承和发展马克思主义理论、实现中华民族伟大复兴中国梦的关键一环，是高校落实立德树人根本任务、促进大学生成长成才的重要途径和手段。大学生通过学习马克思主义劳动观和中国特色社会主义劳动观，能够正确认识劳动，理解劳动的价值和意义，树立正确的劳动观念，进而成长为德智体美劳全面发展的社会主义建设者和接班人。

第一节 劳动创造价值，实现人生理想

 课堂引例

为什么要劳动

小朱是某高校的一名大学生，在听到学校要开展一次农村集体劳动活动时，对自己的室友小王抱怨道："我是大学生，主要任务是学习科学文化知识，将来也会从事技术类、学术类工作，现在应该抓紧时间好好学习，没有必要把时间浪费在体力劳动上。"

小王劝他道："劳动是十分光荣的事情，参加这次劳动活动可以认识很多新同学，也能学到很多实用的劳动技能，对你以后的工作、生活会有很大的帮助。我们一起去吧！"

【想一想】

（1）你认为小朱的抱怨有道理吗？为什么？

（2）劳动对个人和社会分别具有哪些价值？

一、劳动的含义

劳动是人类改变劳动对象，使之满足自己需要的有目的的活动。马克思认为，劳动首先是人和自然之间的过程，是人以自身的活动来引起、调整、控制人和自然之间的物质变换的过程。人自身作为一种自然力与自然物质相对立。人为了满足自身生活的需要而占有自然物质，就必须使其身上的自然力——臂和腿、头和手运动起来。

劳动是整个社会围绕转动的"太阳"，是创造价值的唯一源泉，人类的一切收获均来自劳动。凭借一双勤劳的双手，人类的祖先打磨几块冷石，生起一团热火，告别茹毛饮血，迈向新的生活。凭借一双勤劳的双手，中华民族的先民们"烁金以为刃，凝土以为器，作车以行陆，作舟以行水"，用汗水与智慧开启了灿烂的中华文明。凭借一双勤劳的双手，中国人民在中国共产党的领导下，自力更生、发愤图强、解放思想、锐意进取，取得了革命、建设、改革的伟大成就，全面建成了小康社会，共同创造着幸福生活。

二、劳动的类型

劳动是人类社会存在和发展的最基本条件，在人类形成过程中起决定性作用。按照不同的分类标准，可将劳动分为不同的类型。

（一）生产劳动和非生产劳动

按劳动的自然形态划分，可将劳动分为生产劳动和非生产劳动。生产劳动为非生产劳动提供了存在和发展的条件，而非生产劳动又为生产劳动的发展提供了精神动力和智力支持。

1. 生产劳动

生产劳动是指创造物质财富的劳动，包括直接作用于劳动对象的工人、农民，以及工程师、农艺师等人的劳动，如工业和农业生产中的劳动（图1-1），以及生产过程在流通领域中继续的那部分劳动（如产品的分类、加工、包装、保管等），也包括间接作用于劳动对象的劳动者的劳动，如劳动管理、技术管理、人事管理、工艺流程设计等。

2. 非生产劳动

非生产劳动是指不创造物质财富的劳动，如教师上课（图1-2）、演员表演、美容师进行美容等精神劳动、艺术劳动和服务劳动。非生产劳动不是人类社会一开始就有的，而是随着生产劳动的发展和人类对精神生活、医疗教育、生活服务等方面需求水平的不断提高而出现的。非生产劳动与生产劳动一样，是社会分工体系中不可缺少的部分。

在社会主义社会里，人们所进行的社会管理活动是非生产劳动，创造精神财富的科学研究、教育、文学艺术创作等也属于非生产劳动。非生产劳动的发展对促进经济繁荣、社会进步和丰富人民生活有重要作用。

图1-1 农业生产中的劳动

图1-2 教师上课

探究与分享

作家创作启迪思想的文艺作品属于什么劳动？印刷厂的工人将作家创作的文艺作品印制成书籍属于什么劳动？这两种劳动有什么区别？

（二）体力劳动和脑力劳动

按体力活动和脑力活动在劳动中所占的比例不同，可将劳动划分为体力劳动和脑力劳动。体力劳动是指以使用或消耗体力为主的劳动，脑力劳动是指以使用或消耗脑力为主的劳动。

体力劳动是脑力劳动的基础，脑力劳动支配体力劳动，两者共同创造劳动价值。在具体劳动中，体力劳动和脑力劳动共同存在，人的任何劳动都是其体力和脑力同时消耗的过程。例如，种植水稻（图1-3）虽然以体力劳动为主，但仍然需要人通过脑力劳动来确定种植的位置、施肥的时机、肥料的种类等；写作（图1-4）虽然以脑力劳动为主，但仍然需要人用双手在纸张上书写或者利用键盘在计算机中打字。

图1-3 种植水稻

图1-4 写作

（三）具体劳动和抽象劳动

具体劳动是指生产的目的、操作方法、劳动对象和劳动手段互不相同的、创造不同使用价值的劳动。例如，木匠用斧、锯等劳动工具对木材进行加工（图1-5），生产出桌、椅、床等劳动产品；纺织工人用织布机、剪刀等劳动工具纺纱织布。具体劳动反映了人和自然的关系，是劳动的自然属性。

图1-5　加工木材

抽象劳动是指撇开各种具体形式的、一般的、无差别的人类劳动，即人的脑力和体力在商品生产中的消耗。抽象劳动反映了商品生产者之间的经济关系，是劳动的社会属性。在商品经济中，当人们的经济联系通过劳动产品的相互交换来实现时，耗费在这些劳动产品上的人类劳动才能被当作一般人类劳动而被抽象出来。抽象劳动是形成商品价值的源泉，是商品经济所特有的。

劳动小贴士

具体劳动和抽象劳动是统一且对立的。一方面，商品生产者在进行具体劳动的同时也在进行抽象劳动，两者在时间和空间上都是统一且不可分割的；另一方面，具体劳动和抽象劳动是生产商品时劳动的两种不同属性，对应的分别是劳动的自然属性和社会属性。

（四）简单劳动和复杂劳动

按劳动的复杂程度不同，可将劳动划分为简单劳动和复杂劳动。简单劳动是指在一定社会条件下，不必经过专门的学习和训练，每个正常的劳动者都能从事的劳动。复杂劳动是指经过专门的学习和训练后，掌握一定知识和技能的劳动者才能从事的劳动。

从马克思主义劳动价值论的角度看，在同一时间内，消耗的复杂劳动能比简单劳动创造更多的价值。这是因为复杂劳动背后存在教育成本、试验成本等，它不仅包括劳动者的直接劳动，还包括技术研发、知识传授、管理等间接劳动。

三、劳动的价值

劳动具有两个方面的价值：一方面是对个人的价值，另一方面是对社会的价值。

（一）劳动对个人的价值

1. 劳动是知识的源泉

劳动是人们获取知识的重要途径之一。通过劳动实践，人们总结出了许多实用的知识。例如，我国古代劳动人民在农业劳动中不断总结农耕生产和气候变化的关系，从而形成了

"立夏不下，桑老麦罢""清明前后，种瓜点豆"等有关二十四节气的知识。

2. 劳动是培养个人社交能力的途径

劳动是人类最重要、最基本的活动形式，也是形成人类社会关系的重要途径。大多数劳动需要以集体的形式进行，参与劳动的人需要合理分工、紧密合作。在这一过程中，人们通过交流、合作、共享，学会与他人和谐共处，进而培养自己的社交能力，建立良好的人际关系。

3. 劳动促进个人全面发展

劳动可以从以下几个方面促进个人全面发展：

（1）强健体魄。生命在于运动。参与体力劳动可以活动身体，如果一个人能够经常性地劳动锻炼，就能使血脉通畅，从而达到强身健体的目的。例如，在打扫宿舍（图1-6）时，扫地、拖地、擦桌子、擦窗户等劳动活动，可以使人的肢体进行一定强度的运动，从而起到锻炼身体的作用。

（2）锻炼思维能力。劳动是一种以成果为目标的特殊活动，有助于锻炼人的思维能力。例如，在生产劳动中，人们会绞尽脑汁尝试各种方法来提高生产效率，这就会在无形中锻炼人的思维能力，促进人思维的发展。

（3）磨炼意志。意志是指人自觉地确定目的，并根据目的来支配、调节自己的行动，克服困难，达到预定目的的心理过程。在古代，人们为了生存，必须开展各类生产劳动，以换取生活资料，但是在劳动过程中，往往需要面对许多困难。人们在解决困难的过程中，会逐渐磨炼自己的意志。例如，我国古代劳动人民为了种好庄稼，必须与各种自然灾害（如洪水、雪灾、蝗灾等）作斗争，从而形成了中华民族艰苦奋斗、自强不息的民族精神。

（4）提高自身的综合能力。大学生积极参加学生会或社团活动（图1-7），或者利用节假日参与社会劳动，不仅能够丰富自己的生活经验，还能够提高自己的生活自理能力、社会交往能力、社会适应能力等多方面的能力，进而成为一个独立自主的人。

图1-6　打扫宿舍

图1-7　参加社团活动

探究与分享

一些大一新生，由于在家时父母包办了所有的家务，不会洗衣服、打扫卫生等，在刚入学时无法适应校园生活。对此，你有什么建议？

（5）培养良好的品质。人只有参与劳动实践，才能够体验到劳动过程的艰辛，深刻体会劳动成果的来之不易，从而形成吃苦耐劳、勤俭节约、艰苦奋斗等良好品质。

4. 劳动使个人实现自我价值

劳动是实现自我价值的重要途径。通过辛勤劳动获取劳动成果，不仅能满足个人的物质需求，更能使人获得精神上的满足感。例如，作家写出一本好书，厨师做出一桌好菜，科学家取得重大科研成果，不仅能让他们获得经济收入，更能带给他们巨大的成就感和满足感，使他们在劳动中实现自我价值。

此外，许多志愿者并不以获取报酬作为劳动的目的。他们通过个人劳动为社会发展和祖国建设贡献自己的力量，在无私奉献中实现人生价值。

 劳动模范

2013年，邵书琴毕业于广东外语外贸大学国际商务英语学院，自愿参加大学生志愿服务西部计划。伴随着"到西部去、到基层去、到祖国和人民最需要的地方去"的激昂旋律，她只身前往新疆生产建设兵团第三师托云牧场，从事基层社会管理工作。在服务期间，她迅速适应当地环境，利用自己的专业优势，发挥自身才能，出色地完成了各项工作，并策划了多项活动来丰富当地群众的文化生活。

服务期满后，邵书琴申请扎根边疆，留在牧场工作。在援疆的几年时间里，她陆续被牧场党委评为"先进工作者""三八红旗手""爱岗敬业女干部""民族团结先进个人"，并获得第十一届中国青年志愿者优秀个人奖、全国"最美志愿者"称号、第二十二届"中国青年五四奖章"等荣誉。邵书琴现任托云牧场社区党支部书记，在她的带领下，社区党支部战斗力明显增强，社区维稳、增收、民生保障等各项工作任务都得以顺利完成。

（二）劳动对社会的价值

1. 劳动是人类社会存在和发展的基础

一方面，人类生存所需要的食物、衣服、住房等基本的物质生活资料只有通过生产劳动才能获得。另一方面，为了追求更好的物质和精神享受，人类通过非生产劳动，不断总结经验并进行创新活动，推动科学技术和社会文化不断发展，促进人类社会不断进步。

2. 劳动创造社会财富

社会财富是指劳动者在生产过程中创造的、具有使用价值的劳动产品。社会财富包括自然资源、劳动产品和知识技术等。人类通过劳动，可以改变自然物原本的形态和性质，进而将其转化为可以为人类所利用的社会财富。

3. 劳动推动人类社会不断发展

人类在生产劳动实践中不断积累经验，改进生产工具和生产技术，从而推动了生产力的发展、生产方式的变革和整个社会的进步。例如，英国发明家詹姆斯·瓦特在修理蒸汽机时,发现原有的蒸汽机耗煤多、效率低的原因是绝大部分蒸汽没有被有效利用,据此,他发明了与气缸分离的冷凝器,大大提高了蒸汽机的效率(图1-8),推动了第一次工业革命的发展。从此,人类社会便进入了"蒸汽时代"。

此外,人类在劳动中创作的各种优秀的作品,也在一定程度上推动了社会发展。例如,《资本论》和《共产党宣言》为人类指明了除资本主义外的一条新的发展道路,对人类社会的发展产生了深远影响。

图1-8 詹姆斯·瓦特改良的蒸汽机

第二节 加强劳动教育,锻造时代新人

 课堂引例

从劳动教育中汲取精神营养

小王参加了学校组织的农村集体劳动活动(图1-9),在农村度过了一周与田野大地、乡村生活亲密接触的时光。

回校后,小王写的作文还被刊登在校园报纸上,令其他同学羡慕不已。他在作文中写道:"虽然参加集体劳动很累,但是能够与许多朋友一起合作完成一件事情,让我感到很开心。我不仅帮助了农民伯伯,而且在劳动过程中学会了很多实用的劳动技能,这让我感到十分有意义。"在作文的后面,老师点评道:"你能够从劳动教育中获益良多,正是

图1-9 农村集体劳动活动

学校开展劳动教育活动的初衷。希望你能在今后的生活中继续发扬吃苦耐劳、团结互助的精神,为中国特色社会主义发展做出自己的贡献。"

【想一想】
(1)劳动教育包括哪些主要内容?
(2)劳动教育有何意义?请结合自身经历谈谈你对劳动教育的看法。

2018年9月10日,在全国教育大会上,习近平总书记强调,要在学生中弘扬劳动精神,

教育引导学生崇尚劳动、尊重劳动，懂得劳动最光荣、劳动最崇高、劳动最伟大、劳动最美丽的道理，长大后能够辛勤劳动、诚实劳动、创造性劳动。

学校劳动教育是落实全国教育大会精神的具体举措。加强劳动教育必须以习近平新时代中国特色社会主义思想为指导，落实立德树人根本任务。扎实推进劳动教育，就必须把劳动教育纳入学校课程体系，加强劳动教育课程建设，开展多样化劳动实践。

一、劳动教育的主要内容

劳动教育的主要内容包括日常生活劳动教育、生产劳动教育和服务性劳动教育。

（一）日常生活劳动教育

日常生活劳动教育立足个人生活事务处理，结合开展新时代校园爱国卫生运动，培养学生的生活能力和良好卫生习惯，帮助学生树立自立自强意识。

（二）生产劳动教育

通过生产劳动教育，让学生在工农业生产过程中直接经历物质财富的创造过程，体验从简单劳动、原始劳动向复杂劳动、创造性劳动的发展过程，学会使用工具，掌握相关技术，感受劳动创造价值，增强产品质量意识，体会平凡劳动中的伟大。

（三）服务性劳动教育

通过服务性劳动教育，让学生利用知识、技能等为他人和社会提供服务，在服务性岗位上见习实习，树立服务意识，实践服务技能；在公益劳动、志愿服务中强化社会责任感。

二、劳动教育的重要意义

（一）劳动教育是实现中国梦的强大助推力量

马克思主义理论认为人民群众是历史的创造者，即劳动者通过劳动推动社会历史的发展。劳动者通过不断探索创新，推动民族和国家在文化、科技等诸多领域一次次实现重大突破。正是中华民族一代又一代的劳动者不懈努力，铸就了中华民族的辉煌历史，推动着中华民族走向繁荣富强的复兴之路。

劳动开创未来，奋斗实现梦想。"以劳动托起中国梦"，根本上要靠劳动者的辛勤劳动、诚实劳动和创造性劳动。大学生对劳动的认知，对待劳动的态度和对劳动习惯、劳动技能的培养，将影响民族和国家的未来。

对劳动教育的高度重视，具有强烈的针对性和鲜明的时代性。加强劳动教育，对于学生培养劳动兴趣、磨炼意志品质、增强社会责任感、提高实践能力、促进身心健康和全面发展，对于坚持中国特色社会主义教育发展道路、坚持社会主义办学方向，对于推进教育现代化、实现中华民族伟大复兴的中国梦，具有重要的现实意义。

 劳动小贴士

在马克思主义理论中，人民群众是一个历史范畴，是指一切对社会历史起推动作用的人。在阶级社会中，人民群众包括一切对历史发展起着促进作用的阶级、阶层和社会集团。人民群众这个概念在不同的国家和各个国家的不同历史时期，有着不同的内容。但在任何国家和任何历史时期，人民群众的主体始终是从事物质资料生产的劳动群众和劳动知识分子。

（二）劳动教育是培养合格的社会主义建设者和接班人的途径

马克思在《资本论》中说："未来教育对所有已满一定年龄的儿童来说，就是生产劳动同智育和体育相结合，它不仅是提高社会生产的一种方法，而且是造就全面发展的人的唯一方法。"2020年3月20日，中共中央、国务院发布的《关于全面加强新时代大中小学劳动教育的意见》指出："劳动教育是中国特色社会主义教育制度的重要内容，直接决定社会主义建设者和接班人的劳动精神面貌、劳动价值取向和劳动技能水平。"劳动教育是马克思主义教育思想的核心内容，是中国特色社会主义教育的标志性特征。

当代大学生应主动接受劳动教育，树立正确的劳动观念，培养必要的劳动能力和素质，养成良好的劳动习惯和品质，弘扬劳动精神，努力成为合格的社会主义建设者和接班人。

（三）劳动教育是高校立德树人的重要载体

国无德不兴，人无德不立。育人的根本在于立德。落实立德树人根本任务，是我国高等教育事业不断取得新发展的关键所在，也是实现高质量发展、建设教育强国的必然要求。

为了落实立德树人根本任务，我国各大高校在中国共产党的领导下全面开设劳动教育课程，努力构建德智体美劳全面培养的教育体系，培养学生正确的劳动观和劳动技能，让学生在"立德树人"的教育理念下实现全面发展，从而培养更多德智体美劳全面发展的社会主义建设者和接班人，源源不断地为改革开放和社会主义现代化建设提供人才资源和智力支撑。

 案例在线

武昌理工学院组织学生进行农村劳动

2021年11月29日至12月10日，武昌理工学院商学院工商管理精英班2021级的两个班级分两个批次先后来到湖北省京山市广信生态农庄接受劳动教育。此次劳动教育的内容主要包括修剪果树、清理果园、拔萝卜、学习农业知识、参观农村风光等。

本次劳动结束后，该学院组织参与劳动的全体学生进行交流分享。在谈到本次劳动教育的体会时，学生小孙说："这次劳动教育让我体会到了劳动的不易和艰辛，也让我学会了吃苦耐劳和团结合作。"另一名学生小牛说："经过一周的劳动，我体会到了劳动的魅力，学到了很多劳动知识，对农村生活和农业劳动也有了更深的了解。"

指导老师刘某介绍，通过本次劳动教育，学生们的自主劳动意识得到了明显增强，团队协作能力得到了充分锻炼。

（四）劳动教育是学生成长成才的需要

劳动教育是全面发展教育体系的重要内容。它倡导通过诚实劳动创造美好生活、实现人生梦想，反对一切不劳而获、妄想暴富、贪图享乐的错误思想，有利于帮助学生树立正确的劳动观念。

劳动教育与社会生活、生产实践直接联系，有利于发挥劳动在个人与社会之间的纽带作用，引导学生正确认识社会，体会平等、和谐的新型劳动关系，增强社会责任感。

此外，通过劳动教育，还能向学生展示真实的生活世界和职业世界，引导学生主动参与劳动实践，在劳动实践中形成正确的世界观、人生观和价值观，锻炼劳动技能，强身健体，体会劳动之美，实现树德、增智、强体、育美全面发展。

> **探究与分享**
>
> 通过劳动教育掌握一定的劳动技能固然重要，但更为重要的是，劳动实践可以让我们因取得劳动成果而感到满足、愉悦，进而体会到劳动的价值，切实感受到劳动光荣，劳动让人幸福，劳动让身心全面发展。
>
> 你认同上述观点吗？请结合自身经历谈谈理想的劳动教育应达到的目的。

三、劳动教育的基本原则

（一）把握育人导向

坚持党的领导，围绕培养担当民族复兴大任的时代新人，着力提升学生的综合素质，促进学生全面发展、健康成长。把准劳动教育价值取向，引导学生树立正确的劳动观念，崇尚劳动、尊重劳动，增强对劳动人民的感情，报效国家，奉献社会。

（二）遵循教育规律

符合学生年龄特点，以体力劳动为主，注意手脑并用、安全适度，强化实践体验，让学生亲历劳动过程，提升育人实效性。

（三）体现时代特征

适应科技发展和产业变革，针对劳动新形态，注重新兴技术支撑和社会服务新变化。

深化产教融合,改进劳动教育方式。强化诚实合法劳动意识,培养科学精神,提高创造性劳动能力。

(四)强化综合实施

加强政府统筹,拓宽劳动教育途径,整合家庭、学校、社会各方面力量。家庭劳动教育要日常化,学校劳动教育要规范化,社会劳动教育要多样化,形成协同育人格局。

(五)坚持因地制宜

根据各地区和学校实际,结合当地在自然、经济、文化等方面条件,充分挖掘行业企业、职业院校等可利用资源,宜工则工、宜农则农,采取多种方式开展劳动教育,避免"一刀切"。

四、劳动教育的总体目标

为加快构建德智体美劳全面培养的教育体系,2020年7月,教育部发布《大中小学劳动教育指导纲要(试行)》(以下简称《指导纲要》)。

《指导纲要》明确提出劳动教育的总体目标,具体包括以下几点:

(1)树立正确的劳动观念。正确理解劳动是人类发展和社会进步的根本力量,认识劳动创造人、劳动创造价值、创造财富、创造美好生活的道理,尊重劳动,尊重普通劳动者,牢固树立劳动最光荣、劳动最崇高、劳动最伟大、劳动最美丽的思想观念。

(2)具有必备的劳动能力。掌握基本的劳动知识和技能,正确使用常见的劳动工具,增强体力、智力和创造力,具备完成一定劳动任务所需要的设计、操作能力及团队合作能力。

(3)培育积极的劳动精神。领会"幸福是奋斗出来的"这句话的内涵与意义,继承中华民族勤俭节约、敬业奉献的优良传统,弘扬开拓创新、砥砺奋进的时代精神。

(4)养成良好的劳动习惯和品质。能够自觉自愿、认真负责、安全规范、坚持不懈地参与劳动,形成诚实守信、吃苦耐劳的品质。珍惜劳动成果,养成良好的消费习惯,杜绝浪费。

第三节 树立正确的劳动观,用劳动实现中国梦

正确认识马克思主义劳动观

在一次劳动教育课上,老师在讲台上讲解马克思主义劳动观。小张听到后有些不解,便小声问同桌小黄:"马克思主义劳动观是几百年前的理论了,在科技飞速发展的今天,咱们学这一理论有什么用呢?"

小黄回答道:"马克思主义劳动观介绍了劳动的本质,让人知道劳动的价值,明白劳动是为了实现人的自由和解放。通过学习马克思主义劳动观,我们可以树立正确的劳动观念,这对我们的学习和工作都十分有用。"听完小黄的话,小张茅塞顿开,便开始认真地听老师讲解马克思主义劳动观。

【想一想】
(1)马克思主义劳动观包括哪些内容?
(2)马克思主义劳动观具有哪些意义?

一、马克思主义劳动观的内容

马克思认为,全部人的活动迄今都是劳动。劳动是马克思思想体系的核心观念,也是马克思主义理论研究的基础。马克思主义劳动观主要包括劳动本质论、劳动价值论、劳动解放论。

(一)劳动本质论

马克思主义劳动本质论主要包括以下内容。

1.劳动创造了人本身

恩格斯在《劳动在从猿到人转变过程中的作用》一文中,详细论述了劳动在从猿进化为人的过程中的作用。恩格斯指出,由于劳动,人渐渐开始直立行走,解放了手,进而引起了整个肌体的变化。同时,人在劳动中又产生了语言,在劳动和语言的共同推动下,意识逐渐产生。意识的产生与发展反过来又推动着劳动和语言的发展。

由此可见,劳动在从一种高度发展的类人猿进化到人类的过程中起到了决定性作用。"劳动是整个人类生活的第一个基本条件,而且达到这样的程度,以至我们在某种意义上不得不说:劳动创造了人本身。"

2.劳动创造了人类生活

马克思、恩格斯在《德意志意识形态》中指出:"全部人类历史的第一个前提无疑是有生命的个人的存在。"而"有生命的个人"之所以能够存在,最主要的原因是他们能够通过自己的劳动来生产和创造物质生活资料。

3.劳动是一切价值的创造者

马克思认为,劳动是一切价值的创造者。只有劳动才赋予已发现的自然产物以一种经济学意义上的价值。恩格斯在《自然辩证法》中也有同样的表述,"劳动和自然界在一起才是一切财富的源泉,自然界为劳动提供材料,劳动把材料变为财富"。可见,劳动是人类创造物质财富和精神财富的活动。

4.劳动创造了社会关系

马克思主义理论认为,劳动是人的本质,人的本质是一切社会关系的总和。劳动不仅创造了人与自然的关系,还形成了人与人之间的关系(即劳动资料的占有和使用的关系,劳动的分工和协作关系，劳动产品的交换、分配和消费关系等）和人与主观意识之间的关系，而这些关系成为人类社会的基本关系。社会是人类劳动的产物，是劳动活动的展开形式，也必将随着劳动的发展而发展。

> **探究与分享**
>
> 在工作中，我们会与其他人形成同事关系、雇佣关系；在学习中，我们会与其他人形成同学关系、师生关系。你还知道哪些劳动创造社会关系的具体例子？请简要说明。

（二）劳动价值论

劳动价值论是马克思主义政治经济学的基础理论。劳动价值论详细阐述了商品经济的本质和运行规律。

马克思认为，商品是价值和使用价值的统一。商品的价值是指凝结在商品中的无差别的人类劳动，商品的使用价值是指能满足人们某种需要的物的效用，即物的有用性。劳动的二重性（即生产商品的具体劳动和抽象劳动）决定了商品的二重性。其中，具体劳动创造商品的使用价值，抽象劳动创造商品的价值。

在资本主义生产方式下，资本家购买劳动力后，按照劳动力的价值支付给劳动者一定的工资。同时，资本家通过延长劳动时间和提高劳动生产率的方式，提高劳动力所创造出来的价值，该价值超出资本家所支付的劳动力价值的那部分就是剩余价值。这就是马克思主义劳动价值论中的剩余价值理论。

剩余价值理论最简明地揭示了在资本主义社会中，资本家通过私人占有社会财产来剥削工人的现象，体现了无产阶级和资产阶级之间利益的根本对立和不可调和的矛盾冲突。

> **探究与分享**
>
> 有人认为在经济不景气时，公司让员工加班是给员工的"福报"，员工应该感谢公司给了他一份工作。但是也有人认为，在经济不景气时，员工努力工作才能帮助公司渡过难关，公司与员工是平等的合作关系，并不存在"福报"这一说。
>
> 你赞同哪种观点？简要说明你的理由。

（三）劳动解放论

马克思认为，人正是通过现实的劳动使自己的生命活动本身变成自己意志和自己意识的对象，从而实现人的真正的自由与解放。但是在资本主义大机器生产方式下，人的劳动被异化。劳动异化不仅导致劳动者与生产资料和劳动成果相分离，还导致劳动者与他的类本质相异化、人与人的关系相异化。劳动异化是实现人类解放和自由的障碍。

要改变劳动异化状态，就必须通过革命消灭资本主义赖以生存的经济基础——私有制。只有这样，人类才能获得真正的劳动快乐和自由，才能获得根本的解放。这样的人类解放理想并非不可实现的"乌托邦"（即"空想社会主义社会"），而是建立在人的现实劳动基础之上的人的解放和社会解放的统一。

> **劳动小贴士**
>
> 马克思所设想的人类解放社会就是共产主义社会。马克思将共产主义社会描述为："在高度发达的社会生产力和广大共识范围，人们科学文化水平和思想觉悟、道德水平极大提高的基础上，实行各尽所能、按需分配原则的劳动者有序自由联合的社会经济形态。在那里，每个人的自由发展是一切人的自由发展的条件。"

二、马克思主义劳动观的意义

马克思主义劳动观的诞生，是人类劳动学说史上的一座里程碑。马克思主义劳动观第一次全面阐述了劳动在人类社会发展史上的决定性作用，由此揭示了人类社会发展的一般规律。马克思主义劳动观不仅在人类劳动学说史上具有重要的理论价值和历史地位，而且对新时代坚持和发展中国特色社会主义、实现中华民族伟大复兴的中国梦具有十分重要的意义。

（一）为实现民族复兴指明了必经之路

马克思主义劳动观认为，劳动是人类生存的基本条件，人类为了满足需求，就需要劳动。劳动造就了中华民族的辉煌历史，也必将创造出中华民族的光明未来。劳动是财富的源泉，也是幸福的源泉。人世间的美好梦想，只有通过诚实劳动才能实现；发展中的各种难题，只有通过诚实劳动才能破解；生命里的一切辉煌，只有通过诚实劳动才能铸就。在一百多年的奋斗历程中，中国共产党团结带领全国人民进行革命、建设和改革，使中华民族迎来了实现伟大复兴的光明前景。越是接近目标，越要依靠劳动。我们要把马克思主义劳动观蕴含的科学真理运用到新时代坚持和发展中国特色社会主义的伟大实践中去，不断推进中华民族伟大复兴事业。

（二）为进行社会革命揭示了主体力量

马克思主义劳动观认为，"整个所谓世界历史不外是人通过人的劳动而诞生的过程"。社会主义是干出来的，新时代也是干出来的。新时代中国特色社会主义是中国共产党领导人民进行伟大社会革命的成果，也是中国共产党领导人民进行伟大社会革命的继续。要把新时代坚持和发展中国特色社会主义这场伟大社会革命进行好，根本上靠劳动、靠劳动者创造。一切不劳而获、投机取巧、贪图享乐的思想都是错误的，任何时候任何人都不能看不起普通劳动者。我们要在全社会大力弘扬劳动精神，推动全社会热爱劳动、投身劳动、爱岗敬业，让劳动光荣成为铿锵的时代强音，让勤奋做事、勤勉为人、勤劳致富在全社会蔚然成风，为实现中华民族伟大复兴的中国梦凝聚强大精神动能。

（三）为进行自我革命奠定了理论基础

马克思主义理论认为，共产党人是劳动人民当中最彻底、最坚定的先进分子，是最不知疲倦的、无所畏惧的和可靠的先进战士，为建设共产主义社会而奋斗。劳动是马克思主义政党保持先进性和纯洁性的内在要求。中国共产党不断进行自我革命的目的，就是同一切影响党的先进性、弱化党的纯洁性的问题作坚决斗争，确保党永远做人民公仆、时代先锋、民族脊梁。

在中国共产党的领导下，广大劳动者辛勤劳动、艰苦奋斗，以劳动托起中国梦。从建设"陕北好江南"到开凿红旗渠，再到建设深圳经济特区，中国共产党带领广大劳动群众始终走在时代前列，用汗水和智慧奏响"劳动最光荣"的主旋律。

三、中国特色社会主义劳动观的创新与发展

习近平总书记结合新时代历史特点对马克思主义劳动观进行了创新性解读，形成了具有时代特色的劳动思想体系，为新时代营造崇尚劳动、尊重劳动的良好氛围提供了重要遵循。

（一）丰富了劳动的内涵

劳动的作用要通过劳动者来实现，人民群众是历史的推动者。随着社会主义市场经济的不断推进，劳动与劳动者之间的关系发生了深刻变革，习近平总书记阐释了新时代劳动对劳动者的价值内涵，并指出"劳动是人类的本质活动，劳动光荣、创造伟大是对人类文明进步规律的重要诠释"。

劳动者不仅可以自由劳动，而且可以通过劳动追逐人生梦想、实现人生价值、创造更加美好的生活。改革开放以来，我国坚持走中国特色社会主义道路，取得了举世瞩目的成就，这与全体中华儿女的辛勤劳动是分不开的，未来我们还将依靠脚踏实地的劳动实现伟大的中国梦。

（二）赋予了劳动美学价值

习近平总书记指出："劳动最光荣、劳动最崇高、劳动最伟大、劳动最美丽。全社会都应该尊敬劳动模范、弘扬劳模精神，让诚实劳动、勤勉工作蔚然成风。"其中，"劳动最美丽"不仅指劳动行为的美丽，而且包含劳动者在劳动过程中塑造出的美丽心灵、高尚道德和品格。

中国共产党把中国特色社会主义现代化建设的需求与劳动相联系，制定了新时代评价劳动价值的社会标准，主张职业没有高低贵贱之分，不能差别对待体力劳动者，并要求从价值塑造、劳动实践、制度建设等方面，引导人们树立正确的劳动观念，营造崇尚劳动、尊重劳动的浓厚氛围。

（三）要求劳动者树立正确的劳动观念

新时代劳动者必须树立正确的劳动观念。习近平总书记指出，"人类是劳动创造的，社会是劳动创造的。劳动没有高低贵贱之分，任何一份职业都很光荣"，并提出要"引导广大人民群众树立辛勤劳动、诚实劳动、创造性劳动的理念"，"牢固树立劳动最光荣、劳动最崇高、劳动最伟大、劳动最美丽的观念，让全体人民进一步焕发劳动热情、释放创造潜能，通过劳动创造更加美好的生活"。

劳动者具备自主、敬业、奉献等精神，是辛勤劳动的基本标志。劳动者要克服不劳而获等错误的价值理念，树立勤奋致富的劳动观念；要诚实劳动，脚踏实地干事创业；要不甘平庸，与时俱进，打破常规思维，创造性地开展各项劳动，积极进取、勤学勤练，充分发挥自身优势，立足岗位实际，创造更加优异的成绩。

（四）要求大力弘扬劳动精神

劳动精神在新时代的突出表现是劳模精神、工匠精神，具有鲜明的中国特色，彰显了时代特点、民族风范，是全体劳动者必须汲取的精神营养，是全民族的思想引领。

大力弘扬劳动精神，必须要树立劳模榜样，在全社会倡导劳模精神，继承和弘扬劳模崇高的敬业奉献精神和责任担当意识；要注重重塑工匠精神，坚持以马克思主义劳动观为指导，以"大国工匠"的执着信念、精益求精的态度，实现由制造大国向制造强国的转变。

 实践活动

观看纪录片《大国工匠》

为了直观、深刻地认识劳动的价值和劳动教育的意义，班级组织学生集体观看纪录片《大国工匠》，引导其了解我国各行各业的劳动者在劳动中创造出的一个又一个奇迹，体会我国劳动人民的勤劳、勇敢和智慧，学习这些劳动者的劳动精神。

在观影结束后，学生进行发言，讲述影片中自己印象最深的一个故事，并简要说出自己的思考，然后写一篇观后感（500字以上），以表达自己对劳动和劳动教育的思考和感悟。

【活动记录】

印象最深的故事：

观后感：

【活动评价】

教师可参考表1-1对学生实践活动的表现进行评价。

表1-1 实践活动评价表

评价标准	分值	分数小计	教师评价
活动过程记录详细,能够抓住要点	10		
劳动观正确,观后感逻辑清晰,叙议结合,观点鲜明	40		
能够用事实佐证观点,得出符合客观实际的结论	30		
语言流畅,字迹工整,可读性强	20		
总计	100		

第二章

弘扬"三个精神",培育劳模工匠

劳动精神、劳模精神、工匠精神是在中华民族千百年的劳动实践中形成的,是中华民族创造美好生活的精神源泉,也是新时代劳动者的价值追求。其中,劳动精神为劳模精神、工匠精神的形成奠定了坚实的基础,劳模精神引领劳动精神、工匠精神的发展,劳模精神、劳动精神、工匠精神相辅相成,共同构成劳动实践的精神坐标。

大学生应深入学习劳动精神、劳模精神、工匠精神,并从中汲取力量,努力成为德智体美劳全面发展的社会主义建设者和接班人。

第一节 传承劳动精神,点亮青春梦想

课堂引例

你知道什么是劳动精神吗

为迎接"五一"劳动节,学校举办了"传承劳动精神"系列展览活动。展厅内展示着许多劳动模范的照片和相关事迹。学生进入展厅后,可以观看劳动模范的纪录片和相关讲座视频。

小杨和室友小黄一起参观展厅时,看到展厅内的标语"弘扬中华美德,传承劳动精神"。小杨问小黄:"你知道什么是劳动精神吗?"小黄对此也是一知半解,于是她们决定询问一旁的讲解员。

【想一想】

(1)什么是劳动精神?

(2)假如你是这位讲解员,你该如何向她们解释劳动精神?

一、劳动精神的内涵

劳动精神是广大劳动者在社会生产的劳动实践中锤炼形成的,是广大劳动者弥足珍贵的精神财富。"崇尚劳动、热爱劳动、辛勤劳动、诚实劳动",这16个字是对劳动精神的高度概括和生动诠释,为新时代坚持和弘扬劳动精神指明了方向。

(一)崇尚劳动

崇尚劳动就是提倡劳动、尊重劳动。劳动是人类最美好、最崇高的存在,是光荣而神圣的。劳动既能创造物质世界,又能创造精神世界。一方面,劳动者通过劳动创造出满足人类生存需要的物质资料;另一方面,劳动者在劳动过程中不畏艰难、奋勇拼搏、无私奉献,使劳动精神的内涵不断丰富。

大学生要崇尚劳动,树立正确的劳动观念,秉持积极的劳动态度,培育优良的劳动品质,养成良好的劳动习惯,通过劳动实现自我价值与社会价值的统一。

(二)热爱劳动

热爱劳动就是对劳动有充沛的热情,主动积极参加劳动。中华民族是热爱劳动的民族。在几千年的历史长河中,我国人民兢兢业业、艰苦奋斗、自强不息,我们今天所拥有的一切,无不凝聚着无数人的聪明才智,浸透着无数人的辛勤汗水。进入新时期,实现中华民族伟大复兴的中国梦更要紧紧依靠人们的热情劳动和努力奋斗。

(三)辛勤劳动

辛勤劳动(图2-1)就是埋头苦干、真抓实干、干在实处、干出成果。劳动是财富的源泉,也是幸福的源泉。幸福不会从天而降,美好生活只能靠劳动创造,全社会都应以辛勤劳动为荣,以好逸恶劳为耻。

图2-1 辛勤劳动

中华民族自古以来便有辛勤劳动的传统,出现了许多有关辛勤劳动的典故和名句。例如,愚公移山、精卫填海的故事,反映了我国古代劳动者改造自然的顽强毅力;"业精于勤,荒于嬉;行成于思,毁于随""书山有路勤为径,学海无涯苦作舟"等名句,表明了勤学苦练、辛勤劳动对促进人的发展和进步具有重要作用。

辛勤劳动是长久幸福的保障。只有经过辛勤劳动获得的成果,才能经得起时间的考验;只有付出过辛勤劳动的人,才能懂得什么是真正的幸福,才能心安理得地享受自己创造的幸福。

(四)诚实劳动

诚实劳动是指在劳动过程中脚踏实地、恪尽职守,遵守法律法规,不窃取他人的劳动成果。按价值观划分，可将劳动分为诚实型劳动和欺骗型劳动；按劳动是否合法划分，可将劳动分为合法型劳动和非法型劳动。

其中，诚实型劳动（图2-2）和合法型劳动有利于劳动者自身的发展，也能推动社会整体进步。欺骗型劳动和非法型劳动可能会在短期内为个人或企业带来一定的好处，但从长期看，对个人、企业和社会都存在极大的危害，是一种损人不利己的行为。例如，

图2-2　劳模徐文华在清扫街道

一些不法企业在生产产品时以次充好、偷工减料，虽然可以在短期内降低成本，但从长期看，这样会导致产品口碑变差、销量下降，甚至会受到法律的制裁。

诚实劳动是成就梦想的基石，是发扬新时代劳动精神的底线。大学生应尊重他人的努力和付出，珍惜自己和他人的劳动成果，在劳动中坚持诚实守信、脚踏实地、勤勉认真的作风。

劳动模范

袁隆平是我国杂交水稻事业的开创者和领导者，是享誉海内外的农业科学家，被誉为"杂交水稻之父"。他是全国劳动模范，先后获得"改革先锋"称号和"共和国勋章"。他一生致力于杂交水稻技术的研究、应用与推广，为我国粮食安全、农业科学发展和世界粮食供给做出了杰出贡献。

袁隆平曾说："成功没有捷径。我不在家，就在试验田；不在试验田，就在去试验田的路上。"从最初三系杂交稻的成功，到攻克两系杂交稻、冲刺超级稻、培育耐盐碱水稻，每个阶段都离不开袁隆平在田间的辛勤劳动和刻苦研究，每一株杂交水稻都凝结着袁隆平的汗水与心血。

袁隆平十分推崇劳动，认为劳动是最快乐的事情。在2020年6月1日的央视"六一"儿童节特别节目上，袁隆平表达了对孩子们的期望："我认为最快乐的事就是劳动。你们要学好知识，更要去实践，在劳动中锻炼自己的本领，发现自己的兴趣，热爱劳动，诚实劳动，德智体美劳全面发展，做好社会主义建设者和接班人。"

二、劳动精神的价值理念

劳动精神建立在马克思主义劳动观的理论基石上，汲取中华优秀传统文化中的劳动理念，形成于中国人民伟大社会历史实践之中，丰富和发展于中国特色社会主义新时代。劳动精神以爱岗敬业、勤奋务实为其固有本色，诚实守信、艰苦奋斗为其鲜明特色，敢于挑战、勇于创新为时代亮色，应体现出劳动最光荣、劳动最崇高、劳动最伟大、劳动最美丽的价值理念。

（一）劳动最光荣

传承劳动精神就是继承和发扬中华民族勤劳勇敢、艰苦奋斗的光荣传统，时刻警惕不劳而获、投机取巧、贪图享乐等错误的思想观念。只有让劳动最光荣的观念深入人心，才能让劳动精神在新时代焕发新生机，起到凝聚奋发力量、引领前进方向、激发人们的劳动热情的作用。当劳动者的劳动价值得以实现或获得认同时，劳动者会感到欣慰、自豪、高兴，进而以更大的热情投入劳动，创造更高的价值。

探究与分享

在网上搜索金近和夏白填词、黄准作曲的歌曲《劳动最光荣》，聆听该歌曲后，与同学分享这首歌曲所传达的理念。

（二）劳动最崇高

劳动是人类最崇高的事业。一切劳动都是为了满足人的需要、实现人的自由。只有全社会形成劳动最崇高的共识，所有劳动者共同劳动，才能促进人类社会不断发展。

（三）劳动最伟大

实现中华民族伟大复兴需要以伟大的劳动精神为支撑。我国越发展壮大，遇到的阻力和压力就会越大。大学生应以勇立潮头、走在前列的勇气和冲开绝壁、夺隘而出的锐气，积极投身改革创新的时代潮流中，在平凡的工作岗位上勤勉工作、锐意创新，为创造美好生活而努力奋斗，为中国特色社会主义事业添砖加瓦。

（四）劳动最美丽

新时代的劳动精神凝聚着劳动美，劳动美蕴含在劳动者的劳动实践和劳动成果（如改进生产工艺、生产精美的产品等）中，也体现在劳动者高尚的道德品质中。无数新时代劳动者在平凡的工作岗位上以平凡的劳动成就各自独特的劳动美，在劳动中实现人生价值。

劳动模范

2021年广州市白云区劳动模范和先进集体表彰大会召开，共有80名劳动者获得"白云区劳动模范"荣誉称号，德邦快递广州白云区龙归服务点的快递员陈俊安就是其中一名。在工作中，陈俊安坚持随叫随到、不辞劳苦、任劳任怨的工作态度，将客户的事当成自己的事，从业5年来一直保持零投诉、零差错的纪录。此外，陈俊安还会针对不同类型的客户提供精细化服务，因此获得了许多好评。

"坚持做好一件事"是陈俊安对自己的要求。在这样的自我要求下，他在工作中表现出色，2019年、2020年连续两年保持全年绩效五星评分，从公司10万名快递员中脱颖而出，成为公司的"金星快递员"。

三、在实践中传承劳动精神

（一）积极参加劳动教育活动

大学生应认真学习马克思主义劳动观及其创新发展，从社会历史发展的角度理解新时代劳动精神。同时，大学生还应积极参加学校组织的各项劳动教育活动，通过劳动教育讲座、劳模事迹展览、劳模人物访谈等活动，深刻体会劳动精神的内涵和价值理念，树立正确的劳动观念，培养良好的劳动习惯和劳动品质，自觉成为劳动精神的传承者和弘扬者。

（二）主动参与劳动实践

"纸上得来终觉浅，绝知此事要躬行。"大学生应主动参与劳动实践（如打扫卫生、参与志愿活动、参加兼职或实习等），在劳动实践中获得劳动成果，体会劳动带来的快乐，感悟劳动精神的意义，从而培育崇尚劳动、热爱劳动、辛勤劳动、诚实劳动的劳动精神。图2-3为大学生参加志愿植树活动。

图2-3 大学生参加志愿植树活动

第二节 弘扬劳模精神，汲取奋进力量

课堂引例

向劳动模范学习

在"五一"劳动节当天，学校组织全体学生一起观看全国五一劳动奖表彰大会。看到电视里讲述一个个劳动模范的事迹，小赵被他们坚忍不拔的精神和高尚的品格折服。

事后，小赵在观后感中写下这段话：

劳动模范是在其岗位上做出优异成绩的先进模范人物，是时代的精英和人民的榜样。他们身上勤劳、勇敢、刻苦、认真的优秀品质和爱岗敬业、艰苦奋斗、甘于奉献的精神，值得我们每一个人学习。

虽然不是每个人都能成为劳动模范，但人人都能学习和践行劳模精神。学习劳模精神，首先要尊敬、尊重劳动模范。劳模就是我们身边的一面镜子，常照"劳模"这面镜子，有利于我们发现自身的不足，进而激发见贤思齐的内在动力；常照"劳模"这面镜子，有利于我们不断克服"小胜即满"的肤浅认识，避免三分钟热度。

【想一想】
（1）你认为劳动模范应该具备哪些精神？
（2）如何在生活中践行劳模精神？

一、什么是劳动模范

劳动模范简称劳模，是在社会主义建设事业中成绩卓著的劳动者，经职工民主评选，有关部门审核和政府审批后授予的荣誉称号。劳动模范分为全国劳动模范与省、部委级劳动模范，有些市、县和大企业也评选劳动模范。中共中央、国务院授予的劳动模范为全国劳动模范，是中国最高的劳动荣誉称号。与此同级的还有"全国先进生产者"和"全国先进工作者"称号。

（一）劳动模范是工人阶级的优秀代表

劳动模范是在中国共产党领导的社会主义革命、建设和改革的伟大实践中，涌现出来的一批典型代表。2020年11月，习近平总书记在全国劳动模范和先进工作者表彰大会上指出："劳动模范是民族的精英、人民的楷模，是共和国的功臣。"

劳动模范是工人阶级的优秀代表。他们以辛勤劳动、诚实劳动和创造性劳动，在平凡的岗位上创造了不平凡的业绩，是持续推动社会进步、国家发展和民族复兴的先锋和排头兵。

（二）劳动模范是时代的引领者

劳动模范是民族的脊梁、时代的引领者。在社会主义革命、建设、改革的各个历史时期，我国工人阶级都发扬走在前列、勇挑重担的光荣传统。一开始，劳动模范是掏粪工人时传祥，是"铁人"王进喜；后来，劳动模范是数学家陈景润，是科学家彭加木；再后来，劳动模范是产业工人许振超，是篮球运动员姚明；如今，劳动模范是研究发动机的孔祥俊，是研究生物科技的潘峰，是网络语音架构师贾磊，是在商场销售化妆品的龚定玲……他们的工作或许十分平凡，但他们在各自岗位上做出的骄人成绩却让世人铭记。

平凡成就伟大，劳动创造辉煌。在不同历史时期，国家发展建设的侧重点有所差异，劳动模范的使命也不尽相同，但他们在实践中体现出来的劳模精神始终激励着广大劳动者，使得我国社会各行各业中不断涌现出越来越多的劳动模范。

劳动模范

王进喜是我国第一代钻井工人，荣获"最美奋斗者""全国劳动模范"称号。他率领1205钻井队艰苦奋斗，打出了大庆第一口油井，并创造了年进尺10万米的世界钻井纪录，展现了大庆石油工人的气概,为我国石油事业立下了汗马功劳,成为我国工业发展史上一面火红的旗帜。

1960年春,我国发现了大庆油田,一场规模空前的石油大会战随即在大庆展开。王进喜率领1205钻井队从西北的玉门油田赶到大庆,加入了这场石油大会战。在大庆油田,王进喜面临着许多难以想象的困难,如公路不通、车辆不足、生活物资紧缺等。但王进喜和他的同事们下定决心,即使有天大的困难,也要高速度、高水平地"拿下"大庆油田。

在极端困苦的条件下,王进喜率领1205钻井队和1202钻井队以"宁可少活二十年,拼命也要拿下大油田"的顽强意志和冲天干劲,克服重重困难,打出了大庆第一口油井。第一口油井完钻后,王进喜指挥拆卸井架时,被倒下来的钻杆砸伤了脚,当场昏了过去。他醒来后,看到几个工人围着他抢救,井架还没拆卸完毕,就说:"我又不是泥捏的,哪能碰一下就散了!"说完后就站起来继续指挥工人拆卸井架。同事们把他送进医院,他又从医院跑出来,回到第二口井场,拄着双拐指挥打井。钻到约700米时,油井突然发生井喷。当时现场没有压井用的重晶石粉,王进喜当即决定用水泥代替。现场没有搅拌器,而水泥加进泥浆池就沉底,于是,他甩掉拐杖,奋不顾身地跳进齐腰深的泥浆池,用身体搅拌水泥。经全队工人奋战,终于压住了井喷,保住了钻机和油井。一旁的大娘心疼地说:"王队长,你可真是铁人啊!"自此,王进喜的"铁人"称号便在大庆油田传开来。

王进喜不仅是工人阶级的先锋战士、共产党人的楷模,更是一名为国家分忧解难、为民族争光争气的顶天立地的民族英雄。他留下的"铁人精神"和"大庆经验",成为我国进行社会主义建设的宝贵财富。

二、劳模精神的内涵

劳动模范通过自己的辛勤劳动,全心全意服务于国家和人民,在创造物质财富的同时,其思想和行为体现了广大劳动者的共同精神品格,即劳模精神。劳模精神是劳动者在劳动过程中秉持的劳动态度、劳动理念和展现出来的劳动风貌。

长期以来,广大劳动模范在劳动实践中铸就了爱岗敬业、争创一流,艰苦奋斗、勇于创新,淡泊名利、甘于奉献的劳模精神,丰富了民族精神和时代精神的内涵。劳模精神是我们极为宝贵的精神财富。

(一)爱岗敬业、争创一流

爱岗敬业是职业道德的源头活水,是劳模精神的基本特征。劳动者要勤勤恳恳、兢兢业业、忠于职守、尽职尽责,做好自己的本职工作。无论从事什么职业,身处何种岗位,劳动者都要干一行爱一行,努力培养做好本职工作的幸福感和荣誉感。

争创一流是指追求一流的技术水平,干出一流的工作业绩,达到一流的工作效率。劳动者要以最高的标准要求自己，树立"对标一流、争创一流"的目标，在工作中不断强化自身的竞争意识和劳动意识，努力攻坚克难。

（二）艰苦奋斗、勇于创新

艰苦奋斗是劳模精神的本质，也是中华民族的优良传统。劳动模范之所以能成为劳动模范，最根本的原因是他们始终秉持艰苦奋斗的价值追求，在平凡的岗位上创造了不平凡的业绩。在中华人民共和国成立初期，物资极度匮乏，正是以劳动模范为代表的无数劳动者依靠自己勤劳的双手、顽强的意志、必胜的信念，才让我国摆脱了贫穷与落后。在艰苦奋斗中磨炼出来的坚强意志和坚定信念，生动地诠释着劳模精神。

创新，顾名思义就是试图改变现状以创造新的事物、元素、知识、方法、工具等的实践活动，其本质就是求新、求变、求突破。勇于创新是一个民族进步的灵魂，是一个国家兴旺发达的不竭动力，也是中华民族卓越的民族禀赋。在激烈的国际竞争中，惟创新者进，惟创新者强，惟创新者胜。

（三）淡泊名利、甘于奉献

淡泊名利是中国传统义利观的集中体现，是劳模精神的价值引领。正所谓"君子喻于义，小人喻于利"，追求名利富贵是人之常情，但是这种追求应遵循道德规范。大学生应学习劳动模范淡泊名利、潜心钻研的精神，坚持将个人梦想与中国梦紧密结合，在为实现中国梦埋头苦干的同时，实现个人价值。

甘于奉献是对社会主义道德的弘扬。社会和集体是由个体组成的，社会和集体的利益是多数人的利益。劳动模范以维护社会和集体的根本利益和长远利益作为自己的价值导向，默默无闻地做好本职工作，不计较个人得失，不为小利所惑，在奉献中报效祖国、服务人民，从而实现人生价值。

劳动模范

盖立亚是沈阳机床股份有限公司（以下简称"沈阳机床"）所属沈阳优尼斯智能装备有限公司总经理，是一名高级工程师，曾先后被评为"沈阳市特等劳动模范""辽宁省劳动模范""全国劳动模范"等。

参加工作20多年来，她一直深耕在数控（智能）机床研发及制造第一线，主持和参与了4项数控机床国家重大专项项目，取得22项实用型专利、3项发明专利，成为业界重要的领军者。

德国舍弗勒集团为全球汽车、机械、航天航空等领域提供轴承。该集团在进入中国市场时，需要定制加工直径为1米的轴承所用的机床。这种机床必须在保证双刀架、双主轴的同时一次性完成生产工序，这对制造的精度和效率提出了极高的要求，国内外机床制造商无人敢应战。沈阳机床迎难而上，果断拿下订单。于是，双轴数控车床的攻关任务就落在了盖立亚带领的团队肩上。

当时，盖立亚正处于孕早期，伴有严重的妊娠反应。但她仍经常在生产现场收集数据，与技术人员一起自制毛坯料进行模拟试验，仔细对比切削结果，反复修改技术方案。在距离预产期仅有4天时，盖立亚还在不停地修改机床装配过程中的注意事项，并到车间查看机床装配情况。任务完成后，盖立亚幽默地说："我不但生了一个孩子，还'生'了一台机床。"

机床装配完成后，德国舍弗勒集团对其进行了精细的检测，发现该机床实现了进给单脉冲为0.5微米的加工精度，而德国舍弗勒集团的要求仅为1微米。更令人叹服的是，该机床实现了以车代磨加工精密大型轴承的工艺，大大提高了加工效率。

此后，德国舍弗勒集团陆续订购了近百台机床，还将沈阳机床纳入"舍弗勒集团十大优秀供应商"。沈阳机床由此打开了面向国际轴承行业的高端市场。

三、在实践中弘扬劳模精神

在劳模精神中，爱岗敬业是本分，争创一流是追求，艰苦奋斗是作风，勇于创新是使命，淡泊名利是境界，甘于奉献是修为。守本分、有追求、讲作风、担使命、有境界、有修为，是每一位劳动模范的精神风范，更是每一位劳动者应该追求的目标。

（一）在学习中弘扬劳模精神

高校是培养德智体美劳全面发展的社会主义建设者和接班人的重要阵地，应将劳模精神融入立德树人全过程，让大学生有机会近距离接触劳动模范、聆听劳模故事、感受劳模精神，充分发挥劳动模范先进事迹和优秀品质的感召作用，引导大学生勤奋学习、勤于钻研、勤勉敬业，自觉弘扬劳模精神。

大学生在学习中弘扬劳模精神，应做到刻苦钻研，不畏艰苦，孜孜不倦地学习科学文化知识，勇于探索，积极参与创新实践，不断提高理论知识水平和实际操作能力，不断丰富自己的精神世界，不断改造自己的世界观、人生观和价值观。

 案例在线

云南省劳模工匠精神宣讲走进高校课堂

2021年4月15日下午，云南省总工会和省教育厅举行云南省劳模工匠精神宣讲高校专场报告会。会议上，劳动模范耿家盛、徐成东向大家讲述了自己的先进事迹，与会师生备受鼓舞。

"不忘初心，技能报国。"耿家盛原本是昆明铣床广的一名油漆工，后来改行成了车工。他从最基础的摇手柄学起，在厂里请教师傅，回家再问同为车工的父亲，很快成长为厂里的技术骨干。他还利用休息时间学了镗床、钻床等机床的操作方法，并自学计算机辅助设计（CAD）制图，成为一名技术全面的机械加工能手。从一名学徒到一位"名匠"，他用数十年的执着与坚守诠释了劳模精神和工匠精神。

徐成东扎根基层岗位几十年，以执着、专注、精益求精的要求把自己的人生铸就成一块闪亮的"铅锭"，先后攻克了一系列冶炼技术难题，从一个冶炼工一步步成长为全国技术能手，在冶炼行业创造了一个个奇迹。

开展劳模工匠精神宣讲活动，是弘扬劳动精神、劳模精神、工匠精神，在全社会形成"劳动最光荣、劳动最伟大"良好风尚的重要途径。此次劳模工匠先进事迹进高校宣讲活动，有利于在大学生中广泛宣传劳模工匠事迹，用榜样的力量感召人、鼓舞人、塑造人，帮助广大学生树立科学劳动观念，营造"劳动光荣、创造伟大"的良好社会氛围。

（二）在工作中弘扬劳模精神

大学生进入社会，在工作中弘扬劳模精神，应做到学习劳动模范的工作态度、工作作风、工作方式，培育正确的劳动情怀和劳动观念，自力更生、奋发图强、不怕困难、不畏艰险，努力完成各项工作任务。

探究与分享

请结合自身情况，谈谈你将如何在学习中践行劳模精神。

第三节　践行工匠精神，传承工匠文化

课堂引例

人大代表建议设立"工匠日"

在2020年两会期间，一位全国人大代表建议设立"工匠日"。他表示，设立"工匠日"，倡导工匠精神，可以使人们树立起对职业敬畏、对工作执着、对产品负责的良好作风，带动中国制造业走向高端，促使中国从"制造大国"变为"制造强国"。

该人大代表指出，如果将人才结构比作金字塔，支撑金字塔的最坚实的塔基就是规模最大、行业覆盖范围最广的技能型人才。设立"工匠日"有助于形成社会共识，弘扬工匠精神，打造高质量、领先世界的中国制造品牌。

【想一想】

（1）你如何看待该人大代表提出的设立"工匠日"的建议？

（2）什么是工匠精神？

一、工匠精神的内涵

工匠精神体现了中华优秀传统文化,传续了中华民族的精神命脉。我国自古就有尊崇工匠精神的优良传统。古代工匠在实践过程中,不断创新产品和技术,使我国精美的瓷器(图2-4)、丝绸、玉器、青铜器(图2-5)、漆器等享誉世界。在长期的实践中,广大劳动者培育形成了"执着专注、精益求精、一丝不苟、追求卓越"的工匠精神。

图2-4　瓷器　　　　图2-5　青铜器

(一)执着专注

执着专注是一种锲而不舍的工作态度,也是一种埋头苦干的工作习惯。人的精力是有限的,将有限的精力投入一个领域,干一行、爱一行、钻一行,才能最大程度地发挥个人潜力,经过日积月累的实践,才能成就一番伟业。对个人而言,执着专注就是沉下心来钻研自己的工作,耐心、细心、专注地完成每一项工作任务。劳动者只有将执着融入血脉,将专注刻入灵魂,才能在平凡的岗位上建功立业。

(二)精益求精

精益求精是在保证效率的基础上,追求产品品质的极致。这意味着劳动者要以一颗进取之心,尽力将技术研究透彻,将产品做到极致。

对个人和企业而言,以高标准严格要求自己,注重产品的细节,不断提高产品质量、创新核心技术,才能制造出一流的产品,形成独特的核心竞争力。

 探究与分享

(1)你是怎样理解"精益求精"的?
(2)我国历史上有哪些关于精益求精的故事?请简要介绍。

(三)一丝不苟

一丝不苟是指做事认真,连最细微的地方也不马虎,具体表现为认真负责、严谨细致、注重细节、心无旁骛的态度。劳动者只有在工作中坚持一丝不苟,认真处理好所有细节,不出任何错漏，才能圆满完成工作任务。

（四）追求卓越

追求卓越是指因不满足现有的成就而向更高的目标发起冲击，不断追求突破和创新。劳动者不能因为取得一点成就就沾沾自喜、不思进取，而应当始终保持积极进取、追求极致的态度，在千锤百炼中不断超越自我、积极创新。

 大国工匠

匠心筑梦，谱写强军报国华章

2020年11月24日，中国兵器工业集团河南平原光电有限公司（以下简称"平原光电"）数控加工中心高级技师梁兵在北京人民大会堂参加全国劳动模范和先进工作者表彰大会，被评为"全国劳动模范"。

自1993年入职平原光电以来，梁兵在数控技能操作岗位上刻苦钻研技术知识，勤学苦练操作技能，熟练掌握了一系列复杂零件的加工工艺，逐渐从一名普通技校毕业生成长为中国兵器工业集团首席技师、国家级技能大师。在微米级的高精度加工要求下，梁兵还练成了一套通过触摸按压和聆听声音来感知零件之间贴合度的高超技艺。多年来，经过他精加工的零件有上千种，出厂合格率为100%。因此，经过他精加工的零件被同事称为"免检产品"。

他满怀"劳动筑梦、岗位奉献"的美好初心，把练就高超的技能融入"建功发展、强军报国"的光荣使命中，先后参与了多项国家重点型号武器装备和集团重点产品的生产制造，总结摸索出了多项数控加工绝技，攻克并解决了生产加工中的许多技术瓶颈和难题，为国防建设和集团发展做出了突出贡献。

二、工匠精神的时代价值

工匠精神对促进国家、企业和个人的发展具有重要意义。大学生应从国家、企业、个人这三个方面领悟工匠精神的时代价值，深刻理解工匠精神的重要性，自觉成为工匠精神的传承者和践行者。

（一）工匠精神是中国制造前行的动力

制造业是国民经济的主体，是立国之本、兴国之器、强国之基。改革开放以来，我国制造业持续快速发展，形成了门类齐全、独立完整的产业链，有力地推动了工业化和现代化进程。然而，与世界先进水平相比，我国制造业在自主创新能力、资源利用效率、产业结构水平、信息化程度、质量效益等方面仍有不足。

为完成从"中国制造"向"中国创造"的转变，2015年5月19日，国务院正式印发《中国制造2025》，提出了我国实施制造强国战略第一个十年的行动纲领。为了实现《中国制造2025》战略目标，必须在全社会大力弘扬工匠精神。只有将执着专注、精益求精、一丝不苟、追求卓越的工匠精神融入设计、生产、经营的每个环节，实现由"重量"到"重质"的转变，中国制造才能赢得未来。

（二）工匠精神是企业竞争发展的品牌资产

在塑造企业品牌形象、创造品牌资产的过程中，工匠精神起到了十分重要的作用。随着市场经济的发展和互联网的普及，产品的品牌效应越来越强。在产品功能和价格相近的情况下，人们总是倾向于购买那些耳熟能详、口碑良好的企业所提供的产品。因此，企业越来越重视良好的品牌形象所带来的潜在的、无形的、动态的商业价值，将品牌形象作为一种竞争资本来经营管理，可以有效提升企业的市场竞争力。

工匠精神可以体现企业品牌的内涵，给客户以高质量、高标准的印象，有利于提高企业的知名度和美誉度，增强客户黏性，促进企业品牌增值。例如，曹德旺创办的福耀玻璃工业集团股份有限公司（以下简称"福耀玻璃"）在工匠精神的指导下，几十年如一日，专注于汽车玻璃制造，现在已经成为世界知名的汽车玻璃供应商，其产品质量和生产技术都处于世界顶尖水平，使得"福耀玻璃"成为名副其实的"金字招牌"。

 大国工匠

"玻璃大王"曹德旺

1983年，曹德旺承包了濒临倒闭的福建省福清市高山镇异形玻璃厂，随后转战汽车玻璃制造行业，结束了中国汽车玻璃完全依靠进口的局面，开启了中国汽车玻璃由自立走向自强的新征程。1987年，曹德旺成立耀华汽车玻璃公司（福耀玻璃的前身），该公司于1993年成功在A股上市。经过多年的努力，福耀玻璃不仅成为我国知名的汽车玻璃供应商，还成功挺进国际汽车玻璃市场。

在此期间，有人提出福耀玻璃的收入结构太单一，过于依赖汽车玻璃，如果曹德旺进军房地产行业可能会更加赚钱。对此，曹德旺说，房地产行业的利润确实很高，但如果他分心去经营房地产，就会使福耀玻璃的品牌贬值，反而得不偿失。

曹德旺几十年如一日专注汽车玻璃事业，给了他极大的自信和充足的底气，使其在面对其他行业高利润的诱惑时能够保持初心，坚定不移地投身玻璃事业。同时，他的匠心与坚持也为他带来了辉煌的成就。2018年，曹德旺先后入选"世界最具影响力十大华商人物"和"改革开放40年百名杰出民营企业家"，成为民营企业家的楷模。

（三）工匠精神是个人全面发展的指引

当今社会对技术型人才的需求越来越大，甚至出现企业高薪招不到合适技术工人的窘况。劳动者要想轻松迈过企业对技术工人的招聘门槛，必须具备丰富的专业知识和熟练的操作技能。这就要求劳动者必须在学习和工作中坚持执着专注、精益求精的工匠精神,注重思考和创新,不断丰富自己的专业知识,提高自己的职业技能和工作能力。

工匠精神的践行,往往与职业道德相伴。在工作中,劳动者应当坚持一丝不苟、追求卓越的工匠精神,恪守职业道德的要求,严格按照产品标准、技术标准等进行工作,严格把控质量关,保质保量地完成生产任务。

三、用行动践行工匠精神

随着时代的进步和社会的发展,一些传统技艺因与现代生活不相适应而逐渐消失,但其承载的工匠精神却传承下来,永不过时。大学生作为新时代的先锋力量,应用行动践行工匠精神,为实现中华民族伟大复兴而奋斗。

践行工匠精神,可以从思想和行动两方面入手,具体包括以下内容。

(一)重新审视工匠的作用与地位

一些人错误地认为工匠只是技术工人,难登大雅之堂。这是因为他们没有认识到工匠在人类文明发展史上的重要作用,更没有认识到工匠精神对一个民族和国家的深远影响。

我国古代的鲁班、李春、欧冶子、陆子冈等能工巧匠凭借自身高超的技艺和卓越的成就名垂青史,他们身上体现出来的工匠精神在经过了几千年后依然被人们传颂,激励着一代代中华儿女前行。到了现代,那些在平凡岗位上钻研技术、攻克难关的工匠以身作则,向青年一代展现了工匠精神的含义,为青年觉醒和奋斗提供了源源不绝的精神支持。

大学生应重新审视并正确认识工匠的作用与地位,学习他们精湛的技艺和高尚的职业操守,从工匠精神中汲取力量,不断完善自我,努力成为合格的社会主义建设者和接班人。

 大国工匠

千年前的桥梁工匠——李春

李春是我国隋代著名的桥梁工匠,举世闻名的赵州桥(图2-6)就是他最伟大的杰作之一。李春在修建赵州桥时,创造性地采用了敞肩圆弧拱形式,达到了降低桥面高度、增加桥梁跨度的双重目的,使赵州桥既便于排洪,又能节省材料,而且美观。赵州桥的建成,开创了我国桥梁建造的崭新局面,为我国桥梁技术的发展做出了巨大贡献。

图2-6 赵州桥

赵州桥素有"坦途箭直千人过,驿使驰驱万国通"的美誉。船舶在桥下航行,车马从桥上驶过,赵州桥为泛河两岸的交通运输提供了便利条件。赵州桥建成至今已有1400多年,承受了无数人、畜、车辆的重压,经历了8次以上地震和8次以上战争的考验,饱经风霜却雄姿不减当年,仍然屹立在洨河上。

中华人民共和国成立后,赵州桥被列为全国重点文物保护单位,有关部门对这一古代大桥进行了彻底维修。如今,赵州桥已成为中华民族智慧的象征,李春所展现出来的工匠精神也成为民族精神的重要组成部分。

(二)传承工匠精神

我们身边总有一些人,他们执着专注、精益求精,严格要求自己,对产品精雕细琢,他们在实践中不断传承并发扬工匠精神,不断为工匠精神注入新的内涵,使工匠精神永不褪色。例如,一生清贫、只守一架琴的巫漪丽;坚持20多年,潜心钻研铁轨机械的信恒均;在故宫里考证十年,修复两年,让古钟重新运转的王津;等等。他们都是工匠精神的传人,都是值得我们学习的大国工匠。

大学生应向这些大国工匠看齐,学习他们专注执着、精益求精、一丝不苟、追求卓越的工匠精神,通过参加校园劳动、社会实践活动等,在劳动中传承、创新工匠精神。

探究与分享

大学生应该如何以自己的实际行动践行工匠精神?请谈谈你的想法。

实践活动

组织"弘扬劳动精神,激扬青春力量"主题演讲比赛

为了加深对劳模事迹和劳动精神的理解,培育劳动精神、劳模精神和工匠精神,班级组织开展了"弘扬劳动精神,激扬青春力量"主题演讲比赛。

学生事先根据演讲主题,编写演讲稿,演讲稿中要有对劳动模范、大国工匠等的事迹的介绍和对劳动精神的个人感悟。在比赛时,学生应使用有感染力的语言,声情并茂地进行演讲,做到以理服人、以情动人。

【知识储备】

问题1:劳动精神的核心内容包括哪些?

问题2:劳模精神和工匠精神的基本内涵有哪些?

问题3：怎样践行劳模精神？

【活动记录】
演讲稿的编写思路：

赛前演练计划：

参加演讲比赛的注意事项：

【活动评价】
教师可参考表2-1对学生实践活动的表现进行评价。

表2-1 实践活动评价表

评价标准	分值	分数小计	教师评价
活动准备工作做得充分，活动过程记录详细	10		
理解劳动精神、劳模精神和工匠精神的内涵	10		
劳动模范、大国工匠的事迹典型	30		
对劳动精神感悟深刻，演讲内容具有一定的激励作用	30		
语言生动，富有感染力	20		
总计	100		

第三章

培育优良品质，成就美好未来

如果一个人能够积极、主动地参与劳动，勇于在劳动中克服困难，能够自觉遵守规范、脚踏实地、实事求是，积极与他人合作，那么他就是一名合格的劳动者。当然，主动劳动、诚信劳动、合作劳动等劳动品质的培育并非一朝一夕之功。只有在正确的劳动观念的引导下，以优秀劳动者为榜样，日复一日地进行学习和实践，才能成长为优秀的社会主义建设者和接班人。

第一节 主动劳动，快乐劳动

 课堂引例

什么是主动劳动

情景一：小邓是一个十分积极的人，总是主动承担老师安排的劳动任务，但是他做事十分拖拉。在一堂物理实验课结束时，老师让学生整理自己小组用过的仪器。小邓为了引起老师的关注，就主动要求自己一个人整理本组的仪器。然而，直到第二堂物理实验课开始，他都没有整理好仪器，耽误了本组的实验时间。

情景二：小洪手脚灵活，思维敏捷，在班级劳动中，他总能早早地完成自己的劳动任务。提前完成任务后，他就会坐下来休息。即使看到其他同学非常忙碌，他也不会伸出援手。久而久之，他就给其他同学留下了不好的印象，导致其他同学都不太愿意与他交往。

自觉自愿是一种极为难得的美德，它能驱使一个人在不被吩咐应该做什么事情前，主动地去做应该做的事。自觉自愿、积极主动参加劳动的人，是我们学习的榜样。在日常生活与学习中，我们除了要做好分内之事，还要积极主动地帮助他人进行劳动。当然，主劳动所倡导的不仅仅是主动承担劳动任务，更重要的是尽心尽力完成劳动任务。

> 【想一想】
> （1）你认为小邓具有主动劳动的品质吗？为什么？
> （2）你赞同小洪的做法吗？为什么？

一、主动承担劳动任务

主动承担劳动任务是大学生应当具备的基本劳动品质。大学生既要欣然接受劳动任务，积极主动参加劳动（图3-1），正确对待"苦差事"和"分外事"，也要乐于帮助他人完成劳动任务。

（一）欣然接受劳动任务

在学校里，老师可能会给学生安排打扫教室、参加社会实践活动（如志愿服务，见图3-2）等劳动任务；在家里，父母可能会给孩子安排洗衣服、做饭等劳动任务。这些劳动任务都比较简单，不会耗费太多精力。大学生应该欣然接受劳动任务，将其看作个人成长、成才、成功道路上的垫脚石，而不应将其看作一种负担。保持欣然接受劳动任务这一良好习惯，对大学生的职业生涯和人生发展都将有很大的帮助。

图3-1 积极主动参加劳动

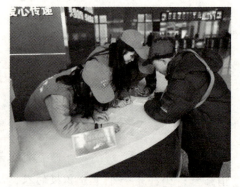

图3-2 志愿服务

探究与分享

（1）当被要求参加劳动时，你会欣然接受，还是会婉言推辞或者断然拒绝？
（2）你是否只接受对自己有益的劳动任务？
（3）养成欣然接受劳动任务的习惯，将会对你的职业生涯和人生发展产生哪些影响？

（二）积极主动参加劳动

大学生应积极主动参加劳动。这里的积极主动不是争强好胜。争强好胜的意思是非常要强，处处想胜过他人。争强好胜者总是以自我为中心，喜欢引起他人的关注。争强好胜者虽然有不服输的精神，但如果凡事都要争输赢，就会变成心胸狭隘之人。

在现实中，有些人积极主动参加劳动，只为证明自己比他人优秀。持这种态度的人并未真正理解积极主动劳动的深层含义，即责任感。积极主动参加劳动的人，有强烈的责任心和使命感，不仅不会争强好胜，而且能够对劳动任务负责。

（三）正确对待"苦差事"和"分外事"

"苦差事"是指难度大而报酬低或辛苦、枯燥的事情。"分外事"是指自身责任范围之外的事情。在日常生活与工作中，对于"苦差事"和"分外事"，不应选择逃避，而应正确对待，做一个有担当的人。

主动承担"苦差事"和"分外事"，一方面能在劳动中锻炼自己、充实自己，另一方面能在劳动中展现自己的能力和才华，从而引起他人的注意，得到他人的认可和尊重。因此，大学生不应害怕"苦差事"，更不应局限于自己的"分内事"，而应主动思考在基本工作之外，自己还能做好哪些工作。

（四）乐于帮助他人完成劳动任务

赠人玫瑰，手有余香。乐于助人是一种可贵的品质。乐于帮助他人完成劳动任务，有时收获的是个人的成长，有时收获的是真挚的友谊，有时收获的是他人的认可。在帮助他人完成劳动任务的过程中，应该做到真诚，不计较得失，不求回报。

二、尽心尽力完成劳动任务

主动承担劳动任务是主动劳动的态度表现，尽心尽力完成劳动任务则是主动劳动的核心所在。尽心尽力完成劳动任务具体体现在及时执行劳动任务、不折不扣地落实劳动任务、全身心地投入劳动、克服劳动中的困难等方面。

（一）及时执行劳动任务

"明日复明日，明日何其多。我生待明日，万事成蹉跎。"明代的钱福在《明日歌》中表达了一个浅显的道理：如果人们总是将今天的事情拖到明天去做，就会白白浪费很多时间，错过很多机会，最终虚度年华，荒废人生。

大学生在接到劳动任务后，应该克服拖延症，给自己设定完成任务的期限和质量标准，充分利用时间，及时付诸行动。为了督促自己及时、高效地完成劳动任务，可暗示自己完成任务将带来益处，激励自己积极采取行动。

 案例在线

拖延症害他丢了工作

小宋参加工作两年了，他工作比较认真，会对自己提出一定的要求，只是执行时总会一拖再拖。因为做事拖拉，他常常在下班时还没做完当天的工作，需要留下来加班。对于那些不太紧急的工作，他永远都会拖到最后一刻才完成。有时候，他也会自我反省，并采用各种方法来改掉拖延症，可是都无济于事。终于，糟糕的事情发生了。

一次，他要和一位大客户签合同。当天早上，他一直赖在床上不肯起来。好不容易起床，他在赶去公司的路上还遇到了堵车。更严重的是，他拖到前一天晚上才在家里将合同拟好，而合同被他忘在了家里。无奈之下，他只得掉头回家拿合同。待他赶到公司时，客户早就气冲冲地离开了。由于他个人原因让公司失去了一笔大单子，他最终被"炒鱿鱼"了。

看到这样的结果，小宋十分懊悔：如果自己早上没有赖床，而是闹钟一响就起来，可能就不会遇到堵车；如果自己没有拖到前一天晚上才拟好合同，就不会将合同忘在家里；如果自己做事不拖拉，这一切都不会发生。

 探究与分享

你认为大学生应如何克服拖延症？跟同学分享一下吧。

（二）不折不扣地落实劳动任务

不折不扣的意思是完全、十足、彻底。不折不扣地落实劳动任务是指不投机取巧，踏踏实实地完成劳动任务。例如，在打扫教室时，应该认真、仔细地打扫，不放过任何一个角落。又如，在开展一项以40～45岁的中年人为调查对象的社会调查活动（图3-3）时，不应为了省事，在实际调查过程中，用其他年龄段的人充当40～45岁的中年人进行调查活动。

图3-3 社会调查活动

不折不扣地落实劳动任务是顺利完成劳动任务、保证劳动质量的重要前提。然而在日常生活和工作中，不少人存在"差不多"心理，这是不负责任的表现，将直接导致劳动质量降低。

要想克服"差不多"心理，在思想层面上，就要强化责任意识、使命意识和忧患意识；在具体行动层面上，就要明确劳动任务的目标和质量要求，制订合理的劳动计划，然后严格执行劳动计划。

（三）全身心地投入劳动

全身心地投入劳动（图3-4），不仅能带来充实感和成就感，还能修身养性，磨炼意志。要想全身心地投入劳动，就要在劳动中充满激情，满怀热忱，从而更好地发挥自己的聪明才智，提高劳动质量。

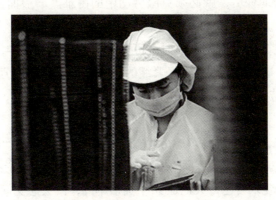

图3-4　全身心地投入劳动

 榜样力量

> 杨敏是贵州省铜仁市沿河土家族自治县思渠镇党委副书记、镇长。自参加工作以来，她兢兢业业、恪尽职守，认真完成各级领导交办的任务。2018年，她被评为铜仁"2017年度全市脱贫攻坚先进个人"。
>
> 2016年11月，杨敏初到铜仁市脱贫攻坚指挥部宣传组工作时，常常为了及时写出新闻报道而废寝忘食。到团县委工作后，她觉得身上的担子更重了，几乎每天都在思考如何将所学知识和所积累的经验应用到新工作中。她觉得自己要讲究工作方法，做到学以致用，还要充分发挥积极性和主动性，用心完成每一项工作。
>
> 她对待工作热情、积极，用"工作狂"来形容她一点儿也不为过。她每天一大早就下乡工作，晚上就在办公室写文章到深夜。她认为这些是她的工作和责任，并把大家的肯定当作前进的动力。2017年5月的一个深夜，加完班的杨敏在回家途中不小心被马路旁的水泥砖绊倒，膝盖磕了一个比大拇指还大的伤口，在医院缝了10多针。领导知道后，批准了她一个星期的病假。可是她担心耽误工作，第二天就一瘸一拐地去上班了，还没拆线就又跟着领导下乡做宣传。大家都劝她在家好好休养，她却坚持继续工作。
>
> 自参加工作以来，杨敏为完成各项任务，不分昼夜，尽心尽力。身体消瘦了，面容憔悴了，但她没有一句怨言，始终尽心尽力地用实际行动履行着自己应尽的责任。

（四）克服劳动中的困难

人们在劳动中难免会遇到各种各样的困难。工人和农民会因长期的体力劳动而感到劳累；在窗明几净的办公室里工作的白领，会因忙于处理各种烦琐的事务和复杂的人际关系而身心俱疲；居于高位的领导者，常常承受着企业内部管理和经营的压力。如果一个人只想享受劳动成果，遇到困难就逃避，那么这个人就是一个不负责任的人。

要想出色地完成劳动任务，就必须克服劳动中的困难。一般而言，可通过以下三种方法来克服劳动中的困难。

（1）劳逸结合。在劳动中遇到困难时，可暂时放下手中的工作，适当放松身心，如听音乐、到户外散步等。这是因为人在神经紧绷的状态下长时间持续劳动，思维就会不敏捷、不活跃，不利于完成劳动任务。适当放松身心，有助于释放压力，快速找到解决困难的方法。

（2）分解劳动任务。对于较复杂的劳动任务，可将其分解为一项项简单的劳动任务，然后分阶段按计划完成。以记英语单词为例，在一个月内记住900个英语单词看起来十分困难，若将该任务分解，要求自己每天记住30个英语单词，就会感觉简单很多。

（3）请教他人。俗话说，人外有人，天外有天。一个人不可能掌握所有的知识，具备处理所有事情的能力。当拼尽全力，尝试了各种方法都无法独自解决在劳动中遇到的困难时，不妨向他人寻求帮助。

 自我测评

主动劳动品质自我测评

准备好笔，然后对下列测验题做出"是"或"否"的回答。

（1）我会自己洗衣服。
（2）我会主动打扫宿舍卫生。
（3）我真心愿意承担班级劳动任务，而不是为了获得奖赏。
（4）当我看到同学十分忙碌时，我会主动提供帮助。
（5）我会及时完成老师安排给我的劳动任务。
（6）我对劳动质量有很高的要求，在劳动中不会得过且过。
（7）在劳动中遇到困难时，我不会选择逃避，而会想方设法克服困难。

回答"是"计1分，回答"否"计0分。

结果分析：

0~3分：你不具备主动劳动品质，可能无法很好地完成劳动任务。

4~6分：你具备一定的主动劳动品质，但还可以进一步培养、发扬这种良好品质。

7分：你具备良好的主动劳动品质，不仅能主动承担劳动任务，还能尽心尽力完成劳动任务。

第二节 诚信劳动，踏实劳动

 **课堂引例**

不同的态度导致不同的结果

小张和小林同时来到一家玩具模型加工厂工作。小张心高气傲，总想着能够一步登天，在大城市里做出一番事业来。他从进厂的第一天起，就常常抱怨玩具模型加工工作枯燥无趣，对工作缺乏热情，总是应付了事。有一次，由于工作时心不在焉，小张损坏了一批玩具模型，给工厂造成了极大的损失，他也因此被解雇。而小林一直脚踏实地地工作，从不抱怨。一段时间后，小林不仅受到了领导的赏识，还得到了出国深造的机会。

【想一想】

（1）你认为小张和小林具备诚信劳动的品质吗？为什么？

（2）你是如何理解诚信劳动的？

诚信即诚实守信，是中华民族的传统美德，是为人之本、成事之基，是处理人际关系的基本伦理原则，也是个人必须具备的基本道德品质。诚信劳动，就是要在劳动中保持诚信，做到遵守规范、脚踏实地、实事求是，杜绝偷工减料、眼高手低、弄虚作假。

一、遵守规范

诚信劳动的首要要求就是遵守规范，即遵守社会规范和劳动规范。

（一）遵守社会规范

社会规范是指某一社会群体中人们共同行为规则的总和。它是调整人与人之间关系的准则。社会规范通常可分为两大类：①强制性的，如法律规范；②非强制性的，如道德规范、宗教规范、习俗礼仪等。不同的社会规范各有其不同的特点和作用，是一定社会文化的产物。

在劳动中遵守社会规范，需要做到"五要"：一要自觉学法、守法，做到合法劳动；二要明礼诚信，在行为举止方面保持文明、礼貌，在与人交往时信守承诺；三要团结友善，与人和睦相处，互助友爱；四要自强自立，勤奋工作，勤俭节约；五要敬业乐业，恪尽职守，克己奉公，服务社会。

明镜高悬

《中华人民共和国民法典》第七条规定:"民事主体从事民事活动,应当遵循诚信原则,秉持诚实,恪守承诺。"

《中华人民共和国刑法》第一百四十条规定:"生产者、销售者在产品中掺杂、掺假,以假充真,以次充好或者以不合格产品冒充合格产品,销售金额五万元以上不满二十万元的,处二年以下有期徒刑或者拘役,并处或者单处销售金额百分之五十以上二倍以下罚金;销售金额二十万元以上不满五十万元的,处二年以上七年以下有期徒刑,并处销售金额百分之五十以上二倍以下罚金;销售金额五十万元以上不满二百万元的,处七年以上有期徒刑,并处销售金额百分之五十以上二倍以下罚金;销售金额二百万元以上的,处十五年有期徒刑或者无期徒刑,并处销售金额百分之五十以上二倍以下罚金或者没收财产。"

案例在线

职场"碰瓷"不可取

2018年9月3日,康某入职某家具厂,2018年12月6日,康某以自己被违法解除劳动关系为由,要求该家具厂向其支付赔偿金等近14万元。该家具厂认为康某仅工作了3天时间,有"碰瓷"嫌疑。经司法鉴定,康某持有的《计件工资确认书》被非法修改过,康某涉嫌篡改重要证据。同时,法院查明,自2013年以来,康某在赣州、莆田、深圳、广州、东莞、惠州、中山、江门等地涉及的劳动争议诉讼案件有近30起。其中仅2018年,康某在中山涉及的诉讼案件就高达10起。

法院审理认为,康某存在篡改重要证据并在诉讼中进行虚假陈述的行为,还存在频繁、短暂地与不同用人单位建立劳动关系,再以各种理由解除劳动关系后通过诉讼谋取利益的情形。根据这些事实,法院决定对康某所提交的证据和据此主张的诉讼请求均不予采纳,对经家具厂确认的工资数额予以确认。同时,法院还以妨碍民事诉讼为由,对康某处5万元人民币罚款。

像这样的职场"碰瓷"近年来并不鲜见,劳动争议频发的中小企业更容易中招。"碰瓷"者往往具备一定的劳动法律知识,有的故意不签劳动合同,有的在领工资时有意逃避签字,有的特意不要求用人单位缴纳社会保险,事后却高额索赔……这类劳动者并非真正意义上的劳动者,其寻找工作的目的并非想为用人单位和社会创造价值,而是借机牟利。

在劳动关系中,劳动者虽然是弱势群体,但这并不代表劳动者可以违背诚信原则和相关法律法规,肆意扰乱用人单位的经营秩序,给用人单位造成不同程度的经济损失。

(二)遵守劳动规范

韩非子说"万物莫不有规矩",意思是万事万物都有其准则和法度。孟子说"不以规矩,不能成方圆",意思是生活处处需要规矩,人们只有遵守规矩,社会才会有秩序。在劳动中，任何人都应遵守团队或组织制定的劳动规范，履行岗位职责。具体而言，应该做到：

（1）在劳动过程中遵守规章制度，严格按照规范的流程操作。例如，建筑工人按照要求戴好安全帽（图3-5）后再进入工地，从而确保劳动生产过程中的人身安全。

（2）保质保量地完成劳动任务，杜绝偷工减料、弄虚作假、窃取劳动资料等行为。

（3）在劳动过程中真诚对待顾客、同事，信守承诺，说到做到。

图3-5 头戴安全帽的建筑工人

 抱诚守真

因诚信而获得商机

小秦大学毕业后，在父亲的支持下开了一家汽车维修店。有一天，店里来了一位顾客，自称是××运输公司的货车司机。在维修完车辆后，该顾客让小秦在维修单据上多填一些耗用的零件，并承诺在事成之后会给小秦一定的好处。

无论该顾客如何劝说，小秦都坚决地拒绝了他，并让他立刻离开。结果，让人意想不到的是，该顾客满脸笑意地告诉小秦，自己就是××运输公司的老板，他最近一直在寻找一家可靠的维修店，现在总算找到了。因被小秦的诚信品质折服，此后，该顾客便与小秦建立了长期的合作关系。

二、脚踏实地

老子曰："合抱之木，生于毫末；九层之台，起于累土；千里之行，始于足下。"这启示人们，凡事都是从头做起、逐步进行的，无论做什么事情，都必须具有坚强的毅力，从小事出发，坚持不懈，才有可能成就大事业。在劳动中，大学生应该脚踏实地，从小事做起，不断提高自己的能力，切忌眼高手低，怨天尤人。

 榜样力量

马永生是中国工程院院士，也是中国石油化工集团有限公司董事长。无论管理工作多忙，他都会抽时间去实验室与团队开展科研工作。作为地质工作者，他对自己的事业充满了自豪感："我们都为航天飞船'上天'而兴奋，其实往地下打上万米也不亚于那个难度。"

谈起中国油气勘探事业的最新发展，他如数家珍，哪个地区的哪个油田有了新的突破，他都了然于心。说起曾经"战斗"过的油田，轻声细语的他会兴奋起来："相比待在实验室，我更喜欢去人迹罕至的勘探现场。"

从西北的荒滩大漠、黄土高原，到南方的崇山峻岭，都曾留下过他的足迹。21世纪伊始，他在四川盆地开始了天然气勘探工作。

就在这时，否定的声音不断传来。一些外国的石油公司和很有名望的专家经过系统地评估后，认为中国南方没有形成大型油气田的可能性。国际油气勘探界权威专家还有一个结论：深度超过3500米，岩石致密化严重的区域，不可能有油气储存的空间。

马永生和他的团队偏"不信邪"，他们坚信他们"瞄准"的这块层深5000多米的地下，储存着丰富的天然气。2001年8月，马永生和他的团队提出了普光1井部署方案。如今的普光气田拥有超4000亿立方米的探明天然气储量。另外，基于普光气田的勘探经验和技术，他们还在2007年发现了日产量可达1000万立方米的元坝气田，这是迄今为止国内埋藏最深的海相天然气田。

马永生和他的团队将中国海相碳酸盐岩油气勘探理论和技术提高至世界水平。"作为一名科技工作者，要尊重前人总结的经验，但也不能过于迷信权威，而要通过扎实的工作来形成自己的结论和认识，敢于坚持，不要轻易放弃。"他这样说。

2017年，经何梁何利基金评选委员会推荐，中国科学院紫金山天文台申请，国际小行星中心命名委员会批准，国际编号为210292号小行星正式命名为"马永生星"。马永生说："我更多地把它作为对自己的一种鞭策和鼓励。"在他看来，这一切成就都是大家脚踏实地干出来的。

三、实事求是

实事求是的意思是从实际情况出发，正确地看待和处理问题，不夸大，不贬低。从古至今，实事求是都是最基本的道德品质之一。孔子在教导子路时说："知之为知之，不知为不知，是知也。"大学生更应该实事求是地对待自己的劳动过程和劳动成果，既不夸大其词，也不弄虚作假。具体而言，应该做到以下几点：

（1）对从事劳动所必备的知识和技能有正确的认识，对自己的劳动素质做出理性的判断，在此基础上，合理地自我定位。

（2）立足岗位踏实劳动，求真学问，练真本领。求真不仅是一种科学态度、一种精神境界，更是人类自我完善、人类文明得以赓续的原动力。大学生应该求真务实，不断磨炼会干事、干成事的真本领，在劳动中锻造出解决问题的"金钥匙"。

（3）实事求是地对待劳动成果，摒弃弄虚作假之风，反对一切不劳而获和投机取巧的思想，积极弘扬劳动精神和诚信文化。

探究与分享

一名插画师在网络上爆料，他为北京冬奥会设计的海报被三名大学生抄袭了。这三名大学生凭借抄袭而来的画作获得了某比赛的奖项后，竟然给该插画师发私信，声称要用1000元购买该海报的版权。这一做法令人大跌眼镜。

你认为这三名大学生的做法存在哪些问题？这样的做法会产生哪些危害？

自我测评

诚信劳动品质自我测评

准备好笔，然后对下列测验题做出"是"或"否"的回答。

（1）我在劳动中量力而行，不逞能，不急躁。
（2）我在劳动中信守承诺，说到做到。
（3）上实验课时，我会严格遵守实验室安全管理制度。
（4）写论文时，我不会抄袭他人的文章。
（5）在劳动过程中，我不会投机取巧。
（6）我不会将他人的劳动成果说成是自己的。
（7）我不会眼高手低，也不会忽视劳动过程中的细节问题。

回答"是"计1分，回答"否"计0分。

结果分析：

0～3分：你不具备诚信劳动品质。

4～6分：你具备一定的诚信劳动品质，但还可以进一步培养、发扬这种良好品质。

7分：你具备良好的诚信劳动品质，在劳动中能够做到遵守规范、脚踏实地、实事求是。

第三节　合作劳动，共促发展

课堂引例

什么是合作劳动

情景一：小王在国内一家大型化妆品进口公司工作，主要负责产品采购。她做事踏实认真，总是能够圆满地完成采购部经理交给她的任务，因而颇受经理赏识。

有一次，经理告诉她，某产品在日本很畅销，在国内肯定会有很好的市场前景，要求她大量采购该产品。小王听后，半信半疑。她认为，在国外畅销的产品在国内未必畅销，在不进行任何市场调研的情况下贸然采购该产品，风险很大。小王向经理说出了自己的想法，但该经理说："该产品在国内一定有市场，你尽管大量采购。"

情景二：在一场足球比赛中，小沈所在的队伍输了。赛后，小沈向教练抱怨道："我们本来可以赢得这场比赛，都怪小周没有拼尽全力，他竟然把点球罚丢了，真不知他平时是怎么训练的！"

【想一想】
（1）你认为采购部经理的做法对吗？他具有合作劳动的品质吗？
（2）你认为小沈的想法对吗？为什么？

一、合作劳动的意义

合作是指个人或群体之间为达到某一确定的目标，彼此通过协调作用而形成的联合行动。合作双方必须具有共同的目标、相近的认识、协调的互动、一定的信用，才能使合作达到预期效果。

在生产生活中，人们也会选择合作劳动。合作劳动具有劳动行为的共同性和劳动目的的一致性等特点，甚至在有些时候，合作劳动本身也可能成为合作劳动的目的。例如，和室友一起打扫寝室，和同学一起完成实验（图3-6）。具体而言，合作劳动具有以下意义。

（一）有利于完成复杂或困难的劳动任务

对于那些操作复杂或技术含量较高的劳动任务，仅靠个体的力量是难以完成的。这时，就需要寻求他人的帮助，与他人合作，利用团队的力量完成复杂或困难的劳动任务。例如，一幢高楼不可能由一个工人建成，需要一群工人合作劳动才能够建成，如图3-7所示。

图3-6　和同学一起完成实验

图3-7　建筑工人合作建造一幢高楼

 案例在线

猴子摘香蕉实验

科学家曾经做过一个猴子摘香蕉实验。他们将六只猴子分别关在三个房间里，每个房间两只，房间里分别放着一定数量的香蕉，但是每个房间的香蕉高度各不相同。第一个房间里，香蕉就放在地上；第二个房间里，香蕉悬挂的高度不同；第三个房间里，香蕉悬挂在房顶。数日后，他们发现只有第二个房间里的两只猴子活得好好的。

究其原因，第一个房间里的猴子一进房间就看到了地上的香蕉，为了争夺唾手可得的食物，它们大动干戈。第三个房间里的香蕉挂得太高，任凭两只猴子怎么跳跃，都够不到。第二个房间里的两只猴子先是凭着自己的本事跳起来取食，然而随着香蕉悬挂的高度增加，取食的难度越来越大。为了成功取到香蕉，一只猴子被另一只猴子托起，然后再跳起来取食。这样一来，它们每天都能取到足够的香蕉，于是成功地活了下来。

这个实验表明，在面对难度较大的劳动任务时，应学会相互合作，这样才能更容易取得成功。

（二）有利于满足人际交往的需求

人是社会性动物，有人际交往的需求，希望与他人交流沟通，也渴望亲情、友情、爱情。在合作劳动的过程中，人与人之间会交流沟通，人们能够从中获得不同的情感体验。例如，与家人合作劳动，能够使人认识到自身的责任，从而使家庭关系更加和谐；与同学合作劳动，能够增进彼此之间的情感交流，从而建立牢固的友谊。

（三）有利于满足自我发展的需求

在合作劳动之前，需要先进行充分的沟通和合理的组织，并制订详细的劳动计划。在这个过程中，劳动者可以相互学习，取长补短，从而锻炼个人的统筹能力、组织协调能力、沟通能力等。同时，在合作劳动过程中，还可以充分展示个人的能力和才华，进而实现人生价值。

二、提高合作劳动能力的途径

具体而言，劳动者可以通过以下四种途径提高合作劳动能力。

（1）强化合作劳动意识。个人的能力是有限的，通过合作扬长避短，有利于充分发挥个人的潜力和团队的力量。

 案例在线

三个和尚的故事

从前有一座山，山上有一间庙，庙里有个小和尚。他每天挑水、敲木鱼、念经，给案桌上的净水瓶添水，夜里不让老鼠来偷东西，生活过得安稳而自在。

后来，庙里来了个瘦和尚。他一到庙里，就喝光了半缸水。小和尚叫他去挑水。他心想，一个人去挑水太吃亏了，便要小和尚和他一起去抬水。在两人抬水时，水桶必须放在扁担的中间位置，才能让两人都满意。

不久后，庙里又来了个胖和尚。三个和尚都在打着自己的小算盘，他们虽然都很渴，但谁也不愿主动去挑水。从此，三个和尚就都没水喝了。他们各敲各的木鱼，各念各的经，案桌上的净水瓶没人添水了，夜里老鼠出来偷东西也没人管了。

一天夜里，老鼠猖獗，打翻了烛台，引起了大火。三个和尚这才一起奋力挑水救火。大火扑灭了，他们也觉醒了。从此，三个和尚齐心协力，再也没出现过没人挑水的情况。

这个故事告诉我们：合作劳动是以共同奉献为基础的。当团队中的每一个人都具有奉献精神时，团队的力量才能充分发挥出来。

（2）积极参与团队劳动。在团队劳动中积极地展示自己，让他人了解自己的个性、观点和思想。与此同时，不断学习他人的长处和优点，遇到问题时主动与他人交流沟通。

（3）尊重团队中的每一位成员。在团队中，一个人即使能力再突出，也要倾听他人的意见。当自己与他人的意见不一致时，不能武断地否定他人的意见，而应该进行科学、合理的分析，然后冷静地向对方表达自己的观点。表达自己的观点时，要注意方式方法，避免激化矛盾。

（4）善于鼓励他人。在团队劳动过程中，积极鼓励他人各抒己见，鼓励他人在劳动过程中发挥自己的作用，让其认识到自己的重要性，有利于激发他们的劳动积极性，进而提高整个团队的劳动能力。

 自我测评

合作劳动品质自我测评

准备好笔，然后对下列测验题做出"是"或"否"的回答。

（1）我与室友一起打扫宿舍卫生。
（2）我积极参加学校、班级、社团组织的团建活动。
（3）在团队劳动中，我积极帮助他人。
（4）在团队活动中，我愿意倾听他人的想法，能够接受不一样的观点。
（5）我认为合作劳动很重要。

回答"是"计1分，回答"否"计0分。

结果分析：

0～2分：你不具备合作劳动品质。

3～4分：你具备一定的合作劳动品质，但还可以进一步培养、发扬这种良好品质。

5分：你具备良好的合作劳动品质，在劳动中能很好地与他人合作。

 实践活动

组织"幸福劳动者"主题话剧比赛

农民、工人、快递员、外卖员、房产中介、程序员、美工、设计师、工程师、作家、

科学家、图书管理员……在我们身边,有很多这样的劳动者,他们既普通又不普通,他们凭着主动劳动、诚信劳动、合作劳动等劳动品质,过上了属于自己的幸福生活。

为了加深对主动劳动、诚信劳动、合作劳动等劳动品质的理解,培育优良的劳动品质,班级组织开展"幸福劳动者"主题话剧比赛。3～6人一组,以小组为单位编写一份体现主动劳动、诚信劳动或合作劳动的剧本,然后将其以话剧表演的形式呈现出来。

【知识储备】

问题1:主动劳动的要求有哪些?

问题2:诚信劳动的要求有哪些?

问题3:合作劳动具有哪些意义?

问题4:提高合作劳动能力的途径有哪些?

【活动记录】

活动开展计划:

活动开展难点及解决方案:

心得体会:

【活动评价】

教师可参考表3-1对各小组的表现进行评价。

表3-1 实践活动评价表

评价标准	分值	分数小计	教师评价
活动准备工作做得充分,活动过程记录详细	10		
剧本内容符合实际,贴近生活	10		
剧本体现主动劳动、诚信劳动或合作劳动等劳动品质	30		
对主动劳动、诚信劳动、合作劳动的意义理解透彻	30		
表演生动、流畅	20		
总计	100		

第四章

传承红色基因，勇担时代重任

  红色基因是一种革命精神的传承，是中国共产党人的精神内核，是中华民族的精神纽带。它孕育了永放光芒的抗洪抢险精神、抗震救灾精神、北京奥运精神、载人航天精神……鼓舞着一代又一代中华儿女为了中华民族伟大复兴而努力奋斗、勇往直前，而劳动是奋斗者永远不变的底色。

  大学生是红色基因的继承者，是革命文化的传承者，要了解党的光辉历史、感悟党的初心使命、传承党的红色基因，为实现中华民族伟大复兴贡献青春力量。

第一节　传承革命精神，坚定奋斗目标

  课堂引例

大学生自制苏区漫画传承革命精神

  "漫画里戴红军帽的兔子机智勇敢，我要向小兔子看齐。"清明前夕，江西理工大学志愿者带着自制的30余册苏区精神科普漫画来到赣县沙地留守儿童中心，通过给小朋友讲红色故事的形式来缅怀先烈，传承红色基因。

  漫画以五个经典苏区故事《送鸡毛信的抗日小英雄》《一对红色兄弟》《苏区民众积极参军》《开会》《军民唱山歌》为原型，以"兔子"的视角阐释"坚定信念""一心为民""艰苦奋斗"等苏区精神的内涵。漫画由该校文法学院青年志愿者协会的志愿者手绘而成，从初稿、定稿、上色到装订成册共耗时一周。制作者小郝说："画漫画的过程，就是理解和体会苏区精神的过程。"

  谈及活动初衷，组织者小李称："赣县沙地位于赣南苏区的山区，那里教育资源相对匮乏，生活条件不是很好，孩子对红色文化的了解程度较浅，用漫画给儿童科普苏区精神，

是为了让孩子更好地理解伟大的苏区革命精神，增进对苏区历史的了解，让红色基因持续在红土地上传承。"

【想一想】
（1）什么是苏区精神？
（2）大学生应如何更好地接棒传承革命精神？

中国共产党在100多年的光辉历程中，带领中国人民取得了举世瞩目的伟大成就，同时也铸造了具有丰富时代内涵的革命精神。这些革命精神是中华民族弥足珍贵的精神财富，是中国共产党和中国人民创造辉煌业绩的精神支柱。

一、革命精神的内涵

革命精神是指党在领导人民群众进行革命、建设和改革实践过程中，在特定的历史时期和特殊的历史环境下形成的，集中体现中国共产党人政治觉悟、意志品质、思想道德和工作作风的一系列优良传统和革命风范。

从1921年到1949年的革命斗争岁月中，中国共产党在血与火的战斗中，形成了许多各具特色的革命精神，包括走在时代前列、开天辟地的首创精神；坚定理想信念、不怕艰难险阻、勇于牺牲一切的精神；实事求是、一切从实际出发的精神；依靠群众，同人民群众生死相依、患难与共的精神；顾全大局、严守纪律、紧密团结的精神；艰苦朴素、勤俭节约的精神；等等。

这些革命精神可以是红船精神、井冈山精神、长征精神、苏区精神、西柏坡精神、遵义会议精神、延安精神、抗战精神等。这些革命精神正是红色文化的源头活水，是中国共产党领导中国人民在革命斗争中形成的文化结晶。因本书篇幅有限，下面仅介绍前五种精神。

（一）红船精神

1921年7月23日，中国共产党第一次全国代表大会在上海石库门开幕。后因会场遭到法租界巡捕的袭扰，被迫转移到浙江嘉兴南湖的一艘游船上继续进行，并在船上完成大会议程，宣告中国共产党正式成立。这艘游船因而获得了一个永载中国革命史册的名字——红船。中国共产党在完成建党伟业中所蕴含的伟大革命精神，被称为红船精神。

开天辟地、敢为人先的首创精神，坚定理想、百折不挠的奋斗精神，立党为公、忠诚为民的奉献精神，是中国革命精神之源，也是红船精神的深刻内涵。图4-1为何红舟、黄发祥创作的油画《启航——中共一大会议》。

开天辟地、敢为人先的首创精神，是红船精神的灵魂，是动力之源，体现了中国共产党创建时期的社会历史条件、早期共产党人的追求和他们改变近代中国社会命运的迫切愿

图4-1 《启航——中共一大会议》

望；坚定理想、百折不挠的奋斗精神，是红船精神的支柱，是胜利之本，体现了中国共产党特有的政党品质、广大共产党人的理想追求；立党为公、忠诚为民的奉献精神，是红船精神的本质，是政德之基，体现了共产党人的社会理想、价值取向和根本宗旨、道德要求。

红船精神是中国共产党人精神谱系的重要组成部分，是中国共产党人不忘初心、牢记使命、全心全意为人民服务的精神源泉。

（二）井冈山精神

1927年大革命失败后，以毛泽东为代表的中国共产党人在井冈山创建农村革命根据地，开启了"农村包围城市，武装夺取政权"的中国革命新道路。井冈山精神就是开辟中国革命新道路过程中形成的伟大革命精神。

井冈山时期留给我们最为宝贵的财富，就是跨越时空的井冈山精神。"坚定信念、艰苦奋斗、实事求是、敢闯新路、依靠群众、勇于胜利"是对井冈山精神的生动诠释。21世纪，我们应结合新的时代条件，坚持坚定执着追理想、实事求是闯新路、艰苦奋斗攻难关、依靠群众求胜利，让井冈山精神放射出新的时代光芒。

井冈山斗争源于并实践于革命理想信念，它是中国共产党领导人民在中国革命处在危难之时播下的革命火种，在严酷、残暴的白色恐怖、血雨腥风中燃起的"星星之火"。它不仅坚定了中国革命前进的方向和步伐，而且沿着秋收起义的道路开辟了一片新天地。

井冈山是一座英雄的山、革命的山，井冈山精神是中国共产党领导中国革命走向胜利的重要精神源头，是中国共产党精神谱系、中华民族精神的一座不朽丰碑。

（三）长征精神

1934年10月，第五次反"围剿"失败后，中央主力红军为了摆脱追兵，退出中央根据地进行长征。二万五千里长征是人类战争史上的壮举。据统计，红军指战员在长征中翻越崇山峻岭40余座，其中海拔4000米以上的20余座，跨越江河近百条，行军途中战斗600余次，这些数据强烈地震撼着我们的心灵。红军指战员在长征途中表现出了对革命理想和事业无比的忠诚、坚定的信念，表现出了不怕牺牲、敢于胜利的无产阶级乐观主义精神，表现出了顾全大局、严守纪律、亲密团结的高尚品德，这些构成了伟大的长征精神。伟大的长征精神，就是把全国人民和中华民族的根本利益看得高于一切，坚定革命的理想和信念，坚信正义事业必然胜利的精神；就是为了救国救民，不怕任何艰难险阻，不惜付出一切牺牲的精神；就是坚持独立自主、实事求是，一切从实际出发的精神；就是顾全大局、严守纪律、紧密团结的精神；就是紧紧依靠人民群众，同人民群众生死相依、患难与共、艰苦奋斗的精神。

长征精神不仅是长征胜利的基础，也是我们战胜一切困难的精神动力。在实现中华民族伟大复兴的新长征路上，长征精神依然是成就伟大事业的力量源泉，其表现形式虽不断创新，但它的思想精髓会永放光芒，激励我们不断向前。

（四）苏区精神

中央革命根据地又称中央苏维埃区域（简称"中央苏区"），主要位于江西省南部和福建省西部。苏区精神是土地革命战争时期以毛泽东为主要代表的中国共产党人把马克思主义普遍原理与中国革命具体实际相结合，在艰辛探索中国革命正确道路的伟大实践中培育形成的伟大革命精神。苏区精神的主要内涵是坚定信念、求真务实、一心为民、清正廉洁、艰苦奋斗、争创一流、无私奉献。

其中，坚定信念是苏区精神的灵魂，求真务实是苏区精神的精髓，一心为民是苏区精神的本质，清正廉洁是苏区精神的品格，艰苦奋斗是苏区精神的要义，争创一流是苏区精神的特质，无私奉献是苏区精神的内核。

苏区精神既蕴涵了中国共产党人革命精神的共性，又显示了苏区时期的特色和个性，是中国共产党人政治本色和精神特质的集中体现，是中华民族精神新的升华，也是我们今天正在建设的社会主义核心价值体系的重要来源。

（五）西柏坡精神

1948年5月至1949年3月，中共中央在河北省平山县西柏坡办公，描绘中华人民共和国的宏伟蓝图，这里成为党中央解放全中国的"最后一个农村指挥所"。一座长条形的土坯房，就是当年七届二中全会的会场（图4-2）。

毛泽东在会上提出"两个务必"——"务必使同志们继续地保持谦虚、谨慎、不骄、不躁的作风，务必使同志们继续地保持艰苦奋斗的作风。"短短40个字，却是中国共产党人初心使命的凝练注脚。

"全党同志要不断学习领会'两个务必'的深邃思想，始终做到谦虚谨慎、艰苦奋斗、实事求是、一心为民。"孕育于红色沃土上的西柏坡精神，如警钟、似重鼓，不断引领、激励着我们昂首阔步在实现第二个百年奋斗目标的新征程上。

图4-2 中共七届二中全会会场旧址——西柏坡

> **探究与分享**
>
> 有人认为,现在是和平年代,根本不需要革命精神了。你认同这种观点吗?为什么?革命精神对你有何启示?

二、革命精神的时代价值

革命精神穿越时空、历久弥新,一个重要原因是它具有鲜明的导向功能、激励功能、辐射功能和教化功能,能够起到树立形象、凝聚党心、召唤民众的作用。中国特色社会主义进入新时代,历经革命战争烽火淬炼、社会主义革命和建设时期锻造、改革开放新时期和新时代培育的革命精神在新时代发挥越来越重要的作用,具有十分重大的时代价值。

(一)革命精神是增强文化自信的重要源泉

中国共产党团结带领全国各族人民艰苦奋斗、不懈奋斗,使得中华民族迎来了从站起来、富起来到强起来的历史性飞跃。伴随这一历史进程的,是中华民族文化自信的觉醒、培育和不断增强。

我们的高铁世界领先,并且形成了世界上最长的高铁网络;我们的航天技术突飞猛进,神舟上天、嫦娥奔月、太空授课;我们的海斗一号,可以探测到10000米以下的深海海底;我们的港珠澳大桥(图4-3)堪称世界之最;我们修路、架桥、造楼的能力世界第一,世界上70%的摩天大楼由中国建造,超过一半的摩天大楼在中国;我们的军队战斗力大大增强,我们有自己的航母战斗群,有自己的舰载机;我们的海军有自己强大的舰队;我们的空军有世界领先的新一代战机。

图4-3 港珠澳大桥

革命精神正是在谱写我国从站起来到富起来再到强起来这三个篇章的波澜壮阔历史画卷中孕育、传承和发展的,它既为经济社会发展提供了源源不断的精神动力,也为增强文化自信提供了十足的底气和充足的养分。

(二)革命精神是实现中国梦的强大精神动力和思想武器

中华人民共和国成立后,红色文化以一种新的形式存在并发展,由一代代中国共产党人传承并发扬光大,成为推动改革开放和社会主义现代化建设的强大精神动力。在建设时期,我们形成了爱国、创业、求实、奉献的大庆精神,热爱祖国、无私奉献、自力更生、艰苦奋斗、大力协同、勇于登攀的"两弹一星"精神,自力更生、艰苦创业、团结协作、无私奉献的红旗渠精神,等等。

改革开放后,在战胜各种重大风险挑战中,我们形成了万众一心、众志成城、不怕困难、顽强拼搏、坚韧不拔、敢于胜利的抗洪精神,特别能吃苦、特别能战斗、特别能攻关、特别能奉献的载人航天精神,追逐梦想、勇于探索、协同攻坚、合作共赢的探月精神,等等。这些精神是红色文化在新的历史时期的时代呈现,是革命精神的传承与发展。

在新时代大力发扬革命精神,对于我们进行伟大斗争、建设伟大工程、推进伟大事业、实现伟大梦想,具有重大的现实意义。

第二节　接受红色教育,牢记使命担当

课堂引例

让红色点亮大学生的人生底色

在南昌大学,由学生自编自导,根据烈士遗孀池煜华的故事创编的舞台剧《守望》正在上演,演出感人至深。"回顾党史,我更加深刻地感受到现在的生活来之不易,作为新时代大学生,我们更要坚定理想信念,勇担时代使命。"看完演出后,南昌大学硕士研究生小李说。

江西农业大学组织万余名大学生寻访红色景点,重温革命历史,探寻红色基因,学生小刘站在瑞金沙洲坝的红井(图4-4)前激动不已:"这就是小学课本上的红井,今天真切地看到它,更能体会到共产党人矢志为民的初心。"青年大学生们喝着甘甜的红井水,重温"吃水不忘挖井人,时刻想念毛主席"的初心故事。

图4-4　红井

在江西师范大学,观看完学校为纪念红军长征胜利85周年举行的《长征组歌》专场音乐会后,小唐感慨地说:"看完后,我感到非常震撼。作为青年的我们,更应该记住自己所肩负的重任,走好新时代长征路。"

华东交通大学的同学们为方志敏烈士的女儿方梅老人送去了一份特殊礼物。这份礼物是将300余名学生与方志敏烈士跨越时空的对话,汇编而成的24万字的原创文集《方志敏,我想对您说》。收到文集后,方梅老人深受感动,在扉页深情寄语:"同学们,努力学习,爱国奉献,建设更加可爱的中国!"

赣南师范大学硕士研究生小薛代表江西高校参加央视节目《全国大学生党史知识竞答大会》,一路闯关,成为唯一一名晋级总决赛的地方高校选手。她说,通过学习党史,自己的爱党爱国之情更加深切,也更加坚定了为祖国美好明天、中华民族伟大复兴而奋斗的决心。

云游、音乐、绘画、诵读、比赛⋯⋯江西省高校开展了"赣鄱学子心向党"系列活动,

组织"唱支山歌给党听"网络拉歌、"20岁的他们和20岁的我们"云游作品展播、讲述江西红土地上的党史故事比赛、"1%工程"音体美大学生支教农村学校"感党恩永奋进"合唱比赛等;组织大学生线上收看《闪亮的坐标》《闪耀东方》电视节目,并通过短视频的形式,在学校官网、微信公众号、微博等展示师生学习心得体会。通过主题突出、内容丰富、特色鲜明的系列活动,引导、发动青年学子们创新学习形式,开展党史学习教育。高校学子们聆听党史、触摸党史,感悟理想信念、传承红色基因,用光耀百年的精神火炬点亮人生底色。

【想一想】
(1)红色教育活动有哪些?你参加过类似的活动吗?
(2)大学生应如何更好地接受红色教育?

红色资源、红色传统、红色基因,是中国共产党宝贵的精神财富。对大学生进行红色教育,是落实高校立德树人根本任务的时代要求。大学生是青春和活力的代表,是祖国未来的希望,应积极接受红色教育,传承好红色基因,把人生理想融入国家和民族的事业中,为实现中华民族伟大复兴的中国梦贡献力量。

一、回顾伟大历史,重拾红色记忆

历史因铭记而永恒,精神因传承而发扬。1921—2021年,从石库门到天安门,从小小红船到巍巍巨轮,一百年前的红色火种,在革命、建设、改革的道路上已成燎原之势,中国共产党带领人民创造了开天辟地的救国大业、改天换地的立国大业、翻天覆地的富国大业、惊天动地的强国大业,踏上实现第二个百年奋斗目标新的"赶考"之路。

回望中国共产党的百年征程,无论从哪个角度来看,都堪称伟大。一百多年来,多少枪林弹雨的战斗,多少壮怀激烈的牺牲,多少上下求索的追寻,多少千难万险的跋涉,多少执着坚定的前行……中国共产党人为了民族独立、人民解放,为了国家富强、人民幸福,前赴后继、勇往直前,成就了昭如日月的伟业,谱写了震古烁今的史诗,迎来了民族复兴光焰万丈的日出。

"中国革命历史是最好的营养剂,多重温这些伟大历史,心中就会增加很多正能量。"大学生可以通过以下方式回顾党的伟大历史和光辉成就:
(1)阅读红色书籍,如《习近平谈治国理政》《之江新语》等。
(2)观看红色影视作品,如《我和我的祖国》《建国大业》《建党伟业》《1921》《红海行动》《长津湖》《大决战》等。

 红色记忆

利比亚撤侨亲历者:感受到祖国的强大
"我在生死时刻都没有流的眼泪,回到祖国的一刹那,流了下来。"利比亚撤侨事件亲历者、中建八局天津公司员工李某回到母校天津大学,向学弟学妹们讲述2011年"利比亚撒侨"时的惊险经历,他感慨道:"经历那次事件,我才真切地感受到作为一个中国人的骄傲与荣光,也深切地感受到祖国的强大。"

2017年,由"利比亚撒侨行动"改编而成的电影《战狼Ⅱ》火遍全球。看过电影的人,都会为自己身为一个中国人而感动。天津大学把影片中利比亚撒侨事件的亲历者、该校1999届毕业生李某请回母校,和大学生们分享他那非比寻常的经历。

"虽然事情已经过去几年了,但每当我看到《战狼Ⅱ》中举着国旗过交战区的剧照时,心里都一阵激动。"李某谈起这段经历,眼睛里闪着光:"现实比电影还要'燃'!"

2011年2月,利比亚狼烟四起,战火与骚乱像狂风一样席卷了这个国家。李某当时担任中国建筑第八工程局天津公司(以下简称"天津公司")班加西项目总经理,他感觉"一夜之间全乱了"。每天都有雇佣兵从工地门前走过,每天早上工地门前的地上都是厚厚的子弹壳,当地陷入一片混乱,打、砸、抢、偷等暴行非常猖獗,还有不良分子进入工地拿着大砍刀抢东西。

"当时,工人们的情绪有些崩溃,不知道死亡和明天哪个会先到,有些工人吓得瘫坐在办公室。"李某回忆,为了自保,工人们用3毫米厚的钢板焊成盾牌,他则去距离工地8千米的小镇,向相熟的当地人借来两挺机枪,放在工地门口。为了防止贵重物品被偷抢,大家把手表、现金、笔记本电脑等埋了起来。

幸运的是,很快,李某就接到了大使馆的撤离通知。"我们就一个信念:一个都不能少!"李某说,天津公司的员工是工地上最后一批撤离的,撤离时按顺序排队报数,要确保每个人都安全撤出。

在中国驻希腊大使馆、中国外交部的紧急斡旋下,大家终于一起告别利比亚,远离战火,前往希腊克里特岛。在克里特岛,李某和所有员工登上了回到祖国的飞机。

"坐在飞机上,机长对我们说,欢迎回家,你们安全了。那一刻,很多人都哭了。"回忆起当时的场景,李某仍历历在目。"我后来得知,是祖国连夜斡旋,我们乘坐的飞机在20多个国家'通航',一刻也没耽误,原来从希腊到北京要12个小时以上的航程,这次仅用9个小时就顺利到达。"

很多中国工人一到北京首都机场,就趴下来亲吻中国的大地。"那一刻,我深深地感到祖国的强大,作为一名中国人,我自豪!"李某说。

探究与分享

(1)你看过哪些红色书籍或红色影视作品?与同学分享这些作品中最打动你的人物或故事情节,并说说这些人物或故事对你有何启发。

(2)为同学推荐你喜欢的红色书籍或红色影视作品。

二、参观红色基地，接受精神洗礼

红色基地依托丰富的红色资源，以实物、实景、实例、实事为载体，通过充分挖掘和开发红色资源，可以使人们在与历史事件、革命人物、革命精神对话的同时，不断进行触及思想、深入灵魂的反思与感悟，实现心灵的震撼和精神的蜕变。

红色基地具有主题鲜明、特色突出、感染力强等特点。在参观中国共产党的一些重要会议遗址，如遵义会议旧址（图4-5）时，那些重要的历史资料和珍贵的历史图片，向大家讲述了中国共产党是如何在苦难中塑造辉煌革命史的，以史育人、以文化人；在先进人物事迹陈列馆中感受优秀人物的成长历程和奋斗足迹，以史鉴人、以情动人；在肃穆的烈士陵园中重温革命者短暂且辉煌的人生履历，以史感人、以泪催人。参观红色基地，可以使红色精神变得可视、可触。

图4-5 遵义会议旧址

革命和战争时期建树的丰功伟绩数不胜数，全国各地都存留了红色基地，如遵义、井冈山、延安等。以红色基地为载体，开展校外参观实践活动，能够直观地了解中国共产党的发展史和奋斗史，切身体会革命先烈的英勇事迹，接受精神洗礼。

探究与分享

你的大学和家乡的所在地都有哪些红色基地？你参观过哪些红色基地？与同学一起分享一下吧。

三、开展红色活动，领会红色精神

红色活动是指依托红色主题，在五四青年节、七一建党节、八一建军节、十一国庆节等节日组织的文化活动，其形式多样，包括朗诵、红歌大合唱、红色话剧、红色舞蹈等。

开展红色活动，有利于激励人们奋发向上。人们在欣赏红色文化时，不仅能得到感官上的享受，愉悦身心，而且在追忆那些为人民解放、国家富强和社会进步奉献青春热血乃至宝贵生命的英雄的同时，能够生发出一种乐观、豪迈的革命情怀，从中汲取精神力量。

开展红色活动，有利于人们树立正确的世界观、人生观、价值观。在市场经济条件下，不少人片面追求自我价值和利益的实现，理想信念和社会责任感淡化，个人主义、拜金主义、享乐主义已成为部分人认同的价值观。这与我们这个民族、这个时代是不相容的。我们这个时代所需要的是红色文化中所包含的爱国情操，积极正确的人生态度，为理想和事业勇于斗争、大公无私、团结奋进的拼搏精神。因此，开展红色活动，能够促进人们形成高尚的道德品质。

此外，开展红色活动，有利于人们发扬艰苦奋斗的作风。红色文化所蕴含的艰苦奋斗精神在这方面能起到不可小觑的作用，如"雪皑皑，野茫茫；高原寒，炊断粮；红军都是钢铁汉，千锤百炼不怕难"这样的歌词，真实、形象地描绘了中国共产党领导的中国人民和军队自强不息、艰苦奋斗的优良作风和革命乐观主义精神。传唱这些"红歌"对于弘扬艰苦奋斗的作风，必定能够起到巨大的推动作用。

四、传承红色基因，汇聚复兴伟力

红色基因是历史的积淀，是历史真正厚重之所在。以大学生为代表的青年群体是祖国的未来，民族的希望，补足"精神之钙"尤为重要。大学生应在行走中感悟中国革命的波澜壮阔，在学习中印证中国共产党的峥嵘岁月，在实践中弘扬红色精神，接棒传承红色基因，担当时代赋予的历史责任。

革命先烈、英模人物的榜样力量，是优良传统的人格化身，是红色基因的鲜活体现。从他们身上，我们能够感受到一种感天动地的精神、一种催人奋进的力量。传承红色基因，当以革命先烈、英模人物为榜样，自觉向他们看齐，接续奋斗。

在新时代更好地传承红色基因，要充分吸收"时代楷模""道德模范""共和国勋章"等先进精神养分，从新时代精益求精的"工匠精神"和劳动光荣的"劳模精神"中汲取力量，不断丰富、构筑、阐发红色基因的时代内涵。只有把红色基因融在日常、植入心里，才能更好地感知它、领会它，才能更好地弘扬它、传承它。传承红色基因，当结合自身的生活实践。

第三节　不畏艰难困苦，勇担时代重任

 课堂引例

大学生艰苦创业

在学校时，华南理工大学的小胡只是一个贫困生；毕业后，由他研发的铝合金与聚氯乙烯（PVC）薄膜黏结的黏合产品在国际上率先实现同类产品挥发性有机物（VOC）零排放，而他也成为一家年产值近300万的公司的总经理。

1. 放牛娃一天做成6万订单

小胡来自安徽农村，在5岁时就要出去放牛和采鱼腥草卖钱换取读书费。他在日记中写道："我发现很多成功的人都有一个特质，就是'不安分'。父辈很多成功者都是放弃了原来的铁饭碗。"正是怀着这样的心态，小胡在大学期间不断尝试做各种事情。上大学第二天他就参加勤工俭学活动，还曾组织贫困生做牛奶订购工作，鼎盛时期团队成员达四五十人，一天甚至能拿到

6万元的订单。对他而言，这次经历更重要的收获是，结识了很多朋友，练就了在市场中摸爬滚打的本领。

2. 放弃就业摆地摊，艰苦中创业

在毕业前的一次朋友聚会中，小胡了解到一种用于生产建筑辅料、市场相当可观的黏合剂产品，但在国内，这种产品基本靠进口。他一下子就发现了其中的商机。他说："当时我想，我学的化工知识可以派上用场，难道我不能做出价廉物美的替代产品吗？"

不过，创业初期，小胡常常身无分文，有几次连吃饭的钱都没有了。他甚至去摆地摊，而且一做就是两个多月。"虽然很累，但我从没想过放弃。"他回忆道。

"研发阶段，通宵达旦工作是常事。"小胡说。经过一年多的艰苦创业，公司生产的黏合材料系列产品已替代了国外的同类产品。

3. 研发"零排放"材料

一次，一家铝合金供应商找到小胡，表示目前铝合金行业单是VOC（碳氧化合物）的排放就达数千万甚至上亿吨，问能否使用一种新型黏合材料对铝合金进行表面处理，从而实现零排放。

小胡立马率领团队日夜攻关，研发出了铝合金与PVC薄膜黏结的黏合产品，这种产品能使隔热薄膜与铝合金很好地黏合，还能减少污染气体和液体等的排放。

回忆创业的过程，小胡感触颇深："任何创业过程，都不可能一帆风顺。唯有采取积极进取的心态迎接困难，才能在困难面前游刃有余。"而对做企业，他也形成了自己的看法："做企业要有社会责任感，必须注重绿色、科技、环保、节能、社会责任的统一。"

【想一想】

（1）什么是艰苦奋斗精神？为什么要艰苦奋斗？

（2）我们如何培养艰苦奋斗精神？

从社会层面来说，为了国家、民族、人民的共同利益和共同理想，为了发展社会主义事业，我们要在艰苦的环境中开拓、奋斗。从个人层面来说，实现个人理想，也要艰苦奋斗。

一、艰苦奋斗精神的时代价值

艰苦奋斗是一种生活态度、一种行为方式、一种精神品质、一种价值导向、一种作风形象，是中华民族极其宝贵的精神财富。进入新时代，国家建设发展形势越是向上向好，艰苦奋斗精神越是不能丢，我们必须永远将其继承下去、发扬光大。

（一）回望历史，汲取艰苦奋斗的意志力量

艰苦奋斗集中表现为不畏艰难、奋发图强、艰苦创业、争取胜利的思想品格、斗争精神、工作作风和生活态度。它贯穿体现于中华民族的全部历史进程中，诠释着党和人民事

业兴旺发达的真谛逻辑，是我们党不断从一个胜利走向另一个胜利、不断取得辉煌业绩、不断创造人间奇迹的宝贵精神财富。

在中华民族悠久的历史文化中，艰苦奋斗是吃苦耐劳、勤俭节约的代名词，常与社稷兴衰、社会风尚、家风家教、个人修养相联系，相关名言警句比比皆是。例如，《左传·宣公十二年》中的"民生在勤，勤则不匮"，《尚书·大禹谟》中的"克勤于邦，克俭于家"，《新唐书·列传第三十·褚遂良》中的"奢靡之始，危亡之渐"，等等。艰苦奋斗精神作为伟大民族精神的重要组成部分，始终熠熠生辉、光芒四射，为一代代中华儿女不畏艰难困苦、矢志奋发图强、乐于拼搏奉献提供了延绵不绝的精神支撑。

艰苦奋斗历来是我党的光荣传统和优良作风。革命战争年代，井冈山上，红军将士在寒冬腊月里，只穿着两层单衣打仗，经常靠拔野笋、挖野薯、煮南瓜充饥；长征路上，面对敌人的围追堵截，将士们爬雪山、过草地，战胜难以想象的艰难困苦，创造了人类历史上的伟大奇迹。抗美援朝期间，志愿军将士靠着"一把炒面一把雪"坚持战斗，以劣势装备战胜了武装到牙齿的"联合国军"。和平建设时期，人民军队勤俭节约、自力更生，向土地要粮食、向沙地要蔬菜，积极减轻人民负担，有力支援国家经济建设。可以说，无论是战争年代还是和平建设时期，艰苦奋斗始终是我党的传家宝。

（二）观照现实，体悟艰苦奋斗的时代价值

艰苦奋斗是一种难能可贵的精神品质，与时俱进、历久弥新，不同时期有着不同的内涵和表现形式。进入新时代，艰苦奋斗精神更多地表现为干事创业过程中的探索创新之艰、埋头实干之苦、过程漫长之累。正因如此，艰苦奋斗精神必将释放更强的驱动力、凸显更大的时代价值。

艰苦奋斗是在伟大革命斗争实践中孕育出来的传家宝。无数历史经验教训告诉我们，只有艰苦奋斗，才能成就海晏河清之业，而骄奢淫逸必遭荆棘铜驼之悲。

艰苦奋斗不仅是俭朴的生活方式、勤俭的生活态度问题，还是关系理想信念、道德操守、精神品格的革命意志问题，更是世界观、人生观、价值观的重要体现。当前，"90后""00后"青年群体成为社会的主力军，一些人是在"温室里""蜜罐中"长大的，没有经历过风吹雨打，不知道什么是艰难困苦，因此尤其需要经受艰苦环境的磨砺，补上艰苦奋斗这一课。当然，在物质资源丰富的今天，讲艰苦奋斗并不是说要大家去当"苦行僧"，重新回到过去那种勒紧裤腰带过日子、白手起家闯天下的情景状态，而是要接过革命先辈艰苦奋斗的接力棒，在现有良好的工作和生活条件下，继承发扬艰苦奋斗的思想品质、精神意志，始终保持昂扬、向上、进取和朴素的工作、生活态度，勤奋学习、努力工作、低调做人、踏实干事、情趣健康、生活俭朴，以昂扬的革命斗志和奋斗精神创造一流业绩、美好生活和幸福人生。

（三）展望未来，永葆艰苦奋斗的前进姿态

我们过去的辉煌成就，特别是在中华大地上全面建成小康社会，是靠艰苦奋斗取得的；

我们实现全面建成社会主义现代化强国的第二个百年奋斗目标，特别是实现中华民族伟大复兴的中国梦，仍然要靠继承和发扬艰苦奋斗精神。

艰苦奋斗的精神品质不会与生俱来、凭空产生，需要坚持不懈地培养、磨砺和锻造。要深刻认识到，越是经济社会发展形势向上向好，越是需要弘扬艰苦奋斗精神。要主动接过革命前辈手中艰苦奋斗的接力棒，坚守甘于奉献的无私品格，不丢掉勤俭节约的传统美德，永葆不畏艰险的奋斗精神。

幸福是奋斗出来的，奋斗的人必然肯吃苦，不奋斗不吃苦就失去了人生的意义。要脚踏实地、起而行之、勇挑重担，要勤恳实干、埋头苦干、紧抓快干。要依靠勤劳、智慧和汗水去创造幸福人生和锦绣前程，始终以奋斗的姿态在本职岗位上不断开创新局面、创造新业绩。

二、培养艰苦奋斗精神

艰苦奋斗精神是中华民族精神的重要内容。几千年来，正是依靠这种精神，我们才历经沧桑而不衰，巍然屹立于世界民族之林。艰苦奋斗精神在革命战争年代得到了充分的体现，在社会主义现代化建设的新时期，在各行各业的劳动者身上，应该继续发扬光大。

艰苦奋斗是一种迎难而上、坚忍不拔、克勤克俭、顽强拼搏、不畏艰险、不达目的誓不罢休的精神风貌和道德品质。可以在日常生活中、学习中、工作中培养这种宝贵的精神。

（一）在日常生活中培养艰苦奋斗精神

艰苦奋斗精神体现在日常生活中，就是艰苦朴素、勤俭节约。例如，爱惜粮食，不过分讲究衣着，更不穿金戴银；珍惜父母的辛勤劳动成果，减轻父母的经济压力，不随意开口向家长要钱，钱要用在刀刃上。此外，还要注意节约一度电、一滴水，注意爱护公物，热心帮助他人，在养成良好的行为习惯的同时，培养艰苦奋斗精神。

（二）在学习中培养艰苦奋斗精神

艰苦奋斗精神体现在学习中，就是刻苦钻研、不畏艰苦，孜孜不倦地学习科学文化知识，勇于探索和创造，不断提高政治理论和科学文化水平，不断完善自己的人格。大学生要时刻牢记：在学习上没有任何捷径可走，科学的学习方法可以提高学习效率，但是科学的学习方法不等于捷径；有了科学的学习方法，却因学习辛苦而不愿意努力付出，是无法取得成功的。

（三）在工作中培养艰苦奋斗精神

艰苦奋斗精神体现在工作中，就是要自力更生、奋发图强、不怕困难、不畏艰险地去完成各项任务。艰苦奋斗精神与事业的成功息息相关。居里夫人不在困难的条件下坚持实验，就不可能提炼出镭；李时珍不走千里深入民间，就写不出《本草纲目》；李四光不踏遍万水千山，亚洲的东方就难以射出地质之光。无数事例证明，倘若在工作中缺少艰苦奋斗的精神，不去努力，不去奋斗，那么再壮观、再美妙的事业也只能是空中楼阁。

三、投身社会主义建设

人才是衡量一个国家综合国力的重要指标。当前,我国进入了全面建设社会主义现代化国家、向第二个百年奋斗目标进军的新征程,比历史上任何时期都更加接近实现中华民族伟大复兴的宏伟目标,也比历史上任何时期都更加渴求人才。

大学生是民族的希望和未来,是人类文明的传承者、社会主义事业建设的后备军,肩负着建设祖国的重任。那么,大学生应如何为社会主义建设贡献自己的力量呢?

首先,要树立正确的理想。理想是人们在实践中形成的对未来的向往和追求,是人们的政治立场和世界观在奋斗目标上的集中体现。崇高的理想信念能够引导大学生做什么样的人,走什么样的路。苏格拉底曾说:"世界上最快乐的事,莫过于为理想而奋斗。"有了理想,投身社会主义建设的信念就越坚定,而这种坚定的信念也会成为人们勇于迎接挑战、克服困难的精神支柱和强大力量。

其次,要注重理论基础的学习。正确理想的树立基于理论的认同,只有用科学理论武装自己,才能让崇高的理想坚不可摧。中国共产党对于共产主义的信仰,是建立在马克思主义的辩证唯物主义和历史唯物主义的基础之上的。大学生只有坚信马克思主义科学理论,才能坚定地为建设中国特色社会主义而努力奋斗。大学生不仅要在认识上坚定马克思主义信仰,而且要在实践中运用辩证唯物主义和历史唯物主义。马克思主义历史唯物主义的科学性,既可以历史地论证,也可以结合现实来说明,更应该在比较中辨别,这样才能真正领会真理的魅力,义无反顾地投身到社会主义建设中。

最后,处理好理论学习与实践之间的关系。实践是学习理论的目的,不进行实践,再先进的理论也难以发挥作用。大学生作为社会的主要成员之一,必须加强实践,通过实践,不断掌握解决问题的方法,提高解决问题的能力。

榜样力量

2021年2月25日,全国脱贫攻坚总结表彰大会在北京人民大会堂隆重召开。当"黄文秀"的名字响起时,镜头转向了一位头发斑白的老人——黄文秀的父亲黄忠杰。替女儿戴着大红花的黄忠杰红了眼眶,悄悄抹泪,这一幕让亿万观众动容。

脱贫攻坚战取得了决定性胜利,而黄文秀却没有等到这一天。这位正值芳华的壮族姑娘,长眠在广西壮族自治区百色市百福园公墓。

黄文秀是百色市田阳区人,生前在百色市委宣传部工作,是乐业县新化镇百坭村第一书记。2019年6月16日,黄文秀回家看望刚做完肝癌手术不久的父亲。那段时间,百坭村连降暴雨,由于惦记村里的防汛抗洪工作,黄文秀冒雨连夜返回工作岗位,途中遭遇山洪,不幸牺牲,年仅30岁,她的生命却永远定格在了扶贫路上。

2016年,从北京师范大学毕业后,黄文秀毅然决定回到百色。"我是从广西贫困山区出来的,我想回去建设家乡,把希望带给更多的父老乡亲。"这是她内心的选择。

2018年，黄文秀主动请缨，去脱贫攻坚一线工作，到离百色市200多千米的百坭村任第一书记。扶贫工作异常辛苦，但从没人听黄文秀叫过苦。她白天走村串户遍访贫困户，帮助他们分析致贫原因，晚上与村"两委"研究对策，制订工作方案。通过走访调研，黄文秀找准了百坭村发展产业的方向，带领群众因地制宜发展砂糖橘、八角、杉木等产业，增强他们的脱贫"造血"功能。

驻村期间，黄文秀总是在奔波。2019年3月，驻百坭村满一周年时，她的汽车里程表恰好增加25000千米。那一天，她写下感言："我心中的长征，驻村一周年愉快。"

作为第一书记，黄文秀始终牢记扶贫开发贵在精准、重在精准，成败之举在于精准。她帮助村民发展电商，将砂糖橘等土特产远销全国各地；申请通屯路灯项目，让村民在村里走夜路不再需要手电筒；遍访全村195户建档立卡贫困户，清晰地标注每一户的致贫原因……

金黄的砂糖橘挂满枝头，扶贫的硕果惠及家家户户。2018年3月，百坭村贫困发生率为22.88%，经过努力，当年村里的103户贫困户中，有88户顺利脱贫，贫困发生率降至2.71%，村集体经济项目收入翻倍。

黄文秀把一颗火热的心，奉献给了百坭村。她生前的电脑桌面，是一张洪水淹没玉米地的照片；她经常拿出自己的工资，帮助村里的孤寡老人和留守儿童，为村里的贫困学生争取各项补助；在生命的最后时刻，她还在询问灾情，特别叮嘱要关注几个重点村屯，立即组织群众防灾救灾……

黄文秀在入党申请书中写道："只有把个人的追求融入党的理想之中，理想才会更远大。一个人要活得有意义，生存得有价值，就不能光为自己而活，要用自己的力量为国家、为民族、为社会作出贡献。"这份庄严承诺，黄文秀始终践行，直至生命最后一刻。

芳华虽短，馨香永存。黄文秀的事迹，激励着越来越多的年轻人为党和人民的事业担当作为。在百坭村，"90后"村民梁祥办起了农家乐，他表示："文秀书记为村里做了很多实事，我们回来就是想把家乡建设得更美。"1998年出生的大学生罗彩航每逢寒暑假，就到百坭村村部帮忙，2021年，她成了村委会委员。

美好的景象，出现在百坭村的每个角落。新民居整齐分布，卫生室、小超市、电商扶贫网点和健身场地等配套设施一应俱全，屯屯通了水泥路。丰收后的砂糖橘，通过便捷的物流网，送到全国各地。黄文秀的接棒者、现任百坭村第一书记杨杰兴说，村里的贫困人口去年年底就已"清零"，通过公司化、市场化、品牌化发展，村里的砂糖橘、清水鸭、油茶产业更兴旺了！

从"一腔热血洒高原"的孔繁森，到勤勤恳恳、鞠躬尽瘁的牛玉儒、杨善洲，再到将青春定格在扶贫路上的黄文秀，一代代中国共产党人薪火相传，一大批明辨大是大非立场特别清醒、维护民族团结行动特别坚定、热爱各族群众感情特别真诚的"三个特别"好干部前赴后继，团结并带领各族人民艰苦奋斗，使得各族人民的日子越过越好。

 **实践活动**

设计红色旅游方案

当前,人们学习革命历史、感受革命文化的愿望日益强烈,参观革命旧址、纪念馆、博物馆蔚然成风。数据显示,从2004年到2019年,全国红色旅游资源不断扩充,每年参加红色旅游的人次从1.4亿增长到14.1亿。其中,年轻人的占比越来越重,他们在行走中感悟中国革命的波澜壮阔,在学习中见证中国共产党的峥嵘岁月,在实践中弘扬红色精神并传承红色基因。

大学生应学好党史、讲好红色故事,运用专业知识和青春力量丰富红色旅游内容,让红色声音传播得更为响亮。5~8人为一组,以"青春追寻红色路,红色文化我传播"为主题,进行红色旅游方案设计。作品可以是红色旅游路线设计、红色文创产品设计,也可以是自己去过的红色景点的宣传视频,还可以是当地革命烈士的感人事迹汇报,等等。要将红色文化和旅游产品深度融于作品中,挖掘旅游资源中蕴含的爱国主义精神,再现峥嵘历史,赓续红色精神。

【活动记录】

活动要点:

活动难点及解决方案:

心得体会:

【活动评价】

教师可参考表4-1对各小组的活动表现进行评价。

表4-1 实践活动评价表

评价标准	分值	分数小计	教师评价
活动准备工作做得充分，活动过程记录详细	10		
作品完整，有创意，能起到宣传本地红色旅游资源的作用	30		
作品紧密结合当地地域和发展特点，能够将红色旅游和绿色生态文明建设需要相结合	30		
对红色精神的内涵和意义理解深刻	30		
总计	100		

劳动教育与训练

技能篇

第五章

开展生活劳动，创造美好生活

日常生活劳动涉及大学生学习和生活的方方面面，是大学生培养自理和自立能力的必修课。在家庭中，大学生可以从小事做起，积极承担家务劳动，养成良好的生活习惯；在学校中，大学生可以主动参加校园美化活动，为建设文明、美丽、和谐的校园贡献力量，还可以通过勤工助学磨炼自己的意志品质，为将来踏入社会积累经验。

第一节　家务自理，自立自强

课堂引例

一屋不扫，何以扫天下

东汉时期，有一少年名为陈藩，此人自命不凡，一心只想干大事业。一天，陈藩父亲的好友薛勤来访，见陈藩独居的院内污秽不堪，便问他："孺子何不洒扫以待宾客？"他答道："大丈夫处世，当扫天下，安事一屋？"薛勤当即反问道："一屋不扫，何以扫天下？"陈藩无言以对。

【想一想】
（1）你赞同薛勤的说法吗？为什么？
（2）你喜欢做家务吗？为什么？

一、衣物整洁

千里之行，始于足下。一个人如果想有所成就，就不能忽视那些不起眼的小事。在日常生活中养成好的劳动习惯，就应从洗衣、熨烫、缝补、收纳等方面做起，做到"衣之有形"。

（一）洗衣必备常识

清洗衣物时，不仅要将衣物按颜色分类，还要考虑到衣物的材质和种类。应按颜色将衣物分为纯白色衣物、浅色衣物（包括带白色条纹的衣物）、深色（黑色、蓝色、褐色等）衣物、艳色（红色、黄色、橙色等）衣物四类进行清洗。并且在清洗时，一定要将毛绒多的衣物（毛巾、毛衣等）和容易起球的衣物分开洗，避免将衣物洗坏。此外，贴身衣物，如内衣、秋衣裤等，最好单独清洗。

拓展阅读

内衣清洗小贴士

1. 尽量用手洗

首先，洗衣机的内壁和滚筒里藏有许多污垢和细菌，使得内衣在机洗的过程中容易受到污染。其次，内衣相对较小，手洗会洗得更加干净、彻底。

2. 慎用洗衣粉

人的下体呈弱酸性，这种弱酸性能够抑制部分细菌滋生。而洗衣粉呈碱性，如果用碱性洗衣粉清洗内衣，残留在内衣上的洗衣粉就会破坏人体的酸碱平衡。肥皂（包括内衣皂）呈弱酸性，具有良好的杀菌去污效果，且不伤皮肤，是人们手洗内衣时的首选。此外，还可以选购专门用于清洗内衣的洗涤液，这种洗涤液更温和，抑菌效果更好。

3. 慎用消毒液

消毒液虽然具有很强的杀菌消毒能力，但容易残留在衣物上，从而伤害皮肤。在清洗贴身衣物时，应慎用消毒液。

探究与分享

刘女士在朋友圈招聘保姆照顾自己上大一的女儿，引发网友热议。刘女士称自己平时很忙，没有时间照顾女儿，女儿虽然上大学了，但是从小没做过家务，所以想找一个保姆照顾女儿。

其实，一般钟点工的小时工资在20到50元之间，请保姆算不上奢侈。假如刘女士是给自己家里请保姆，不会有人说三道四。那么，刘女士的做法到底哪里不对，才会惹来争议？其实，比较容易引发反感的关键词是"大学生"和"从小没做过家务"。

大学生过的是集体生活，属于自己的"一亩三分地"也就是寝室里的书桌和床；所谓做家务，无非是生活自理罢了。如果这些事都不会做，称为"低能"也不为过。而"从小没做过家务"的说法，更说明这个家庭对何为教育一知半解。

家务劳动和文化课程一样，都属于从小就应学习的必修课。一个人的成功受很多因素的影响，做家务是其中之一，而其他诸多因素也是以做家务为基础的。

你如何看待刘女士给上大学的女儿招聘保姆？

（二）熨烫实用技巧

1. 熨烫步骤

（1）向熨烫机内注水。最好向熨烫机内注冷开水，以减少水垢的产生，避免喷气孔堵塞。

（2）选择温度。熨烫机上一般会有调节温度的旋钮，使用时可根据衣物的材质选择不同的温度，也可根据衣物上的熨烫标志选择合适的温度。常见的熨烫标志及其含义如图5-1所示。

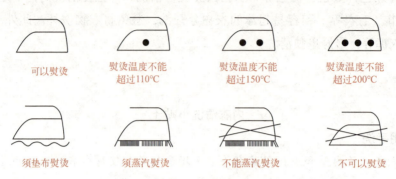

图5-1　常见的熨烫标志及其含义

（3）熨烫。应在水温达到所调温度后再开始熨烫，因为在温度不够时，无法达到理想的熨烫效果。熨烫过程中应保持衣物平整，以免在衣物上留下新的褶皱。

（4）熨烫完的衣物不要马上挂进衣柜，而应先挂在通风处，待衣物干透之后再挂进衣柜，以免衣物发霉。

2. 不同布料衣物的熨烫方法

（1）棉麻衣物。棉麻衣物（图5-2）的熨烫温度为160～200℃。

熨烫要领：动作敏捷，但不能过快；往返次数不宜过多；用力不宜过猛；熨烫淡色棉麻衣物时应保持匀速，以免衣物发黄。

 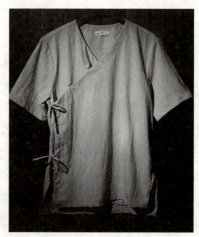

图5-2　棉麻衣物

（2）丝质衣物。丝质衣物（图5-3）的熨烫温度为110～120℃。应在低温下熨烫丝质衣物，过高的温度容易导致衣物褪色、软化、变形，严重时还会损坏衣物。

熨烫要领：垫布熨烫，或熨烫衣物反面；要不断移动熨烫机的位置，熨烫机不能在一个地方停留过久，以免产生烙印水渍，影响衣物的美观性。

（3）皮衣。皮衣（图5-4）的熨烫温度为80℃以下。

图5-3　丝质衣物　　　　　图5-4　皮衣

熨烫要领：垫干燥的薄棉布进行熨烫；用力要轻，以防损坏皮衣。

（4）毛织衣物。毛织衣物（图5-5）的熨烫温度为薄款150℃以下，厚款200℃以下。

熨烫要领：垫湿布熨烫；平稳地移动熨烫机，不宜移动过快。

（5）合成纤维衣物。合成纤维种类繁多，不同的合成纤维衣物（图5-6），其耐热程度各不相同。初次熨烫前，可先在衣物里面不明显的部位试熨，在调整好熨烫温度后，再进行大面积熨烫。

图5-5　毛织衣物　　　　　图5-6　合成纤维衣物

（三）衣物缝补方法

缝补衣物的常用针法有平针法、藏针法、锁边缝、包边缝、扣眼缝等。

（1）平针法（图5-7）是最基础的针法，也是最常用的针法。这种针法主要用于拼接布料和缝制布料的轮廓。采用

图5-7　平针法

这种针法时要注意针脚间隔均匀，间隔一般为3毫米左右，也可根据实际情况调整。

（2）藏针法（图5-8）是一种很实用的针法，能够有效隐匿线迹，常用于缝制衣物上不易在反面缝合的区域。

（3）锁边缝（图5-9）一般用于缝制织物的毛边，以防织物的毛边散开。

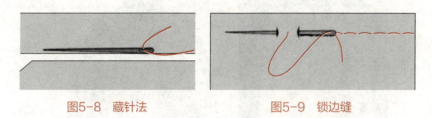

图5-8 藏针法　　　　图5-9 锁边缝

（4）包边缝（图5-10）、扣眼缝（图5-11）与锁边缝的用途相同，但装饰性和实用性更强。

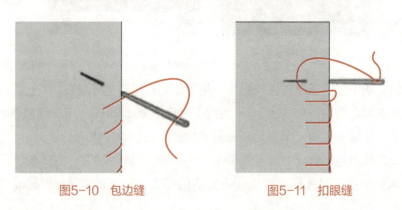

图5-10 包边缝　　　　图5-11 扣眼缝

探究与分享

情景一：小明在跑步时不小心摔倒，磕破了裤子，准备自己动手缝好。

情景二：母亲节马上到了，小菲想亲手制作一个香囊送给妈妈。

在上述两种情景中，小明和小菲分别应使用哪种针法？

（四）收纳操作指南

各式各样的衣物随意堆放在衣柜里，既不美观，也不便于拿取。如何合理使用衣柜空间收纳衣物呢？

首先，应将衣物进行分类，如分为裤子、裙子、衬衫、短袖、毛衣、外套、内衣、内裤、袜子等。

其次，将分好的衣物一一折叠。以衬衫为例，其折叠方法如图5-12所示。

最后，将折叠好的衣物按季节进行分类。属于当季的衣物，可放于衣柜中易于拿取的位置；属于其他季节的衣物，可放于衣柜顶层或收纳

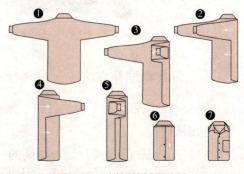

图5-12 衬衫的折叠方法

盒、收纳袋中。另外，可将内衣、内裤、袜子等小衣物收纳于抽屉中，如图5-13所示。

图5-13　将小衣物收纳于抽屉中

 拓展阅读

爱做家务的大学生更有创业热情

创业和做家务有关吗？这个问题也许很多人都没想过。《上海大学生创业现状调研报告》显示，上海大学生的创业热衷程度和其参与家务劳动的主动性有关。

研究发现，主动参与家务劳动的大学生往往更有责任感，并且经常做家务的大学生动手能力更强，而这些是创业者必须具备的。同时，大学生在做家务的过程中，锻炼了自己的思维模式，掌握了解决问题的方法，这种思维模式和实践方法能够让他们受用一生。

二、烹饪熟练

对于即将迈入社会的大学生来说，做饭这样的"小事"，常常成为考验其独立生活能力的"大事"。从"家常菜"到"营养均衡、色香味俱佳的佳肴"，做饭不仅是一项生活技能，更能让人们享受烹饪的乐趣，用美食调剂生活。

（一）饮食文化

中国的饮食文化历史悠久，博大精深，是中华民族文化的奇葩，中国饮食与法国饮食、土耳其饮食并称世界三大饮食体系。中国地大物博，在饮食上总体呈现出风味多样、讲究美感、食医结合等特点。

1. 风味多样

中国幅员辽阔，物产丰富，各地区由于气候、物产、习俗、生活环境等的不同，发展出了各式各样具有地方风味的菜系，其中著名的有川菜、鲁菜、粤菜、闽菜、苏菜、浙菜、湘菜和徽菜八大菜系。各菜系在原料选用、烹调技艺、口味等方面特色鲜明。

2. 讲究美感

中国菜系众多，菜品多样，但无论哪种菜系，都追求色、香、味俱全。"色"即菜肴的色彩、卖相，是人们对于菜肴的第一印象。运用各种食材和烹调技艺调配好一道赏心悦目的菜肴，是一门艺术。图5-14是一道非常讲究美感的鲍鱼汤。

图5-14　鲍鱼汤

"香"即菜肴的香味。嗅觉记忆是人类记忆中保存时间最久的记忆，菜肴的香味是人对菜肴的第二印象。"味"即菜肴的味道，是人对菜肴的第三印象。色泽鲜亮、芳香四溢、味道俱佳的菜肴，才算是一道成功的美食。

3. 食医结合

中国人讲究食医结合，认为食物与医疗保健有着密切的联系，并且在几千年前的中国，就有"医食同源""药膳同功"的说法。许多食材都具有药用价值，如绿豆具有清热解暑、止渴利尿的功效，苦瓜具有清热祛暑、降血糖的功效，胡萝卜具有补肝明目、增强免疫力的功效，梨具有清热镇静、化痰止咳的功效，等等。利用这些食材做成的菜肴，不仅美味，还能达到防治疾病的目的。

 案例在线

做饭是件大事

"在澳大利亚最难的，就是如何解决吃饭问题。"就读于澳大利亚西悉尼大学的周筱雅说，"澳大利亚是一个'进口国家'，当地市场上的许多产品都是进口的，食品的价格较高。另外，我所在的学校没有学生餐厅，而外面的餐厅一顿普通的饭菜都要15澳元左右，折合人民币大约69元。这样的价格对于我们这些留学生来说有点高。"依靠父母的资助在澳大利亚生活，周筱雅在很短的时间内就学会了精打细算。

"出国后，才发现自己是'中国胃'。"周筱雅调侃道，"澳大利亚当地人的饮食习惯就是'三明治拯救一切，两片面包夹起一个宇宙'。"在经历了起初的新奇后，周筱雅开始琢磨如何保持自己的健康饮食习惯。

"国外的饮食比较油腻，即使是亚洲餐厅，能吃到的大部分也是热量很高的咖喱制品；而中餐的烹饪方法非常丰富，炒、烤、烩、蒸、煮，选择余地更大。"比较以后，她做出决定：关注学业，也要兼顾好自己的生活，自己要学会做饭。

通过做饭，周筱雅学到了如何在不同的文化环境中遵守公共规则，她分享道："在澳大利亚，每家每户都被要求安装烟雾报警器。制作中餐时一般会产生大量油烟。这时候如果处理不及时，报警器就会启动。报警器响3次后，消防队就会赶来，而且消防队出动一次需要1700澳元，大约7800元人民币。对于我们留学生来讲，要特别注意家里的排烟系统。"

"大家聚在一起做饭聊天,也是拉近与室友关系的最好方法。"周筱雅说,"我的室友分别来自英国、印度、西班牙等5个国家。中国饮食花样众多,第一次聚餐的时候,我给室友演示包饺子和包子。她们都非常惊奇,直夸我手法专业,还主动跟我一起做。"

(二)饮食营养与健康

营养均衡的膳食不仅可以保证机体各项生理功能的正常运行,还可以提高机体的抵抗力和免疫力,有利于预防和抵抗某些疾病。

根据中国营养学会修订编写的《中国居民膳食指南(2022)》,一般人群的膳食可遵循以下几个原则:①食物多样,合理搭配;②吃动平衡,健康体重;③多吃蔬果、奶类、全谷、大豆;④适量吃鱼、禽、蛋、瘦肉;⑤少盐少油,控糖限酒;⑥规律进餐,足量饮水;⑦会烹会选,会看标签;⑧公筷分餐,杜绝浪费。

图5-15为中国居民平衡膳食宝塔(2022)。

图5-15　中国居民平衡膳食宝塔(2022)

(三)烹饪基础

1.原料

烹饪的原料分为蔬菜、水产品、畜禽、粮食作物和果品五类。

(1)蔬菜是人体维生素、矿物质和膳食纤维的主要来源。

（2）水产品富含蛋白质、脂肪、矿物质和维生素。

（3）畜禽是人体优质蛋白、脂类、脂溶性维生素和B族维生素的主要来源。

（4）粮食作物是谷类作物、薯类作物和豆类作物的总称。谷类作物主要为人体提供淀粉、植物蛋白、维生素等，薯类作物主要为人体提供淀粉、维生素等，豆类作物主要为人体提供蛋白质、脂肪等。

（5）果品主要为人体提供维生素、矿物质和微量元素。

 拓展阅读

各种营养物质的作用

维生素：具有调节代谢的作用。在维生素充足的情况下，人体的代谢效率会更高。例如，维生素D能够促进人体吸收钙元素，维生素C能够促进人体吸收铁元素，等等。

蛋白质：可以为人体提供能量和热量，不但有利于骨骼健康生长、预防骨质疏松，还可以提高肌肉质量和力量，这也是健身教练将它视为"增肌神器"的原因。

脂肪：具有储存和供给能量的作用，还有保持人体体温、固定内脏的作用。

矿物质：包含铁、钙、镁、锌等，是构成人体骨骼、牙齿的重要元素。需要注意的是，矿物质只能从膳食中获取，不能由身体自行合成。

淀粉：在人体内会被分解成葡萄糖，葡萄糖可以为人体肌肉运动和其他器官的活动提供能量。

膳食纤维：能够促进肠道蠕动，具有预防超重和肥胖的作用。

2. 调料

烹饪离不开各种调料（图5-16）。常用的调料有油、盐、酱油、醋、料酒等。

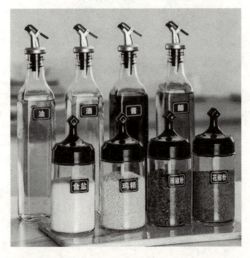

图5-16　调料

（1）油具有导热、增加菜肴色泽的作用，常见的有花生油、菜籽油、大豆油等。

（2）盐可调节菜肴的咸淡，但不宜多吃。

（3）酱油分为生抽和老抽两种。生抽一般用来调味，味道鲜、咸；老抽一般用来上色，颜色重，味道咸。

（4）醋较酸，可使菜的味道变得丰富，吃起来更加爽口。

（5）料酒能够去除菜的膻味和腥味，还具有解油腻的作用。

3. 火候

烹饪的火候一般可按以下两种方式确定：

（1）原料的性质。如果原料较软、嫩、脆，宜用旺火短时间烹调；如果原料较硬、老、韧，宜用小火长时间烹调。

（2）烹调技艺。采用炒、爆、烹、炸等烹调技艺时多用旺火，采用烧、炖、煮、焖等烹调技艺时多用小火。

 案例在线

学生的美食荟萃之旅

居家学习期间，石家庄铁道大学四方学院将在线上课与居家劳动紧密结合，发起了一项"晒美食"活动。众多学生纷纷亮出自己的"绝招"，开始了一场美食荟萃之旅。

一道菜就是一种文化，一道菜就是一部《舌尖上的中国》。新疆的大盘鸡、山西的臊子面、贵州的炸土豆片、湖南的红烧肉、湖北的热干面……学生们来自祖国各地，虽然中间隔着万水千山，但都在通过展示自己的劳动成果传递着家乡菜的文化，进行着文化和感情的交流。

来自辽宁省丹东市的李尧，因为喜欢做饭，经常晒自己做的美食，人送外号"李厨"。居家期间，他更是没有停下做菜的脚步，向大家展示了水煮鱼、酒煮蛤蜊、油炸鸽子、东北乱炖……"这段日子里，家里的饭基本都是我做的。我们不能缓解父母的经济压力，那就多承担一些家务，减轻父母的负担。"李尧说。

作为此次活动发起人之一的辅导员李慧鹏也化身"厨神"，晒出了自己的厨艺，给学生做出了榜样。"身教胜于言传，在做一件事情之前，不去谈意义，而是动手踏踏实实地去做，哪怕只学会了做西红柿炒鸡蛋，那也是增加了一项生活技能。"李慧鹏说。

三、家庭保健

（一）家庭常用的消毒杀菌方法

在家庭生活中，可利用以下三种方法消毒杀菌，以减少疾病的发生。

（1）天然消毒法。阳光中的紫外线和红外线具有一定的杀菌作用，把书籍、床垫、被褥、衣物等放在阳光下曝晒4～6小时，即可起到很好的消毒杀菌效果。

（2）物理消毒法。开水可以有效杀死细菌，可不定时地用开水对杯子、碗筷等进行消毒杀菌。

(3) 化学消毒法。利用消毒液、消毒剂等可杀灭大多数的细菌和病毒，如喷洒消毒液（图5-17），但这种消毒方法不宜用于食物、碗筷等物品的消毒。

（二）家庭常备的药品

家庭药箱中应常备内服药、外用药和医用辅助用品。对于特殊人群，应根据其实际需求备药。

图5-17 喷洒消毒液

（1）内服药。常见的有感冒药、解热镇痛药、止咳化痰药、止泻药、通便药、抗过敏药、助消化药七大类，一般不推荐储备抗菌类药物。

◇ **感冒药：** 可备酚麻美敏片、维C银翘片。感冒是自限性疾病，一般可不用药物治疗，但服药能够缓解症状。需要留意的是，很多感冒药都含有相同的成分，为避免重复用药，应严格按推荐的剂量和用法服用。

◇ **解热镇痛药：** 常见的有布洛芬、对乙酰氨基酚。该类药物主要用于缓解感冒后发热、头痛、关节痛等症状。

◇ **止咳化痰药：** 可备氢溴酸右美沙芬片、蛇胆川贝枇杷膏等止咳药物和盐酸氨溴索片、乙酰半胱氨酸颗粒等化痰药物。

◇ **止泻药：** 可备口服补液盐散、蒙脱石散。前者能预防和治疗腹泻引起的轻、中度脱水，后者对消化道内的病毒、病菌及其产生的毒素、气体等有极强的固定、抑制作用。

◇ **通便药：** 可选乳果糖。它通过刺激结肠蠕动缓解便秘，但不被人体吸收，尤其适合老年人、孕产妇、儿童和术后便秘者。

图5-18 切药器

◇ **抗过敏药：** 如氯雷他定。氯雷他定属于抗组胺类抗过敏药，适用于皮肤过敏、食物及药物过敏等。氯雷他定除了有片剂外，还有儿童使用的糖浆剂和滴剂。

◇ **助消化药：** 如多酶片、健胃消食片等。

（2）外用药。主要有外用消毒药如75%酒精、碘伏等，和其他外用药如云南白药、风油精等。

（3）医用辅助用品。主要包括创可贴、灭菌医用棉签、纱布、绷带等卫生材料，以及切药器（图5-18）、研磨器等。

（三）家庭备药须知

1. 家庭备药四大原则

（1）根据家庭人员的组成和健康状况备药，注意老人、小孩与孕妇的用药；严禁混入家庭成员过敏的药物。

（2）选择不良反应较少的非处方药（OTC）。

（3）选择疗效稳定、用法简单的药物，如口服药、外用药等。

（4）选择常见病、多发病用药。家庭备药一般只为应急或方便，无须面面俱到。

2. 家庭常备药品的存放

药师提醒，为家庭备药时，要保留药品包装，注意有效期、储藏条件，分门别类存放药品。在春季潮湿的环境下，药品常常会受潮变质，需要定期检查。

对于有小孩的家庭，最好使用带锁的药箱，将其平稳地放在小孩触及不到的地方；经常教育小孩不得自行使用药物；不可随意在小孩面前服药，避免小孩效仿。

3. 关于药品的常识

（1）非处方药的包装盒上均有"OTC"标识，其底色有红、绿两种，它们有什么区别？

"OTC"标识的底色为红色时，表示该药品为甲类；底色为绿色时，表示该药品为乙类。乙类非处方药安全性更高。

（2）怎么辨别药品的真假？

药品批准文号是国家药品监督管理局批准药品在中国境内上市的文号，是药品合法性的重要标志。境内生产药品批准文号格式为：国药准字H（Z、S）+四位年号+四位顺序号。其中，H代表化学药，Z代表中药，S代表生物制品。千万不要购买和使用无批准文号或者虚假批准文号的药品。

（3）如何分清药品和保健品？

要想分清药品与保健品，可关注它们的批准文号。药品批准文号为"国药准字"，保健品批准文号为"国食健字"。

（4）有效期和生产日期是一回事吗？

药品包装上标注的生产日期是指药品的出厂日期；有效期则是药品在规定的储藏条件下，质量能够符合规定要求的期限，一般是指药品未开封时的使用期限。需要注意的是，一旦打开包装，药品的使用期限会明显缩短，特别是瓶装药、袋装药、液体制剂。

四、其他家务

身勤则强，家勤则兴。除了上述家务外，在日常生活中，大学生还应做到设施干净、物品井然、勤于清洗，并且能够自己动手修理出现小问题的家用电器和家具。

（一）设施干净

1. 扫地

扫地的小技巧如下：

（1）清扫室内地面时，扫帚尽量不离地面；挥动扫帚时，可稍用力向下压，这样既能把灰尘、垃圾扫净，又能防止灰尘扬起；一般从狭窄处扫向宽广处、从边角处扫向中央处、从屋里扫向门口。

（2）地上毛发较多时，可用废弃的旧丝袜套在扫帚上扫地。丝袜在与地面摩擦时会产生静电效应，很容易吸附地上的毛发和灰尘。如果没有丝袜，套塑料袋也可以起到同样的作用。

（3）清扫楼梯时，可以站在下一阶，将垃圾从两端扫至中央再往下扫。这样能有效防止垃圾、灰尘从楼梯旁掉下去。

（4）清扫室外区域时，应顺着风向扫，以免扫过的区域被再次弄脏。

2. 拖地

拖地的小技巧如下：

（1）巧用食盐。用温水加上食盐拖地，不仅能加快地上水分的蒸发速度，不留水渍，还能杀菌、抑菌。

（2）巧用洗洁精、醋和小苏打。在擦洗地板的水中加入少量洗洁精、醋或小苏打，擦洗时不仅能轻松除尘，还能有效去油污。

（3）巧用柠檬汁。柠檬汁中的烟酸和有机酸具有杀菌作用。拖地的时候，在水里加少量柠檬汁或柠檬精油，既能有效杀菌，还能保持空气清新。

3. 门窗除垢

门窗除垢的步骤如下：

（1）清理门窗边框。先用废旧牙刷或专用的小刷子清理缝隙里的污渍，再擦拭门窗边框。

（2）清洁玻璃。清洁玻璃时，第一遍用湿布擦拭，第二遍用干报纸擦拭。用干报纸擦拭不仅可以擦干玻璃上的水分，还能避免在玻璃上留下痕迹，让玻璃更加干净明亮。

（3）对于有纱窗的窗户，可不定时用水冲洗纱窗或用湿布擦拭纱窗，避免纱窗上堆积灰尘。

 拓展阅读

玻璃擦拭技巧

（1）有些玻璃用久了会发黑，对于这种玻璃，可用细布蘸取适量的牙膏擦拭。

（2）沾染了油漆的玻璃可用绒布蘸取适量食醋擦拭。

（3）玻璃上的顽固污渍可用湿布蘸取适量白酒擦拭。

（4）在洗刷鲜蛋壳时得到的蛋白与水的混合溶液，可有效增加玻璃的光泽。

（5）沾染了石灰水的玻璃可用湿布蘸取适量的细沙轻轻擦拭。

（二）物品井然

（1）按照使用频率分类收纳物品，即常用的物品放在显眼处，不常用的物品收纳在柜子里。例如，油、盐、酱、醋等常用物品放置在厨房台面上，备用油、盐等放在橱柜中；将每天使用的拖鞋置于易拿取处，换季的鞋子放在不易拿取处；将每天出门需要换的衣服、帽子等挂在随手可拿的地方，换季的衣物放在柜子里或收纳箱中。

（2）借助收纳盒收纳。厨房的抽屉内可配置大小合适的盒子，将筷子、勺子等分别置于其中；书桌的抽屉内，可以借助不同的小盒子划分区域，使小物品井然有序。

（3）垂直收纳，即利用空着的墙面收纳物品。例如，在书桌上方的墙面上放置两层或者三层的置物架，在厨房墙面悬挂收纳篮，等等。

（4）利用好角落空间。客厅、餐厅、卧室的角落是很好的收纳空间，有效利用这些角落（如放置移动的收纳架），不仅不会使我们的住处显得拥挤，还会营造出一种特别的美感。图 5-19 和图 5-20 分别为物品摆放井然有序的厨房台面和书桌。

图5-19　物品摆放井然有序的厨房台面　　图5-20　物品摆放井然有序的书桌

 案例在线

大学生化身父母的小帮手

在居家学习期间，安庆师范大学的学生在线上学习之余，纷纷化身居家劳动小能手，成为父母的小帮手。

1. 做厨房小能手

该校舞蹈表演专业学生唐卉妮平时喜欢研究美食，这段时间，她几乎包揽了家中的做饭任务。"学校开展的居家劳动活动，让我有机会帮妈妈分担家务，也让我能够向同学展示厨艺，同时也督促大家用行动孝顺爸妈。"唐卉妮说。

嫩藕切片、猪肉切丝、葱蒜炒好……该校自动化专业学生张宣在家做"作业"的架势也有模有样。

2. 各种家务样样行

假期在家，不少学生承担了各种家务和农活，英语专业学生董洁就是其中之一。她常常在闲暇时帮外公外婆做家务和农活。"陪外婆去河边洗衣物，陪外公种果树，插苗、浇水、育肥，这些事情我都感觉很有意义。外公外婆年纪大了，能陪他们干活我很开心。"董洁说。

该校广播电视学专业学生赵维俊在家除了上网课，每天还多了一些任务，即扫地、做饭等家务。"我们都长大了，有义务为家里人分担家务，而且做家务也能锻炼自己的耐心，使自己做事情更细心。"赵维俊说。

（三）勤于清洗

1. 冰箱清洗

在使用冰箱的过程中，应定期对冰箱进行清洗（每年至少两次）。清洗冰箱时要先切断电源，然后用软布蘸上清水或洗洁精沿着冰箱内壁轻轻擦拭（图5-21）。为防止损坏冰箱涂层和塑料零件，请勿使用洗衣粉、去污粉、开水、刷子等清洗冰箱。

对于冰箱内可拆卸的部件，应拆下后用清水或洗洁精清洗。清洗完冰箱主体和各种部件后，不要着急关闭冰箱门，而应待冰箱内彻底干燥后，再关闭冰箱门，插上电源。

图5-21　擦拭冰箱内壁

2. 床上用品清洗

床上用品会与皮肤直接接触，平时要注意清洗床上用品。一般来说，床上用品的清洗间隔应根据季节来确定。夏季建议一周清洗一次，冬季建议两周清洗一次。清洗时，最好挑一个晴朗的天气，以便清洗后的床上用品接受紫外线的照射，从而有效清除细菌和螨虫。

 探究与分享

你还知道哪些起居常识？跟同学分享一下吧。

（四）家居维修

家用电器、家具等常常会随着使用频率、使用时间的增加而出现问题。对于其中的一些小问题，我们完全可以自行维修，而不必找专门的维修工人。

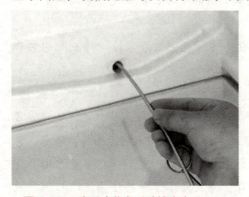

图5-22　疏通冷藏室后壁的出水口

1. 冰箱不制冷

冰箱不制冷时，应首先检查冰箱的电源插头是否接触良好。若电源插头接触良好，则可能是冰箱的内出水口堵塞或冰冻造成了冰箱不制冷。此时，可以使用一根有一定硬度的细棍疏通冷藏室后壁的出水口（图5-22）。

2. 实木家具出现裂缝

实木家具如因热胀冷缩出现裂缝，可采用以下补救措施：①将旧棉布或破麻袋烧成灰，然后与生桐油搅拌成糊状，嵌补到实木家具的裂缝中，阴干后即可补平裂缝；② 在撕碎的报纸中加些明矾和清水煮成稠糊状，冷却后涂于实木家具的裂缝中即可将其补平。

3. 家用燃气灶打不着火

家用燃气灶打不着火，很可能是燃气灶电池的电量不足或者火盖、火孔被堵塞造成的。此时，应先换上新电池，然后重新打火。如果换上新电池后仍打不着火，可以用牙签、抹布等清理火盖和火孔（图5-23）。

图5-23　用牙签清理火盖和火孔

探究与分享

你还会哪些家居日常维修技能？和同学们分享一下吧。

第二节　美化校园，从我做起

课堂引例

美丽校园共建共享

为引导大学生树立正确的劳动观念、形成良好的劳动习惯，对外经济贸易大学于2020年11月19日—26日开展以"美丽校园共建共享"为主题的校园大扫除活动。

2020年11月19日13:30，校园大扫除活动正式拉开帷幕。在学校爱国卫生运动领导小组的统一指挥下，后勤与基建处、学生工作部、研究生工作部有序安排各项扫除工作。13个学院和6个研究院分别按照划分好的劳动育人区域，积极组织教职工、本科生、硕士生、博士生投入校园大扫除活动中。

校园里，随处可见手持劳动工具劳动的教职工和学生。道路两侧的绿化带中，是拿着扫帚认真清扫落叶的学生。校园广场里，劳动分工恰到好处，有的学生负责清扫落叶，有的学生负责捧起聚积的落叶，有的学生负责撑开垃圾袋。教学楼之间的道路上，工作人员驾驶着垃圾车，运输着一袋袋由学生收集的垃圾和落叶。

寒风阵阵袭来，但大家的热情丝毫不减。在教职工和学生的积极参与下，短短几个小时，早已被落叶铺满的校园大道焕然一新，垃圾桶旁掉落的垃圾也不见踪影，校园在阳光的照耀下，显得格外干净、整洁。

【想一想】

（1）你参加过校园大扫除活动吗？

（2）你如何看待校园大扫除活动？

一、建设文明寝室

（一）文明寝室建设要求

寝室是学习和生活的重要场所。寝室的卫生状况能够体现一个人的精神面貌和素质，直接关系到其身心健康。大学生应将文明寝室建设内化为自觉追求，外化为自觉行动。

（1）文明寝室应满足"六净""六无""六整齐"的要求。

◇"六净"：地面干净、墙面干净、门窗干净、玻璃干净、桌椅干净、其他物品整洁干净。

◇"六无"：无杂物、无烟蒂、无乱挂现象、无蜘蛛网、无酒瓶、无异味。

◇"六整齐"：桌椅摆放整齐，被褥折叠整齐，毛巾挂放整齐，书籍叠放整齐，鞋子摆放整齐，其他用具置放整齐。图5-24是"六整齐"寝室。

图5-24 "六整齐"寝室

（2）每天应自觉做到"六个一"，自觉遵守"六个不"，维护寝室良好的生活环境。

◇"六个一"：叠一叠被子，扫一扫地面，擦一擦台面，整一整柜子，理一理书架，倒一倒垃圾。

◇"六个不"：不进出异性寝室，不留宿外来人员，不放置危险物品，不使用违规电器，不损坏公共设施，不乱扔果皮、纸屑。

（3）杜绝不文明行为，不在寝室内养宠物，不抽烟，不在门口丢放垃圾，不乱用公用洗衣机。

 探究与分享

你对文明寝室建设有哪些好的提议？

（二）寝室美化原则与创意要点

1.美化原则

（1）简单、大方：寝室通常面积不大，没有必要摆放过多的装饰品，否则会显得杂乱。

（2）温馨、舒适：寝室是放松和休憩的地方，在美化时要营造一种温馨、舒适的氛围，让寝室充满家的温暖气息。

（3）营造学习氛围：寝室除了是放松和休憩的地方，还是学习的场所。在美化时，要从色彩、风格上，营造一个安静的、适宜学习的空间。

> **拓展阅读**

寝室美化小窍门

1. 衣柜整理

寝室里的衣柜大多是直筒式的，隔断比较少，在放置衣物时比较浪费空间。使用衣柜隔板在衣柜中划分出合适的区域，能够充分利用空间。此外，还可以在衣柜中放一些多层收纳筐，这样既充分利用了空间，又能将贴身衣物、帽子、包等分类收纳。如果衣柜里没有挂衣杆，可以用伸缩棒代替。

2. 桌面美化

使用桌面置物架和桌下挂篮，可以让桌子拥有更多收纳空间。

（1）桌面置物架。桌面置物架是一种轻便又实用的收纳工具，价格便宜，不仅能够收纳桌面上的小东西，还能够很好地装饰空间。

（2）桌下挂篮。桌下挂篮能够创造隐形的收纳空间，用于放置各种小物件。

3. 床边装饰

在寝室里，床边挂篮和床边挂袋是非常实用的收纳和装饰工具，能够放水杯、纸巾、书籍等，不仅可以避免经常爬上爬下拿东西，还可以保证床铺整洁。

---

2. 创意要点

（1）彰显寝室文化。每个寝室都有不同的文化，在美化时要充分考虑自己寝室的文化，做出别出心裁的美化设计。

（2）用材节约，变废为宝。低碳、绿色不仅是当下流行的理念，更是我们应自觉践行的生活方式。在美化寝室时，应充分利用易拉罐、雪糕棍、牛奶盒、饮料瓶、废纸箱等容易被忽略的生活垃圾和旧物；如果将其做成各种实用的生活用品（图5-25、图5-26），不仅创意十足，更能向周围的人传递一种绿色环保的生活态度。

图5-25　用易拉罐做盆栽

图5-26　用雪糕棍做笔筒

（3）彰显个性。寝室由多个小空间组成，每个小空间都是使用者的"家"。在美化时，每个人都应在整体风格统一的基础上，充分考虑自己的使用需求和审美偏好，打造专属空间，彰显自己的个性。

 案例在线

工科生花300元打造最美寝室

1. 男生寝室成"天空之城",创意源于山城天气

走进重庆大学松园一栋355寝室,当灯光亮起,蓝色天花板折射的光让整个房间变成蓝色,身在其中犹如置身海洋一般,大海之蓝,清澈夺目。天花板上一颗颗黄色的五角星化作了夜空中最亮的星……

这一创意的提出者是吴康杰,来自浙江。从小住在沿海地区的他,经常见到蓝色的大海。他说自己的设计灵感来源于重庆的天气。"重庆的阴雨天气很多,蓝天白云很少见,也很少看到星星,所以我希望将蓝色的天空搬到寝室里来。"

除了对蓝天的渴望,吴康杰选择将蓝色作为寝室的主色调,还有一番用意。他解释道:"每种颜色都会带给人不一样的情绪反应。蓝色会给人带来一种深邃、平静的力量,能帮助人在喧闹的生活中静下心来。寝室是学习和休息的地方,我借助大量的蓝色,希望让寝室同学感觉到平静、安宁。"

这个寝室的设计主题为"天空之城"。吴康杰从小喜爱动漫电影,宫崎骏的《天空之城》是他最喜欢的一部动漫电影作品,所以他用了这个名字。虽然寝室的具体装饰与这部电影没有多大关系,但整体风格和给人的舒适感觉与电影一样。

2. 4人熬夜纯手工制作,约300元打造梦幻寝室

设计工作完成后,该寝室的4个小伙子开始动手装饰寝室,先从材料的购买和制作开始。"我们只买了几种颜色的海绵纸和卡纸,大多数图案都打算自己动手剪,但后来发现工作量太大了。"寝室长王强说。压力之下,他们本想放弃自己动手的想法,去网上购买成品粘贴。但是成品的费用过高,后来他们开会商量,决定坚持一下,手工制作试试看。"哪怕不成功,也不留遗憾。"王强说道。

寝室成员朱飞说,由于工作量太大,每周几乎天天满课的他们只能牺牲中午和晚上的休息时间,有时为了赶进度还熬夜到凌晨两点多。从设计到装饰完成,他们用了一周的时间,仅花了约300元。

3. 获奖后陆续被围观,干净漂亮"胜过女寝"

因为干净整洁和别具匠心的设计风格,松园一栋355寝室在重庆大学优秀学生之家的评选活动中获得"五星级寝室"称号。

此后,不断有其他同学到他们寝室参观。曾有一名女生因社团活动进了他们寝室,看到寝室的装饰后称赞说:"第一次看到男生寝室装饰得如此好看,比我们女生寝室还漂亮!"

此次设计与装饰寝室,对吴康杰和他的室友来说,是一次加强沟通、促进情感交流的难得机会。"大一时,我们的关系还挺好,后来慢慢变得有些疏远,交流也少了。趁着装饰寝室的机会,我们4个人的沟通比以前更多了,关系也更好了。"王强说道。

二、共建美丽校园

（一）呵护我们的"家"

校园环境由物质环境和精神环境构成，它是校园文化的重要表现形式，需要我们合力维护。

1. 校园物质环境

校园物质环境主要包括校容校貌、自然物和各种设施。良好的校园物质环境（图5-27）不仅是全校师生正常学习和生活的基础，还能促进学生养成良好的卫生习惯。

图5-27 良好的校园物质环境

2. 校园精神环境

校园精神环境是校园的灵魂，是学校师生的价值观和个性的反映，具体体现在师生的精神面貌、校风、学风、校园精神、学校形象等方面。积极参与校园精神环境建设有助于改善校园内的学习氛围，从而形成一种积极向上的精神文化，影响身处其中的每个人。

（二）共建无烟校园

大量的科学研究表明，吸烟会严重损害人体健康。多种致死疾病与吸烟有关，包括缺血性心脏病、脑血管病、下呼吸道感染、慢性阻塞性肺疾病、结核病和肺癌。《中国吸烟危害健康报告2020》显示，烟草每年使我国100多万人失去生命。那么，应该如何减轻香烟危害，共建无烟校园呢？

（1）为了自己和他人的生命健康，也为了保护环境，我们应该约束自己，做到不吸烟。

（2）多了解有关吸烟危害的知识；增强自制力，自觉抵制诱惑。

（3）积极参加控烟宣传活动，增强控烟意识，约束吸烟行为。

 拓展阅读

无烟校园管理制度

1. 建立校园控烟制度

（1）建立由学校领导牵头、相关职能部门共同参与的控烟领导小组，明确各相关职能部门的职责。

（2）将控烟工作纳入学校年度工作计划，做到年初有计划、年终有总结。

（3）制定校内控烟管理规章制度。制度中应包括下列核心内容：①任何人（包括外来人员）不得在校园内指定吸烟区以外的区域吸烟；②学校应设兼职控烟监督员或巡视员，并明确其工作职责，对其进行控烟知识培训；③将控烟职责的履行情况作为教职工、学生评优评先的参考指标之一；④教师不在学生面前吸烟，不接受学生敬烟，不向学生递烟；⑤教师应劝阻学生吸烟；⑥学校出台鼓励、帮助教职工及学生戒烟的措施。

2. 吸烟区外全面禁烟，营造良好的无烟环境

（1）指定吸烟区，并在重点区域，如大门、教室、寝室、实验室、会议室、教师办公室、室内运动场、图书馆、食堂、接待室、楼道、卫生间等设醒目的禁烟标志。

（2）不得在非吸烟区摆放烟灰缸及其他烟具。

（3）吸烟区设置合理，如设在室外或通风的室内。

（4）在吸烟区悬挂有关烟草危害的宣传品，张贴相关宣传标语。

（5）禁止烟草广告和变相烟草广告进校园。

3. 开展多种形式的控烟宣传活动

（1）利用宣传栏、展板、广播、电视等进行控烟宣传。

（2）利用课堂、讲座等对学生开展控烟教育，将吸烟的危害、不尝试吸烟、劝阻他人吸烟、拒绝吸二手烟等内容作为控烟核心知识。

（3）将控烟教育纳入新生入学教育内容。

（4）利用世界无烟日开展控烟宣传活动。

4. 加强控烟监督检查

（1）控烟监督员认真履行劝阻吸烟人在非吸烟区吸烟的职责。

（2）全体教职工、学生均有对违反校园控烟规定的行为进行劝阻的义务。

（3）定期对学校各部门、各院系的控烟工作进行检查，每年至少一次。

（三）维护校园环境秩序

为维护良好的校园秩序，营造一个干净、整洁、安全的校园环境，建设平安校园、和谐校园，应遵守以下校园文明行为规范：

（1）着装整洁得体，仪容端庄。

（2）行为高尚，举止高雅，谈吐文明。

（3）爱护学校花草树木，节约用水。

（4）乘坐电梯时遵守秩序，先下后上，相互礼让。

（5）遵守学校环境卫生的有关规定，保持学校环境卫生，不随地吐痰，不乱扔杂物。

（6）文明如厕，保持卫生间清洁，爱护卫生间设施。

（7）上课时遵守课堂纪律，下课时不在楼道内大声喧哗。

（8）爱护教室设施，合理使用教学设备，保持干净、整洁的教学环境。

（9）汽车、电动车、自行车停车入位，摆放有序（图5-28）。

（10）观看表演、听讲座、参加会议时，主动服从现场管理，遵守秩序，爱护礼堂、会议室等设施。

（11）自觉遵守学校的各项规章制度，尊师爱友，团结同学，营造浓厚的学习氛围和健康、良好的学习环境。

（12）如遇突发事件，服从学校统一指挥，配合做好应急处置工作。

（13）遵守网络信息安全法律法规和其他有关规定，自觉抵制不良信息，不传播网络谣言。

图5-28　自行车摆放有序

三、垃圾分类

今天，"垃圾围城"成为困扰全球各大城市的难题，具体现象包括填埋场侵占土地、垃圾造成长期污染、垃圾焚烧厂影响周边居民生活等。解决"垃圾围城"问题，离不开垃圾分类。

（一）垃圾分类的意义

"垃圾是放错了地方的资源。"垃圾分类就是将垃圾分门别类地投放，然后通过分类清运和回收，使之重新变成资源。习近平总书记在上海市考察时指出"垃圾分类工作就是新时尚"，并勉励大家把这项工作抓实办好。全民参与垃圾分类的意义如下。

图5-29　焚烧垃圾产生有毒气体

1.减少环境污染

我国现有的垃圾处理方式主要包括填埋和焚烧。即使是在远离生活的场所对垃圾进行填埋处理并采用相应的隔离技术，也难以杜绝有害物质渗透。这些有害物质会逐渐进入整个生态圈，污染水源和土地，影响人们的身体健康。另外，焚烧垃圾也会产生大量危害人体健康的有毒气体和灰尘（图5-29）。

其实，有很大一部分垃圾是不需要填埋，也不需要焚烧的。如果我们能够做好垃圾分类，就能减少垃圾的填埋和焚烧，从而减少环境污染。

2.节省土地资源

采用填埋和堆放等垃圾处理方式会占用土地资源，且垃圾填埋场属于不可修复场所，即垃圾填埋场不能够重新作为生活小区使用。此外，生活垃圾中有些物质不易降解，填埋后会使土地受到严重侵蚀。据统计，垃圾分类可以使人均生活垃圾产生量减少2/3，从而节省大量土地资源。

3.促进资源的循环利用

垃圾的产生源于人们没有利用好资源，将自己不用的资源当成垃圾抛弃，这种废弃资源的行为对整个生态系统造成的破坏是不可估计的。通过垃圾分类，回收可利用的垃圾，就可以将垃圾变废为宝，促进资源的循环利用，从而保护生态系统。

此外，垃圾分类后，不同的垃圾采用不同的处理方法，还可以降低垃圾的处理成本，提高垃圾的处理效率。具体来说，分类焚烧可起到减量（减少垃圾处理量）、减排（减少污染排放量）、提质（改善燃烧工况）、提效（提高发电效率）等作用。

相关数据显示，我国每年使用塑料快餐盒的数量高达40亿个、一次性筷子10亿双、方便面碗5亿～7亿个，这些占生活垃圾的15%左右。1吨废塑料可提炼600千克的柴油。回收1500吨废纸，可免于砍伐用于生产1200吨纸的林木。1吨易拉罐熔化后能结成1吨铝块，可少采20吨矿产资源。

 案例在线

垃圾分类已成上海市民"新时尚"

自《上海市生活垃圾管理条例》施行以来，垃圾分类投放已然成为上海社区居民的"新时尚"。上海的小区中，大多数居民区的垃圾分类投放工作井然有序，垃圾分类"新时尚"蔚然成风。

在长宁区北新泾街道新泾八村做了一个月志愿者的陈阿姨说："通过做志愿者，我在小区里结识了很多朋友。邻里之间原来互不往来，现在都很熟络了。不少年轻人看到我这么大年纪了还在帮他们进行垃圾分类，就不好意思不分类了。"

多数居民表示，虽然定时定点分类投放垃圾让他们在一定程度上失去了扔垃圾自由，但这关系到生活环境的改善和资源的节约，是造福子孙后代的"大好事"，大家理应克服困难，改变固有的垃圾投放习惯。

"新时尚"为何能获得广泛认同？

虹叶居委会党总支书记王静华说："为培养居民垃圾分类的文明习惯，居委会走进居民的家门，送上'三件套'入户包——一本垃圾分类指导手册、一个冰箱贴和一只挂壁式垃圾袋支架。手册由志愿者手绘；冰箱贴上印着自编的分类口诀和分类搜索二维码；垃圾袋支架是专门定制的，可将塑料袋夹在橱柜门上，这样就能很方便地将湿垃圾'撸'进袋子里。"居委会和志愿者还在小区进行了一系列宣讲活动，横幅、海报、撤桶通知牌、分类指示牌等悉数"上岗"……

此外，有的小区还通过先进表彰、公布社区红黑榜等方式，提高居民垃圾分类积极性，让人人崇尚垃圾分类"新时尚"。"公布红黑榜，是为了督促那些垃圾分类做得还不好的居民向做得好的居民看齐。原先一些觉得分不分类无所谓的居民坐不住了，觉得自己楼层被贴了'哭脸'很丢脸。"瑞虹第一居民区党总支书记说。

随着垃圾分类"精细化、科学化"的推进，少数社区居民从不理解、不配合到认识到垃圾分类的必要性和迫切性，提高了自身的环保意识，让垃圾分类"新时尚"在上海落地开花。

（二）垃圾分类标准

《生活垃圾分类标志》（GB/T 19095—2019） 将生活垃圾分为可回收物、有害垃圾、厨余垃圾和其他垃圾四大类，其对应标志如图5-30所示。

图5-30　四大类生活垃圾标志

生活垃圾分类标志由4个大类标志和11个小类标志组成，类别构成如表5-1所示。其中，厨余垃圾和其他垃圾又可分别称为湿垃圾和干垃圾。

表5-1　标志的类别构成

序号	大类	小类	说明
1	可回收物	纸类	表示适宜回收利用的各类废书籍、报纸、纸板箱、纸塑铝复合包装等纸制品
2		塑料	表示适宜回收利用的各类废塑料瓶、塑料桶、塑料餐盒等塑料制品
3		金属	表示适宜回收利用的各类废金属易拉罐、金属瓶、金属工具等金属制品
4		玻璃	表示适宜回收利用的各类废玻璃杯、玻璃瓶、镜子等玻璃制品
5		织物	表示适宜回收利用的各类废旧衣物、穿戴用品、床上用品、布艺用品等纺织物
6	有害垃圾	灯管	表示居民日常生活中产生的废荧光灯管、废温度计、废血压计、电子类危险废物等
7		家用化学品	表示居民日常生活中产生的废药品及其包装物、废杀虫剂和消毒剂及其包装物、废油漆和溶剂及其包装物、废矿物油及其包装物、废胶片及废相纸等
8		电池	表示居民日常生活中产生的废镍镉电池和氧化汞电池等
9	厨余垃圾（湿垃圾）	家庭厨余垃圾	表示居民家庭日常生活过程中产生的菜帮、菜叶、瓜果皮壳、剩菜剩饭、废弃食物等易腐性垃圾
10		餐厨垃圾	表示相关企业和公共机构在食品加工、饮食服务、单位供餐等活动中产生的食物残渣、食品加工废料和废弃食用油脂等
11		其他厨余垃圾	表示农贸市场、农产品批发市场产生的蔬菜瓜果垃圾、腐肉、肉碎骨、水产品、畜禽内脏等
12	其他垃圾（干垃圾）	—	表示砖瓦陶瓷、灰土、卫生间废纸等

注：除上述4大类外，家具、家用电器等大件垃圾和装修垃圾应单独分类。

探究与分享

有人说，垃圾分类有什么难的，不就是由一个桶分成了四个桶。你认同这种观点吗？请结合你的体会谈谈垃圾分类的重要性和分类时需要注意的事项。

（三）垃圾分类操作

1.分类方法

根据物品的材质和性质，分析其属于哪类垃圾。具体来说，应根据物品的材质，判断其是否属于纸类、塑料、金属、玻璃或纺织物，从而确定其是否属于可回收物；根据物品对人体和自然环境是否有害，判断其是否属于有害垃圾；厨余垃圾具有容易腐烂、破碎等特点；其余的物品都属于其他垃圾。对于不能准确判断类别的垃圾，也可把它归为其他垃圾。

2.投放要求

（1）**可回收物**。可回收物是指适宜回收利用的生活垃圾，包括玻璃瓶、旧金属餐具、塑料瓶、旧玩具、旧报纸、旧纸板（图5-31）、旧衣服等。

可回收物的投放要求如下：

① 应尽量保持垃圾清洁、干燥，避免污染。

② 对于立体包装物，应清空内容物，压扁后投放。

③ 对于易破损或有尖锐边角的物品，应包裹后投放。

（2）**有害垃圾**。有害垃圾是指生活垃圾中对人体健康或自然环境造成直接或潜在危害的物质，包括旧电池（图5-32）、旧灯管、家用药品、油漆及其容器。有害垃圾必须单独收集和运输，并由环保部门认可的专业机构进行特殊处理。

图5-31　旧纸板

图5-32　旧电池

有害垃圾的投放要求如下：

① 投放时应注意轻放。

② 对于药品，应连带包装投放或包裹后投放。

③ 对于罐装容器，应排空内容物后投放。

另外，在公共场所产生有害垃圾但未发现对应收集容器时，应将其携至有害垃圾投放点妥善投放。

（3）**厨余垃圾**。厨余垃圾（图5-33）是指食材废料、剩菜剩饭、过期食品、瓜皮果核、花卉绿植、中药药渣等易腐烂的、含有机质的生活废弃物。

应在厨余垃圾产生时就将其与其他品种的垃圾分开收集。投放厨余垃圾前，应尽量沥干水分；对于有外包装的，应去除外包装后投放。

另外，在公共场所产生厨余垃圾且未发现对应的收集容器时，应将其携带至厨余垃圾投放点妥善投放。

（4）其他垃圾。其他垃圾是指除可回收物、有害垃圾、厨余垃圾外的生活垃圾，包括烟蒂（图5-34）、橡皮泥、灰土、瓷器碎片等。应将其他垃圾投放至其他垃圾收集容器中，并保持容器周边环境整洁。

图5-33　厨余垃圾

图5-34　烟蒂

（5）大件垃圾。大件垃圾如旧沙发（图5-35）、旧床垫、旧床、旧桌子等，可以预约可回收物回收经营者或者大件垃圾收集运输单位上门回收，或者投放至管理责任人指定的场所。大型家用电器如空调、电冰箱、洗衣机、电视机等，也属于大件垃圾。处理此类垃圾时，可预约规范的电子废弃物回收企业上门回收，或按大件垃圾管理要求投放。

需要注意的是，对于小型家用电器如笔记本电脑、手机、电饭煲等，可按照可回收物的投放要求进行投放。

（6）装修垃圾。装修垃圾（图5-36）包括碎马桶、碎石块、碎砖块、废砂浆及其他装修弃料。应分别收集装修垃圾和生活垃圾，并将装修垃圾装袋后投放到指定的场所。

图5-35　旧沙发

图5-36　装修垃圾

探究与分享

香水瓶、牙刷、毛巾分别属于什么垃圾？应该如何投放？

拓展阅读

分类后的垃圾到底去哪儿了

1. 可回收物

可回收物通过"直接卖给废品回收企业""投放到设置在居住区公共区域的可回收物收集容器中""投放到两网融合服务点"三种方式进入废品回收系统，由再生资源回收服务点、站、场收集后，通过市场化渠道运往各类资源再生工厂再生利用，变废为宝，如图5-37所示。

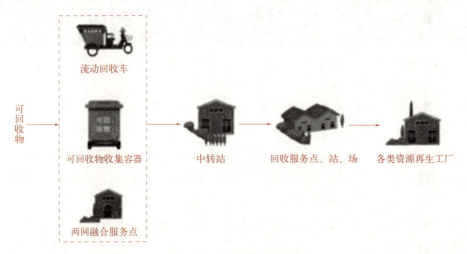

图5-37　可回收物的去处

2. 有害垃圾

将有害垃圾投放到有害垃圾收集容器中，专用收集车会将有害垃圾运送到暂存点，随后由有害垃圾专用车辆运输至中转站进行分拣和存储，最后由各类危废处理企业进行无害化处理，如图5-38所示。

图5-38　有害垃圾的去处

3. 厨余垃圾

将厨余垃圾投放到厨余垃圾收集容器中后，经分类短驳（将邻近的收集容器中的垃圾收集到一起）至垃圾箱房，再由厨余垃圾专用车辆运至厨余垃圾资源化利用厂，实现日产日清。

4. 其他垃圾

其他垃圾投放到其他垃圾收集容器中，经分类短驳至垃圾箱房，随后由其他垃圾专用车辆运输至再生能源利用中心，实现定期清运。

第三节　勤工助学，筑梦育人

课堂引例

合肥工业大学创新勤工助学管理模式

近年来，合肥工业大学以"立足校园、服务社会"为宗旨，坚持夯实基础、强化管理、改革模式，实现了勤工助学管理模式"四创新"。

（1）创新服务模式。每年受理3000余人国家助学贷款、万余人次校内外勤工助学等工作。

（2）创新开展团队文化建设。以勤工助学中心学生服务队为例，中心员工统一着装，佩戴工牌，规范礼貌用语，积极组织志愿服务、素质拓展及各类文体活动，开展"每月之星"评选，积极营造爱岗敬业、团结奉献的团队文化。

（3）创新育人模式。在学生资助服务大厅成立临时党支部，设立"党员示范岗"，制定《学生党员示范岗工作标准》，积极发挥党员先锋模范作用。

（4）创新资助模式。勤工助学中心先后成立4个学生勤工助学经营实体，每年约为150名家庭经济困难学生提供勤工助学和创业实践岗位，累计发放勤工助学工资近600万元；基地设立"莘莘助学金"，累计资助困难学生3700余人，资助金额达189万余元，努力推动资助模式从保障型资助向发展型资助转变，使学生完成从"资助"到"自助"再到"助他"的转变。

【想一想】

你如何看待该校的勤工助学管理新模式？你对勤工助学了解多少？

在校园里，学习不仅仅指学习专业课，还包括学习如何与同学和社会上的人相处。勤工助学正是学校提供给学生的一个与他人接触和交往、参与实践、锻炼自己的好机会。

一、什么是勤工助学

勤工助学是指学生在学校的组织下利用课余时间，通过劳动取得合法报酬，用于改善学习和生活条件的实践活动。

勤工助学是学校学生资助工作的重要组成部分，是提高学生综合素质和资助家庭经济困难学生的有效途径，是实现全程育人、全方位育人的有效平台。勤工助学活动应坚持"立足校园、服务社会"的宗旨，按照学有余力、自愿申请、信息公开、扶困优先、竞争上岗、遵纪守法的原则，由学校在不影响正常教学秩序和学生正常学习的前提下有组织地开展。

学生在学有余力的前提下，向学校提出勤工助学的申请，接受必要的勤工助学岗前培训和安全教育，再由学校统一安排到校内或校外的岗位上进行勤工助学活动。学校不得安排学生参加有毒、有害和危险的生产作业以及超过学生身体承受能力、有碍健康的劳动。

二、选择合适的勤工助学岗位

勤工助学岗位有校内勤工助学岗位和校外勤工助学岗位之分。

（1）校内勤工助学岗位设置。校内勤工助学岗位以校内教学助理、科研助理、行政管理助理和学校公共服务等为主。勤工助学岗位分固定岗位和临时岗位。其中，固定岗位是指持续一个学期以上的长期性岗位和寒暑假期间的连续性岗位；临时岗位是指不具有长期性，通过一次或几次勤工助学活动即完成任务的工作岗位。

（2）校外勤工助学岗位设置。校外用人单位聘用学生勤工助学，须向学校勤工助学管理服务组织提出申请，提供法人资格证书副本和相关的证明文件。经审核同意，学校勤工助学管理服务组织推荐适合工作要求的学生参加勤工助学活动。

图5-39 在图书馆勤工助学的学生

学生可通过学校网站查询详细的岗位信息，根据自身情况选择合适的岗位进行申请。图5-39是在图书馆勤工助学的学生。

 案例在线

勤工助学，遇见更好的自己

故事一：

小周在计算机中心做勤工助学工作，她分享道："有一回，一个留学生来咨询，他问我为什么寝室无法上网，怎样才可以上网，是否需要安装路由器。他是用英文讲的，我英语不是很好，有的单词听不懂，让他重复讲了几遍才弄明白他的意思，这使我认识到学好英语很重要。"此后，小周加倍学习英语知识，并且取得了很好的成绩。

故事二：

小程在心理健康教育中心担任学生助理，工作内容主要是安排预约时间，她是咨询者和咨询师之间沟通的桥梁。"刚开始，我因为不太了解这项工作，不知道如何处理好一些事情，但是工作半年之后，我熟练掌握了所有工作内容，也很享受这份工作带给自己的快乐。"小程说。

另一位心理健康教育中心的学生助理也深有感触，她说："我觉得我最大的收获就是通过自己的讲解，大家能够明白原本不清楚的东西。当他们说出'哦，明白了'的时候，我就觉得很自豪。我也学到了与不同的人交谈时，应采取不同的方式，并且要有耐心。"

故事三：

小朱在传媒博物馆工作，她说："我用课余时间来做这些工作，不仅能学到很多知识，还能提高自己的行政办公能力，使自己变得越来越自信。"

"自己挣钱是一种很奇妙的感觉。每天，我的工作积极性都很高。一是觉得自己可以挣钱了，花自己挣的钱很心安。二是体会到挣钱的不易，对父母辛苦挣钱供我们读书感触很深。在以后的生活中，我会尽量克制自己，学会理性消费。"小朱不禁发出这样的感慨。

三、勤工助学的时间安排与劳动报酬

（一）时间安排

大学生参加勤工助学不应当影响学业。原则上，每周不超过8小时，每月不超过40小时。寒暑假勤工助学时间可根据学校的具体情况适当延长。

探究与分享

分析自己的课余时间，判断自己是否适合参加勤工助学。

每周的课余总时间：_____

每周的课外学习时间：_____

其他必须安排的时间（结合自己的长期目标和短期目标计算）：_____

每周的剩余时间：_____

自己是否适合参加勤工助学：_____

（二）劳动报酬

学生参加校内固定岗位的勤工助学，其劳动报酬由学校按月计算。以每月40个工时的酬金原则上不低于当地政府或有关部门规定的最低工资标准或居民最低生活保障标准为计酬基准，可以适当上下浮动。

学生参加校内临时岗位的勤工助学，其劳动报酬由学校按小时计算。每小时的酬金可参照当地政府或有关部门规定的最低小时工资标准合理确定，原则上不低于12元人民币。

学生参加校外勤工助学的酬金标准不低于当地政府或有关部门规定的最低工资标准，具体数额由用人单位、学校与学生协商确定，并写入聘用协议。

探究与分享

小蒋说:"我在学校担任辅导员助理,这是学校里最普通的一种勤工助学方式。一般来说,一次勤工助学为3.5小时左右,每小时为12元,主要工作是处理校内文件。一开始,我是想通过勤工助学提升自己的动手能力,顺便赚点生活费。后来发现勤工助学的工资虽然不多,但是能和老师、辅导员有更多的沟通机会,这是勤工助学的另一种价值。"

小王说:"我选择利用周六日在校外做推销员,一天最多能赚300元,但是做推销员的机会并不多。之所以当推销员,主要是因为自己平时开销比较大,希望能够多赚一些零花钱,同时也增加一些社会经验。"

你倾向于哪种勤工助学方式?为什么?

四、准备勤工助学面试

任何面试都是面试官对求职者进行筛选的过程。面试官会根据求职者提供的信息,判断其是否适合当前的岗位。求职者无论面试何种岗位,都要注重沟通效率,在短时间内充分展示自己的特长、个性、优势、能力等,给对方留下良好的印象。

面试时,面试官一般会提出以下问题,求职者可据此做好充分的面试准备工作:

(1)请简单描述你的基本情况。
(2)你有哪些工作经验?在工作中有何体验和收获?
(3)你认为从事此项工作应当具备哪些素质?
(4)请描述自己的个性,并说明自己的优点和缺点。
(5)你为什么认为自己适合这份工作?

劳动小贴士

(1)面试时,可以谈自己勤工助学的经历,但要注意用简洁的语言叙述,切忌无重点。
(2)自我介绍时不慌张,尽量把自己踏实、能吃苦的一面展现出来。
(3)如果没有面试经验,可以先上网看看别人在面试中的表现,然后结合自己的情况理顺思路,再把组织好的语言写下来,从中提炼要点,反复练习。

实践活动一

良好生活习惯养成记

播种一种行为,收获一种习惯;播种一种习惯,收获一种性格;播种一种性格,收获一种命运。习惯会对人产生很大的影响,而生活习惯与我们的关系最为密切。养成良好的生活习惯,有助于我们以更好的精神面貌投入学习中。

你认为值得养成的生活习惯有哪些?然后据此制订相应的养成计划,并按该计划坚持

21天。以PPT或短视频的形式记录自己养成该生活习惯的过程，总结因为坚持这些生活习惯自己所发生的变化。

【活动记录】

良好的生活习惯：

生活习惯养成计划：

自己所发生的变化：

【活动评价】

教师可参考表5-2对学生实践活动的表现进行评价。

表5-2　实践活动评价表

评价标准	分值	分数小计	教师评价
活动准备工作做得充分，活动过程记录详细	25		
每天坚持"打卡"	25		
自身精神状态变化显著	25		
PPT/视频制作精良	25		
总计	100		

实践活动二

校园是我家,美化靠大家

　　校园是我们学习和生活的地方。作为校园的一分子,我们应为创造更加整洁、优美、温馨的校园环境尽自己的绵薄之力。

　　以班级为单位,组织一次校园美化活动,并以PPT或短视频的形式记录。学生可在门岗执勤、食堂餐盘清理、公共区域保洁、公共区域绿化维护等岗位中选择一个进行劳动实践,为美化校园贡献自己的力量。

【活动记录】

活动要点:

活动难点及解决方案:

心得体会:

【活动评价】

教师可参考表5-3对各小组的表现进行评价。

表5-3 活动评价表

评价标准	分值	分数小计	教师评价
活动准备工作做得充分,活动过程记录详细	25		
分工合理,各成员均积极参与	25		
切实美化了校园环境	25		
PPT/视频制作精良	25		
总计	100		

第六章

学习劳动技能，传承优秀文化

　　三百六十行，行行出状元。不管是辛勤种田的农民，还是从事制造行业的工人，都是靠双手创造幸福生活的奋斗者，值得所有人尊敬。

　　教育家苏霍姆林斯基认为，"离开劳动，不可能有真正的教育"。大学生不应局限于黑板和课本，而应深入田间地头、工厂车间，学习传统劳动技能。只有这样，才能促进人的全面发展，进而成为知行合一的实干者。

第一节　懂农业，学农民，识农村

 课堂引例

走出象牙塔，大学生成为乡村振兴生力军

　　摘下一朵雄花，用手将花瓣向后推开，露出雄蕊，然后用雄蕊轻蘸雌花柱头……一大早，在同安区竹坝路上的一个育种基地里，几位年轻的农民正聚精会神地帮苦瓜进行人工授粉。

　　这群和蜜蜂"抢"工作的农民，平均年龄不到26岁。在这片面积约为50亩（约33333平方米）的育种基地里，他们只做一件事——苦瓜育种。

　　清秀娇小的小王是其中一员。两年前，毕业于福建农林大学的她应聘到基地当起农民。虽然每天脚踩泥土，和苦瓜为伴，但她乐在其中。小王说："我还有很多东西要学，当农民，我觉得挺好的。"

　　小王所在的育种基地共有21人，一半以上是农业相关高校毕业的本科生。"带头人"小汤被大家称为"苦瓜汤"。从西北农林科技大学毕业后，他本可以安稳做个白领，却在2010年决定下乡当农民，开始冷门的苦瓜育种工作，期望培育出备受农民欢迎的苦瓜品种。

一头连接着农民,一头对接着市场。小汤说,现在的"新农民"不仅要低头种田,也要抬头看市场。

他用中国的朝代来命名培育的苦瓜品种,"我生在农村,不少作物的品种都被国外垄断,我希望用自己所学来提升中国种子的影响力,菜农想种苦瓜不要找洋种子,就选我们国产的种子。"

随着都市现代农业的快速发展,农村涌现出一批像小汤一样有知识、懂技术、善管理的"大学生农民"。他们运用技术、品牌资本,为农业发展带来全新的生产方式和理念,成为引领都市现代农业发展的生力军,"让农业成为有奔头的产业,让农民成为有吸引力的职业,让农村成为安居乐业的美丽家园"。

【想一想】
(1)你如何看待大学生回到乡村从事农业劳动?
(2)农民有哪些值得你学习的地方?

中国是历史悠久的农业大国,中国农耕文化源远流长。中国是农业大国,中国人深受农耕文化的熏陶,对农民、农村怀有特殊的感情。感悟农耕文化中的劳动之美、学习农民的优秀品质、认识农村的地理环境和民风民俗,是我们职业体验的第一步。

一、中国农耕文化

农耕文化是通过农业耕种所创造和积累的、与农业社会有关的物质和精神文化的总和。几千年的农业生产是中国传统文化产生和发展的社会基础,也是中国农耕文化形成和发展的源泉。中国农耕文化是一种从未间断的文化,是中国劳动人民经过几千年生产生活的实践后,以不同形式延续下来的精华。

(一)农耕文化的体现

中国农耕文化集中体现在应时、取宜、守则、和谐四个方面。

1.应时

与农业生产联系最紧密的是时间与节气。古人把一年分为二十四节气,依节气安排农事活动。顺天应时是人们几千年来恪守的准则,不违农时是人们心中的"圣经"。应时,体现了人们对自然规律的重视。

古人在长期的生产实践中逐步认识到季节更替和气候变化的规律,他们结合天体的运行位置,把一年划分为二十四个节令,这就是二十四节气(图6-1)。二十四节气是中国农耕文化的重要组成部分,表达了人与自然之间独特的时间观念,蕴含着中华民族悠久的文化内涵和历史积淀。二十四节气不仅在农业生产方面起着指导作用,同时还影响着古人的衣食住行甚至是文化观念。

图6-1 二十四节气图

一般来说，上半年的节气在每月的6日和21日前后，下半年的节气在每月的8日和23日前后。民间流传着一首可以帮助人们记忆二十四节气的歌诀，即《二十四节气歌》。

节气表明一年中地球绕太阳运行的不同位置与四季寒暑的变化。勤劳聪慧的古人在确定二十四节气的名称时，也考虑到了气候、物象和农事活动的具体情况。例如，立春、立夏、立秋、立冬、春分、夏至、秋分、冬至八个节气，是预示季节转换的。小暑、大暑、处暑、小寒、大寒、白露、寒露、霜降八个节气，是反映气温变化的，其中前五个节气表示天气炎热或寒冷的时间和程度，后三个节气表示天气转凉，空气中水汽的不同凝结状况。而雨水、谷雨、小雪、大雪四个节气，表示降雨、降雪的时期和程度。惊蛰、清明、小满、芒种四个节气，反映了生物受气候变化影响而出现的生长发育现象与农事活动情况。

2. 取宜

古人很早就懂得根据不同土壤、地貌、季节、作物等，因地制宜、因时制宜、因物制宜地采取不同的种植方式及农业生产模式，也就是取宜。从南方的热带农业，到北方的寒带农业；从东部的沿海平原，到西部的山地高原，中国农业的地域类型多种多样，与此相适应的农业生产模式也多种多样。

3. 守则

则，即准则、规范、秩序，它是人与自然在长期互动中形成的实践原则。守则的主要内容是守范和当位。守范就是敬天崇德，规范社会各阶层、生活各方面的礼仪、秩序，使人们各当其位。所谓君子慎独，是指人们不仅要做到在公开场合守则，独处时更要注意自己的行为，勿逾越规矩。当位就是恪守职责，可以理解为一种敬业精神和责任感。在其位就要谋其政，行其事。"文死谏，武死战""居庙堂之高则忧其民，处江湖之远则忧其君""穷则独善其身，达则兼济天下"等，都表达了这个意思。守则是道德观和价值观的一种体现。

4. 和谐

中国农耕文化是人们通过农业耕种所创造和积累的，铸就了中华民族自强不息的精神，使中华民族在历经磨难后仍能不断发展壮大;铸就了形式多样的民俗文化,使人民的生活丰富多彩;铸就了中华民族以和为贵的理念,孕育了中华民族天人合一的思想,以及追求人与自然和谐、人与社会和谐、人与人和谐的思想。

(二)在农耕文化中感悟劳动之美

劳动美是人类在生产实践中合理调节人和自然关系的感性活动,是显现和外化的人的本质力量活动,正是生产劳动使美得以呈现,使劳动自身成为审美对象。马克思直接指出劳动创造了美,认为随着社会历史不断前进,劳动真正的美学性质才能完全恢复,生产劳动的美才会摆脱一切束缚充分展现出来。中国农耕文化是中华民族在长期的农业生产劳作中所形成的一种文化形态,蕴含着劳动的奋斗之美、和谐之美、创造之美。

1.农耕文化蕴含着劳动的奋斗之美

奋斗是通往人类美好未来的阶梯,劳动是奋斗者永远不变的底色。从采集、渔猎到农耕种植,古人在漫长的农耕时代所开展的农业劳动,无不体现着人们对劳动美、奋斗美的追求。这样一种奋斗之美集中体现在农具、田园诗、农谚、民俗、地方庙会、戏剧等农耕文化的各项载体之中。

仅从诗歌来看,"坎坎伐檀兮,置之河之干兮",展现的是古代热火朝天的伐木劳动;"锄禾日当午,汗滴禾下土",刻画的是唐代农民在烈日下锄禾而汗流不止的场景;"昼出耘田夜绩麻,村庄儿女各当家",描述的是宋代农村劳动人民夏日从早到晚的繁忙景象。当然,随着社会的发展和进步,传统农耕方式已经改变。图6-2为新疆棉花机械化播种与采收场景。

图6-2 新疆棉花机械化播种与采收场景

不管是在纯手工劳作的传统农耕时代,还是在机械化生产的现代农业时期,农耕文化中的劳动奋斗之美足以照耀古今。古时的许多农耕劳动场景在今天尽管已经一去不复返了,但是我们仍然可以从漫卷诗书中、从农耕文化的各种载体中追溯古人的劳动生活,感悟劳动的奋斗之美。

2.农耕文化蕴含着劳动的和谐之美

和谐是不同事物在一定条件下具体的、动态的、辩证的统一,表现为相辅相成、互利互惠、共同发展的关系。不同事物之间的和谐能够给人带来美感和舒适感。

中国传统文化强调天、地、人三位一体,交互作用,这也是中国古代宇宙观的基本内核。在这一思想的指导下,我国传统农耕方式基本上是以遵循自然法则、维护生物与环境和谐统一为基础的，随后又不断扩大到人与人、人与社会的关系。在农业生产中，春种、夏长、秋收、冬藏，是人们在遵循自然法则、依据二十四节气开展农耕生产活动的节奏和规律。这种农事节律又影响和决定着劳动人民的生活节奏，一些节气与民间文化相融合，演变成为固定的生活习俗。例如，清明时，要踏青、插柳、荡秋千，还要祭祖和扫墓；冬至时，除了北方吃饺子、南方吃汤圆的习俗外，也要祭祖。

可见，中华农耕文化蕴含着人们在劳动中所形成的人与自然、人与人的和谐之美。今天，我们仍然可以在对农谚、民俗节气、地方庙会的深入了解中，领悟古人的生活智慧和劳动的和谐之美。

3. 农耕文化蕴含着劳动的创造之美

中国农耕文化所散发的创造之美曾一度让世人惊叹。具体来看，一是新作物的培育和新农具的发明创造推动了精耕细作农耕模式的形成。长江流域一带大约在七千年前就已经驯化和种植了水稻，后又将其传播到世界各地；在农耕劳作中，古人发明和使用了耒（lěi）耜（sì）（图6-3）、铲、锄、镰等农具，由此产生了真正意义上的耕播。

二是对气候、物候变化规律的经验总结影响到千家万户的衣食住行。二十四节气、农谚等是农民在长期的生产实践中的经验总结，也是农耕时代社会生产、生活的时间指南。在当时不具备科学测绘仪器的条件下，古人在生产、生活中能对自然规律形成系统化认识，彰显出其超凡的创造能力和智慧。

图6-3 耒耜

三是数量众多的大型灌溉工程的修建调和了水资源和自然环境的矛盾。中国有17处水利工程入选世界灌溉工程遗产名录，占据了名录的四分之一。

在科技飞速发展的今天，我们不仅应走进灌溉工程现场，走进农具博物馆、农耕文化博物馆、农耕文化园，去感受农耕文化蕴含的创造之美，还应创造性继承、创新性发展传统农耕文化。

二、农民的优秀品质

千百年来，农事最辛劳，农民最辛苦。中国农民的奋斗，顶天立地；中国农民的创造，惊天动地。是他们用辛勤的汗水和默默的耕耘，让中国人把饭碗牢牢地端在了自己的手中。他们诚恳、朴实、敦厚、乐观的优秀品质，值得我们每一个人学习。

（1）诚恳。农民的诚恳品质体现在三个方面：一是为人诚实恳切，不虚假；二是行事光明磊落，敢作敢当；三是待人真诚，重承诺。

（2）朴实。农民普遍具有朴实的品质，踏实、质朴、诚实、不浮夸。

（3）敦厚。农民为人忠厚老实，不计较个人得失，对任何人都非常热心，只要有人需要帮忙，他们就会毫不犹豫地伸出援手。

（4）乐观。农民有一颗积极乐观的心，对于他们来说，生活就像一首歌那样轻快流畅。他们认为，笑着面对生活不仅能缓解身体疲劳，还能让生活更加多姿多彩。

榜样力量

1个"鸡别墅"，300天饲养周期，喂养50只鸡，能增收5000元。取得这项成果的，不是科研人员，而是湖北省咸宁市嘉鱼县高铁镇一群"80后"农民大学生，他们的带头人就是张亮。

1. 养鸡能掉的坑，我全掉进去了

张亮本不是养殖户。2007年，他从广州南洋理工大学毕业，在中山从事服装设计工作，经过几年打拼，月收入近万元。

2014年，张亮发现政府鼓励大学生回乡创业，有好的政策扶持，不少早回乡的伙伴日子越过越好。张亮说："爷爷、奶奶摔断了腿，家人大多在外打工，照顾老人成了难题。"于是，他下定决心回乡。

回乡后干什么？张亮开始琢磨这个问题。嘉鱼县高铁杨山村地处山区，土地不连片，荒芜地块多，但是空气新鲜，拥有丰富的生态资源。张亮认为，"其他村有养鸡致富的，我们村的环境也适合养鸡。"

万事开头难。张亮说："养鸡能掉的坑，我全掉进去了。买鸡苗被骗，想养'土鸡'苗买成'洋鸡'苗；鸡生病后胡乱医治，病死不少；冬天，鸡挤在一起取暖，导致窒息死亡；等等。"第一年，张亮赔了不少。

2015年，当地政府为返乡创业农民提供贴息贷款，张亮靠这笔贷款"东山再起"。随后，他一边参加村里组织的新型农业职业培训，学习养鸡技术；一边琢磨电商，拓宽销售渠道。

2. 这种养鸡方式，大家稳赚不赔

张亮通过与养殖户沟通发现，村里养鸡普遍存在饲料营养不均衡、饲养密度大、鸡粪堆积等问题，导致环境污染严重，鸡的产蛋率低且鸡蛋品质不佳。

通过改变养鸡环境能否改变鸡蛋质量？

经过几番设计改造，张亮设计出的鸡舍，被村民称为"鸡别墅"。"鸡别墅"是一个钢结构的活动板房，长、宽、高分别是1.8米、1.8米、2米；下层悬空，用于隔离鸡和粪便；上层安装了木质阶梯，满足鸡的攀高习性。这种"鸡别墅"最大的优点是方便搬移。

随后，经过严格的养殖实验，张亮和他的团队在2016年成立了嘉鱼县林下生态养殖专业合作社，专注于林下生态养殖，并总结出"135林下生态养殖模式"，即1亩林草地、1个"鸡别墅"、养殖300天、喂养50只、增收5000元。

"135林下生态养殖模式"风险低，门槛低，好推广，比较适合贫困户。2018年，

咸宁市扶贫办注意到这个模式，安排专项资金400万元用于推广，1个"鸡别墅"贫困户仅自付200元，鸡苗贫困户自付100元，由张亮的合作社统一供应鸡苗，做好免疫，进行免费技术培训，统一签订保底价回收合同，鸡苗由政府统一购买保险，确保养殖户无任何风险。"这种养鸡方式，大家稳赚不赔。"张亮说道。

3. 你有多少，我就帮你销售多少

养殖户的鸡蛋滞销时，张亮再次打下包票："你有多少，我就帮你销售多少！"微信接单、电话购物、社区拼团……能想到的方式，张亮都想试一试。通过积极开展线上营销、线下配送业务，土鸡、鸡蛋销路打开了，解了养殖户燃眉之急。

绿树村边合，青山郭外斜。蓝色屋顶的"鸡别墅"错落分布在树林间，分外美丽。谈及未来，张亮有点腼腆地笑了："我一直有一个梦想，就是希望能把养鸡合作社做成上市公司。作为一名新型职业农民，我相信自己能行！"

探究与分享

你来自农村还是城市？谈谈你眼中的农民吧。

三、农村民俗

一方水土，孕育一方民俗。民俗就是世代相传的民间生活风俗，尤其是在农村，不管是婚丧嫁娶，还是日常劳作和生活，无不与之息息相关。可以说，民俗文化底蕴深厚，内容丰富，神秘奇丽，粗犷中透着柔美，是一股来自人民、传承于人民，又深藏于人民行为、语言和心理之中的强大精神力量。

民俗文化不仅催生了乡村文明，推动了乡村发展，还发挥了凝聚民心、教化民众、淳化民风的重要作用。民俗文化涉及农村的生产、生活、娱乐等方面的习惯。下面仅介绍几个典型的农村民俗。

（一）贴窗花

窗花是古老的传统民间艺术之一，历史悠久，风格独特，深受国内外人士喜爱。同时，窗花也是农耕文化的特色艺术，农村的生活、地理环境、农业生产、社会习俗等，使这种乡土艺术具有鲜明的民俗情趣和艺术特色。过年贴窗花（图6-4），寓意吉祥如意。

（二）晒秋

晒秋（图6-5）是一种典型的农俗活动，具有

图6-4 贴窗花

极强的地域特色。很多山区的村民,由于所居之处地势复杂、平地极少,只好利用房前屋后及自家的窗台、屋顶来晾晒农作物,久而久之就演变成了一种传统农俗。

图6-5　晒秋

(三)舞狮

舞狮(图6-6)是中国优秀的民间艺术,每逢佳节或集会庆典,民间都以舞狮来助兴。舞狮一般由两个人合作表演,一人舞头,一人舞尾。表演者在锣鼓音乐中,装扮成狮子的样子,模仿狮子的各种形态、动作。在表演过程中,表演者还会以各种招式来表现南派武功,极富阳刚之气。

图6-6　舞狮

(四)闹元宵

元宵节也叫上元节,在农历正月十五。闹元宵(图6-7)是中国民俗活动,起源于汉代。这一天,人们合家团聚,吃元宵,赏月观灯,竞猜灯谜,大放焰火,耍"百戏"。正月

图6-7　闹元宵

十五闹元宵的习俗代代相传，经久不衰。

（五）清明扫墓

清明节是中国的传统节日，也是重要的祭祀节日。在这一天，人们会携带酒水果品、纸钱等物品，在亲人墓前供祭食物、焚烧纸钱，并为坟墓培上新土，在坟墓上压纸钱、垫砖头，让他人知道此坟尚有后人。人们也会在清明节到来之际，开展多种形式的祭奠先烈活动，缅怀先烈事迹，传承英雄精神。近些年来，随着人们环保意识的不断增强，越来越多的人选择以鲜花来祭奠。

（六）端午节吃粽子、赛龙舟

端午节吃粽子（图6-8）、赛龙舟（图6-9）是中华民族延续了数千年的传统习俗。粽子又叫角黍、筒粽，由来已久，花样繁多。端午节通常要包粽子、吃粽子，有些地方还会举办赛龙舟活动。端午节始于春秋战国时期，至今已有2000多年的历史。相传，这一风俗的形成是为了纪念爱国诗人屈原。

图6-8　吃粽子

图6-9　赛龙舟

（七）贴年画

年画是中国民间特有的一种绘画体裁，具有色彩鲜明、内容丰富、寓意美好等特点，是中国人民喜闻乐见的艺术形式。

贴年画（图6-10）是中国老百姓过年时一个比较普遍的习俗。每到除夕这天，家中的长

图6-10　贴年画

第六章　学习劳动技能，传承优秀文化

辈会把早已准备好的形象各异的年画贴在自己家的屋门及院门之上。大红色的对联配上花花绿绿的年画，顿时让整个房屋、院落都充满了过年的气氛。贴年画这一习俗寄托了人们对驱灾辟邪、风调雨顺、家宅安泰、平安吉祥、祈福迎财的美好愿望。

榜样力量

2017年末，27岁的成都青年张浩田辞去了原本稳定的工作，放弃近万元月薪，用积蓄在五线城市租下了一栋几乎闲置的土房，开始搬砖搭瓦。2018年春节，老房子改造出的民宿正式开张了，出乎他意料的是，仅通过朋友们在朋友圈帮忙发发照片，这家叫"栖下"的"土味"民宿（图6-11）就实现了开业后连续8天客满，而且还有预订了下个月房间的回头客。

图6-11 "土味"民宿

1. 一个成都"90后"的理想：回归乡野，回归本真

1990年出生的张浩田，是土生土长的四川成都人，大学毕业后顺利参加工作。27岁之前，他在成都求学立业，并在摸爬滚打中度过了五六年时光，虽说不上富裕，但父母在身边，生活也算安逸。但27岁之后，他决定改变人生轨迹。于是，2017年末，他选择"裸辞"。

张浩田说，在城里待得久了，就想像书上讲的那样，回归乡野，走近自然，看日出日落，体味乡间慢生活，一片瓦、一丛苔藓、一排篱笆……

张浩田的表哥表姐也都是对生活充满热情、对创业充满激情的年轻人，大家不谋而合，决定一起开一家民宿，由张浩田负责日常打理。

但民宿开在哪里，需要好好想一下。张浩田说："城市的人别墅、高楼住惯了，有很多人跟我一样，喜欢体验和回味那种儿时的感觉。但如果去丽江、大理这类地方开设民宿，不仅竞争激烈，而且风险也大。"

出于这些考虑，他们选择了凉山州西昌市。那里气候宜人，旅游资源丰富，并且随着雅西高速开通，西昌市正逐渐成为川内首选旅游目的地，加之成昆复线将在未来几年全面通车，会有越来越多的人选择来西昌度假。经过一段时间的考察，他们在以传统村落、古镇居民为主要特色，又毗邻邛海湿地公园的西昌市海南乡钟楼民宿客寨村，租下一栋老房子，开始着手设计、改造，并取名"栖下"。

2. 保留最原始的川西民宿风貌，数十年老房涅槃重生

因为坚持"回归"的理念，他们在保留"栖下"民宿原本的土木结构的基础上，对其进行了加固，使其呈现出浓浓的乡土气息和淳朴的民俗文化。8个房间各有特色，有的在夜里能看到星星，有的推开窗就是山水美景，有的能看投影电影，还有loft适合一家三口带孩子住。院子里，木头秋千上的小女孩露出了开心的笑容；露台上的中年人端着一杯茶，晒着太阳望着邛海；大木桌边，一个小男生正在写寒假作业，旁边一枝刚种几个月的三角梅爬在土墙上开了花……

看着眼前这些，张浩田说："这不就是诗和远方吗？""与其说这是一家民宿，不如说是一种生活方式。"张浩田说，他希望来"栖下"的旅人，都把这里当作自己记忆中的"家"，生火做饭、翻书喝茶、看海聊天，像朋友亲人一样相处。"在这里，可以有回忆，可以有温度，也可以有不同的生活体验。"

探究与分享

与同学分享你印象最深刻的农村民俗，并讨论民俗的价值有哪些。

第二节　知工业，学工人，通技艺

课堂引例

工匠之路

2019年8月，在第四十五届世界技能大赛中，广州城建技工学校的学生小陈和小李一起在4天的比赛中，用商品混凝土砌筑出高标准、高精度、高颜值的建筑作品，向世界展示了中国商品混凝土建筑的水平。

比赛现场，读图、放线、切割、钻孔、安装，各工序有条不紊地进行。浇筑时，约10吨商品混凝土要在20分钟内分4次浇筑完成，不可快也不能慢。注入后会不断产生气泡，要经过多次高频振捣让气泡"吐"出。接下来去除模具。趁着混凝土还"软"，细细抹平，让表面不留痕迹……

最后，比赛结果揭晓。小陈、小李夺得混凝土建筑项目金牌！在颁奖典礼上，两人挥舞着手臂，泪水不可抑制地流淌。那一刻，他们代表着中国，代表着中国千千万万技术工人获得了无比的荣耀。

世界技能大赛被誉为"世界技能奥林匹克"，是全球工匠最高水平的竞技平台。要想进入世界技能大赛，必须一路过关斩将。小陈和小李成功了，而两人的师弟小林、小谢则留有遗憾，拿到广东选拔赛第二名的他们，未能进入国家集训队。但他们立下了更远大的目标——"必须走到最后"。

事实上，小林、小谢的实力早已不容小觑。在2020年12月举办的第一届全国职业技能大赛上，他们荣获混凝土建筑项目金牌。过程殊为不易，他们要在规定时间里完成5个模块的比赛。比赛要求零误差，差1毫米就要扣分。最后，他们凭借高超的技艺、高度的默契和稳定的心态，出色地完成了比赛。

小林毕业后"破格"入职广州城建职业学院，拿到全国职业技能大赛金牌后又被"破格"聘任副高级专业技术职务，此时他才21岁；小陈留在广州城建技工学校任职，享受副教授待遇；小李考入一所本科院校继续读书；小谢参加全国职业技能大赛时还是学生，2021年毕业后入职母校担任实习指导老师。

20岁出头的"工匠副教授"，不多；技校毕业留校任教者，不多。一次次"破格"，也成为这些年轻人不断实现弯道超车的动力。2021年7月，他们四人被人力资源和社会保障部授予全国技术能手荣誉称号。

"究竟是什么精神在支撑着你们？"有人问这几位年轻人。

"工匠精神！"他们异口同声地说。他们说，一身水，一身泥，但精益求精，坚持到最后，就是好工匠。这些年轻人，正在工匠之路上矢志不渝地前行着……

【想一想】
（1）工人有哪些值得你学习的地方？
（2）中国的传统工艺有哪些？

工人阶级是新时代的见证者、创新者、建设者。了解中国工业文明的发展概况，可以从中体悟到"幸福都是奋斗出来的"的深刻内涵；学习工人的优秀品质，有助于我们继承和发扬敢于奋斗、勇于奋斗的优良传统；认识中国的传统工艺，是我们接力奋斗、精通自身"技艺"的基础。

一、中国工业文明

工业是现代化经济体系的重要基础，工业文明是现代经济社会发展的基础性文明。古代中国作为世界文明的重要发祥地，也曾孕育出工业文明的萌芽，四大发明、瓷器、造船航海、都江堰水利工程等成果至今享誉全球。进入近代，由于缺乏工业文明的支撑，中国逐渐在世界文明发展进程中落伍。中华人民共和国成立后，尤其是改革开放以来，中国建立了门类齐全的工业制造体系，人们的思想观念和行为方式发生了深刻变革，农业、轻工业、重工业协调发展，第三产业迅速发展，对外贸易迅猛发展，创造的"中国奇迹"令世界赞叹。

中国的工业文明孕育、发展于中国特色社会主义实践，与西方工业文明之路有着本质上的不同。十八大以来，党中央着眼于新时代经济社会发展新特征，提出新发展理念，实施"中国制造2025"等，标志着中国新时代工业文明思想已经形成。

中国工业文明发展建立在生态环境可持续、社会公正和人民群众积极参与的基础上，追求的是人民日益增长的美好生活需要不断得到满足、个人得到全面发展，同时又保护生态环境，实现中华民族永续发展。中国工业文明不仅思想理念领先，中国还拥有世第一的制造业规模，门类齐全、独立完整的产业体系，强大的综合配套能力，亿万高素质劳动者大军，并且在载人航天、超级计算、高铁装备、通信技术等领域处于世界先进水平。

二、工人的优秀品质

"嘿！咱们工人有力量！"这首几十年来妇孺皆知的歌曲，使中国工人坚强、豪迈的形象深入人心。中华人民共和国70多年的实践证明，亿万看似平凡的工人劳动者，在全世界挺起了中国的脊梁，在中国史乃至世界史上书写了辉煌篇章——鞍钢"三大工程"、南京长江大桥、三峡工程、南水北调、青藏铁路、港珠澳大桥、北京大兴国际机场、高速铁路、特高压输电、国产航母、国产大飞机……一个个标志性事件、一项项超级工程，改变了中国，惊艳了世界。

赵占魁、王进喜、时传祥、孔祥瑞、徐虎、郭明义……这些耳熟能详的名字昭告世人，70多年来，不管时代如何变迁，中国工人阶级始终站在时代前列。他们敢付出、有担当、勇奉献，值得我们敬佩、学习。

 榜样力量

"我曾经跨过山和大海，也穿过人山人海！"2020年1月28日上午，一阵歌声在黑龙江省大兴安岭嫩林线517公里处的铁道线上回荡。加格达奇工务段盘古线路车间工作队刚刚完成春运期间的线路检修作业（图6-12），在返回工区的路上，线路工付鑫和4名同事边走边唱。

图6-12　铁路工人开展线路检修工作

1. 大与小

25岁的付鑫来自哈尔滨，2019年大学毕业后，他和12名同学来到了盘古线路车间当铁路工人，前来接他们的工长姜洪对他说："盘古大，大到可以'开天地'；盘古也小，小到在地图上都找不到。"盘古镇位于黑龙江省大兴安岭地区塔河县，这里最低气温达-53.2℃，一年无霜期只有80多天。20世纪80年代，盘古作为大兴安岭重要木材出产地，当地人口曾经达到万人。"天保工程"实施后，大批林业工人举家搬离，如今的盘古只有不到800人。

盘古虽小，却责任重大。嫩林铁路是古莲河煤炭外运的重要通道，也是冬季沿线百姓上学、就医、采购生活物资的唯一通道。盘古线路车间就负责养护这里的69.1公里长的铁路线路。

2. 冷与热

"要知铁路苦,就得去盘古。"盘古的极寒天气让这个偏居北方的小镇成为铁路工作艰苦的代名词。

刚报到时,小伙子们只带来了冲锋衣和雪地靴,单位配发的大棉裤和棉鞋被他们丢在一边。他们说:"丑,还厚,穿上后连蹲都蹲不下。"然而,在体验了一次室外作业后,小伙子们再也顾不得"形象"了。

冬季钢轨易产生冻害,盘古线路车间管辖的线路都在山林之中,其中西罗奇二号隧道距离车间近40公里,需要先坐一个多小时的汽车,到了山岭,再走近40分钟才能到达。他们要带着400多斤的机具,再徒步走进隧道。在刺骨的寒风中一干就是6个小时,到了中午,几个人在雪地里生一堆火,吃着烤馒头,就算解决了午饭。

"虽然这里很冷,但我们心里是火热的。大伙一起保障铁路线路安全畅通,让沿线的老百姓过个安稳年,就是我们这份工作的意义。"付鑫说。

3. 去与留

盘古的苦,让年轻人打起了退堂鼓,姜博文给家里打电话诉苦,被付鑫无意间听到。

"在这里工作虽然苦,但也是一种难得的经历。'宝剑锋从磨砺出,梅花香自苦寒来'。只要坚持,就一定能有成果。这里的冰天雪地,就是我们的金山银山。等你成为工班长了,再给你妈妈打电话报喜,你妈妈会更高兴!"在晚上例行的"卧谈会"上,付鑫的这番话,让姜博文想通了。

想通了,工作就更加顺利。这批年轻人每天争着和师傅下现场,细心揣摩师傅们整治钢轨水平和高低时的"土办法"。下班后,他们也把大部分时间用在理论学习上,技术业务水平提高很快。

来了两年多,年轻人原本白净的脸庞变得微红,皮肤也糙了,可是他们却觉得很骄傲,说:"这就是勋章,纪念我们在最冷的地方'开天地',这多酷啊。"

4. 种与播

近两年,盘古线路车间里退休的老职工越来越多,年轻人逐渐成为维修工队的主力。25岁的杨浩因为技术业务过硬,在漠河线路车间担任维修工队班长;26岁的李强成长为塔河线路车间维修工队班长;26岁的付鑫在全段线路工技术比武中取得优异成绩,当选为维修工队第二任团支部书记。

曾经以苦闻名的盘古车间已然成为工务人才培养的"孵化站",很多人要在这里扎根安家。

探究与分享

你对工人有哪些印象?结合你的经历或见闻,与同学讨论工人有哪些品质值得我们学习。

三、传统工艺

传统工艺是指具有历史传承和民族或地域特色、与日常生活联系紧密、主要使用手工劳动的制作工艺及相关产品，是创造性的手工劳动和因材施艺的个性化制作，具有工业化生产不能替代的特性。

中国各族人民在长期社会生活实践中共同创造的传统工艺，蕴含着中华民族的文化价值观念、思想智慧和实践经验，是非物质文化遗产的重要组成部分。中国传统工艺涉及纺染织绣、服饰制作、编织扎制、雕刻塑造、家具建筑、金属加工、剪纸刻绘、陶瓷烧造、文房制作、漆器髹饰、印刷装裱、食品制作、中药炮制、器具制作等诸多门类，涵盖衣食住行，遍布各族各地。下面仅介绍其中几种传统工艺。

（一）刺绣

刺绣（图6-13）是指在织物上以色丝和线绣出花纹图案或字形的中国传统工艺品。刺绣工艺在中国至少有两三千年的历史，是中国传统手工艺之一，常用于生活服装、歌舞或戏曲服装、枕套、台布、靠垫、屏风、壁挂等装饰品。

图6-13 刺绣

著名的手工绣品种有苏州苏绣、湖南湘绣、四川蜀绣和广东粤绣，合称"四大名绣"。此外还有北京的京绣、温州的瓯绣、上海的顾绣等，产地不同，风格各异。中国的维吾尔族等少数民族聚居区也有各自独特的刺绣工艺品。

（二）玉雕

玉雕（图6-14）是中国最古老的雕刻品种之一，品种很多，除礼器、饰品外，还包括日用器皿、陈设品等。

图6-14 玉雕

玉雕是玉石经加工雕琢而成的精美工艺品。在制作过程中，工艺师需要根据不同原料的天然颜色和自然形状，经过精心设计、反复琢磨，才能把玉石雕制成精美的工艺品。这些作品有的具有很好的观赏属性，有的具有很好的把玩使用属性，或者两者皆有。

（三）木雕

木雕（图6-15）是指用木头雕刻成的工艺品，是来自民间的传统手工艺。讲究刀法和风格，以及

图6-15 木雕

利用木料本身的自然特点寻找其内在表现力，在表面色泽、纹理、结构等微妙的变化中相形度势，因材施艺。一般体型不大，在艺术上有独特趣味。大型木雕通常是木块粘拼制成的。

（四）景泰蓝

景泰蓝（图6-16）也称铜胎掐丝珐琅，俗名"珐蓝"，是一种在铜质的胎型上，焊上各种用柔软扁铜丝掐成的花纹，然后把珐琅质的色釉填充在花纹内烧制而成的器物。因在明朝景泰年间盛行，制造工艺精湛，运用的珐琅釉多以蓝色为主，故而得名"景泰蓝"。景泰蓝工艺精细复杂，纹饰繁缛饱满，线条细腻流畅，色彩晶莹华丽。

（五）陶瓷

陶瓷（图6-17）是由黏土及长石、石英等天然原料经混合、成型、干燥、高温烧制而成的耐水、耐火、坚硬的材料和制品的总称，包括陶器、瓷器、炻器等。中国是世界上最早使用陶器的国家之一，而中国瓷器因其极高的实用性和艺术性备受世人推崇。

图6-16　景泰蓝　　　　　　　　　　　　　图6-17　陶瓷

 榜样力量

  剑川木雕已有一千多年的历史，具有浓郁的地方民族特色。剑川木雕是木雕工艺手法中的一种，技艺精湛。剑川木雕工艺品多以浮雕为主，精美绝伦。在云南，但凡见到工艺精美的木雕作品，首先想到的就是"这手艺一定出自剑川师傅"。

  杨元松，剑川县羊岑乡兴文村人，十多岁就开始跟着剑川木雕师傅学习剑川传统的木雕技艺。2000年，学艺有成的杨元松也像先辈们那样，背着木雕工具离开了家乡。他来到丽江，开了一间自己的木雕店，几年下来，在丽江也小有名气。

  杨元松的作品以剑川传统木雕文化底蕴为基础，创造性地融入了纳西族东巴文化，还兼具彝族民族色彩。一向勇于创新的他，用颜色和重彩来表达木雕的技艺和意境，突出画面的兴趣点，拓展了剑川木雕的艺术领域与范围，作品凸显出来的民族色彩更加浓郁。这些融合了多民族文化特色的彩绘木雕，受到了广大游客的喜爱，成为丽江当地有名的旅游产品。他在丽江的生意蒸蒸日上，订单不断。2020年，杨元松获得了彩绘木雕的专利证书。

  杨元松在丽江发展得不错，可家乡的乡亲们还是守着自己的一亩三分地，生活比较艰难。随即，他萌生了把丽江的订单带回羊岑，让乡亲们在农闲的时候可以做做木雕，增加收入的想法。"现在的年轻人都外出务工，寻求发展机遇，总要有人回来带着乡亲们一起致富。彩绘木雕的发展空间大，如果能为乡亲们提供一个通过学习技艺来增加收入的平台，把家乡更多的人带动起来共同致富，那该多好。"2008年，杨元松毫不犹豫地放弃成熟的市场和资源，毅然回到羊岑，利用自己的特长，开办了新的木雕厂，从家庭作坊开始从头再来。

回乡十多年，杨元松通过开办免费木雕学习班，培训出120多名学员，其中20余人是残疾人，50多人家境贫寒，共提供就业岗位90多个。邻近地区的一些残疾人听说杨元松的木雕厂可以免费学习木雕，还包吃住，来的人也比较多。为了使这些残疾人学到一门手艺，让他们能够通过自己的双手自食其力，杨元松对他们进行了重点培训。为了能和他们进行良好的沟通，他还自学手语，创造了一套跟他们沟通的独有方式。

在杨元松的工厂里，摆放着各种成品与半成品。问到他赚了多少钱时，他笑了，说这些年投入太大，不仅花去了老本，还欠了银行很多贷款。

"困难是暂时的，作为一名党员，也是一名匠人，我要用党性和匠心带领、带动周围更多的人奔向幸福。现在看到他们的生活一天比一天好，我就很满足，觉得自己所做的一切都值了。"

这就是剑川县羊岑乡的彩绘木雕匠人——杨元松。

2017年9月，杨元松被聘为"剑川乡贤"，同年12月，被剑川县人民政府评为"剑川白族高级传统工匠"。2018年，在第十二届昆明国际民族民间工艺品博览会中，杨元松的作品《夏荷》被云南省工艺美术协会评为云南省工艺美术第十二届"工美杯"铜奖。

 实践活动

开展传统手工艺学习与制作活动

传统工艺主要由"技"和"艺"构成，兼具物质文化和非物质文化两种属性，体现着工匠精神和先贤的智慧，是中华优秀传统文化的重要组成部分。

传统工艺既表现为有形的东西，也蕴含着无形的知识。无形的知识有不同的表现形式，如技术规范、操作方法、口诀、意会知识等，这些都体现出人们的心灵手巧。请同学们根据自己的喜好，通过网络学习、拜访手艺人等方式，学习一种或多种传统工艺，亲身感受技能之美。班级举办工艺成果展览，每个人将自己制作的工艺品进行展示，并配解说词进行简短解说。

【活动记录】

活动要点：

活动难点及解决方案：

心得体会：

【活动评价】

教师可参考表6-1对学生实践活动的表现进行评价。

表6-1 实践活动评价表

评价标准	分值	分数小计	教师评价
活动准备工作做得充分，活动过程记录详细	10		
能介绍清楚工艺品背后的历史、文化	20		
能独立完成工艺品的制作	20		
制作的工艺品精美，有特色	20		
具有保护传统工艺的意识，愿意积极传承、发展传统工艺	30		
总计	100		

第七章

加强自我锻炼，激发创新活力

实习实训活动是大学生获得社会实践经验的有效途径。大学生在"做中学、学中做"的同时，不仅能够提高自身的动手能力、社交能力和实践能力，还能够培养创新意识和创新能力。在严峻的就业环境下，大学生具备创新思维，掌握创业相关知识，才能更好地适应将来的职场环境。

第一节　参加实习实训，开启职业人生

课堂引例

大学生实习心得

某高校近期开展了实习总结研讨会，各院系学生代表踊跃发言，分享自己的实习心得。

实习心得一：

我是经济管理学院的学生王亚。为期两个月的实习结束了，我收获颇丰。以前，我总以为自己的会计理论知识学得很扎实，实习时不会遇到什么难题。开始实习后我才发现，会计的实操性很强，做好会计工作仅靠理论知识是远远不够的。好在实习过程中，有许多前辈耐心地帮助我解决遇到的难题。

这两个月，我熟悉了会计工作的基本流程，掌握了记账、核算工资、编制资产负债表以及使用打印机等多项技能，也学到了不少为人处世之道。通过这次实习，我认识到了实践的重要性。

实习心得二：

我是机械工程学院的学生涂杰。在实习中，我被分配到加工车间，从事机械零件加工

工作。这3个星期,我学会了使用机床、夹具、量具等加工机械零件,初步掌握了典型机械零件的加工工艺。

这次实习让我受益匪浅,也使我认识到新时代大学生不仅理论要新,实践更要新,只有身处一线工作岗位,才能站在时代发展的前沿,把握时代发展的脉搏,成为合格的社会主义接班人。

【想一想】
(1)你参加过实习吗?
(2)你认为实习对大学生有哪些帮助?

一、实习实训的类型

实习和实训是大学生把学到的理论知识拿到实际工作中去应用和检验,以锻炼工作能力的途径。实习侧重于进行综合职业练习,全面学习与职业有关的技能和规范,一般在校外进行。实训则侧重于单项或综合技能的训练,可以在校内进行,也可以在校外进行。

(一)实习的分类

根据不同的标准,实习可分为不同的种类。根据开展阶段不同,实习可分为认知实习、跟岗实习和顶岗实习。

(1)认知实习是指大学生在学习专业课之前,到与本专业相关的用人单位参观、体验、调查,对所学专业形成初步认识的活动,如图7-1所示。

(2)跟岗实习是指不具备独立工作能力、不完全符合实习岗位要求的大学生,由学校组织到实习单位的相应岗位,在专业人员的指导下参与部分工作的活动。

图7-1 认知实习

(3)顶岗实习是指初步具备独立工作能力的大学生到相应的实习岗位,独立参与实际工作的活动。

此外,根据实习地点不同,实习可分为实地实习和远程实习;根据组织方式不同,实习可分为集体实习和分散实习。

 案例在线

远程实习热度高

随着远程办公的兴起,越来越多的公司开始提供远程实习工作,远程实习热度不断提高。

在黑龙江读大学的小王表示,远程实习最大的好处就是时间灵活。她说:"大多数实习工作要求在岗3～6个月，而我们的假期有限，很难满足这个要求。即使找到合适的实习工作，一个女孩在陌生的城市上班，也是非常耗时耗力的，更何况还有安全方面的顾虑。"

远程实习是多数大学生的绝佳选择，因为工作时间、地点自由，大学生在增加实习经验的同时还能赚点零花钱。小王现在就在做一份远程实习工作，负责运营一个新浪微博动漫账号。小王是通过学校内部论坛找到这个实习机会的，她觉得相比于社会上的求职网站，校内的平台比较可靠。

打开求职网站，可以看到多种多样的远程实习工作信息。小王所做的线上运营类工作，无疑是适用人群最多、门槛最低的远程实习工作了。一般来说，线上运营类工作对学历和专业的要求不高，但要求求职者有一定的文字功底和排版技能，还要有一定的热点捕捉能力。当然，这对大学生来说并不是难事。

至于薪酬，很多公司承诺一天80～120元，校园推广、海报设计、美工、淘宝客服、线上HR、翻译……还有很多远程实习工作等待"解锁"。只要愿意寻找，相信每个人都能找到适合自己的远程实习工作。

（二）实训的分类

实训也可以根据不同的标准进行分类。根据实训地点不同，实训可分为校内实训和校外实训；根据实训内容不同，实训可分为通用技能实训和专项技能实训。

二、实习实训的意义

实习实训对大学生意义重大，主要体现在以下几个方面。

（一）提高大学生的职业素养

许多大学生对自己将来要从事的工作没有系统的认识，也没有树立正确的职业价值观。通过参加实习实训，大学生可以充分认识自身的水平与岗位需求之间的差距，找准自我定位，树立正确的就业观、择业观，培养爱岗敬业、奉献社会的职业道德素养。

（二）增强大学生的实践能力

"一说就会，一做就废"现象在大学生中极为常见。许多大学生在掌握一定的理论知识后，极少有机会将其运用于实际，导致理论和实践严重脱节。在实习实训过程中，大学生可以亲自动手操作（图7-2），在真实或仿真情境下反

图7-2 大学生亲自动手操作

复锻炼技能，不断增强实践能力。

（三）丰富大学生的人生阅历

对于大部分大学生来说，步入社会的第一步就是找到一份工作。然而在求职的路上，很多大学生因为没有工作经验、缺乏社会阅历而与心仪的工作失之交臂。工作经验和社会阅历是大学生在校园里学不到的。借助实习实训，大学生能够开拓视野，丰富人生阅历，为成长成才打下基础，缩短毕业后适应社会的时间。

 案例在线

走出象牙塔，绽放生命花

实习对于每一个大学生来说都是一次考验，也是一次获得成长的经历。

1. 我想在实习中有更多收获

"我觉得在学校和在实习单位，应具备的责任心是不一样的。在学校，只要认真上课，完成作业就行了，但是在实习单位，必须要有很强的责任心，"在青海省西宁市某政府机关实习的小磊说道，"我已经实习一个月了，感觉还不错，虽然每天的工作就是收发文件，写材料，但是就在这看似简单的工作中，我学到了很多东西。"

在某公司做宣传策划的小李就不那么快乐了。"累死了，我每天都要写宣传简报。"小李说道。

小李住的地方在城市的西边，而他实习的地方在城市的东边。他每天早上不到7点就要起床，简单洗漱一下就赶往公司，然后不停地写稿、改稿……"以前在学校社团，我也负责写材料，自认为写得还不错，但是现在……"小李摇摇头说，"没办法，在学校里学的都是理论，而现在是实际工作，还得重新开始，我想在实习中有更多收获。"

2. 在实习中寻找人生的快乐

"我在实习中遇到的最大困难就是不能完成领导所布置的任务，有的是真的不会做，有的是因为马虎而做错了。做错了还可以改正，如果不会做又找不到可以请教的人，那种痛苦真是难以诉说。但是，在实习中可以获得很多快乐。"青海建筑职业技术学院的小姚说道。

对于实习，每个大学生都有自己的看法。据了解，大学生初次选择工作时，主要考虑父母的期望、个人的兴趣、所学专业和社会对人才的需求。在某律师事务所实习的小金说："我觉得还是个人兴趣比较重要，毕竟未来的道路还是要自己走下去，如果完全顺从父母或者盲目随大流而选择自己不喜欢的工作，那以后的生活也太枯燥了。当然，如果父母和自己的想法一致，那就再好不过了。"

3. 早起的鸟儿有虫吃

据悉，许多高校在大学生即将毕业之前，都会要求他们实习。但有些大学生认为实习时间过早，自身的基础知识不扎实，如果专业不对口，可能会影响实习效果。

来自青海师范大学物理系的小田说："俗话说，早起的鸟儿有虫吃。大二时，很多同学在寒暑假期间做兼职，他们说这样可以获得更多的工作经验。由此可见，还没毕业就开始实习其实并不早。"

通过一段时间的实习，小田学到了很多东西，特别是学会了怎样和同事相处。"我发现在大学学到的理论知识并不会全都在工作中得到运用，工作中更重要的是工作能力而不是理论知识。所以，在实习期间，即便专业不对口，也可以从中学到很多知识，有利于未来的职业选择。"小田说。

实习已经成了大学生从校园走向工作岗位的必经之路。在实习过程中，大学生不仅能收获工作经验完善未来计划、增强竞争优势，而且能为以后的人生道路夯实基础。

三、实习实训的要求

大学生在实习实训初期、中期和结束时，都应做好相应的工作。

（一）实习实训初期

（1）熟悉环境，不做局外人。进入实习单位后，应尽快熟悉环境，了解实习单位的有关规章制度、人事结构，以及岗位配套的各种设施、工具的用法。

（2）熟悉业务专业词汇。对同事、老师提及的业务专业词汇，如果不了解，则应第一时间请教他人或查阅相关资料，做到心中不留疑。

（3）多听、多想、多学。凡事多留心，少说多做，同时抓紧时间充实自己，对实习实训的内容和流程了然于胸。

（二）实习实训中期

（1）严于律己。用正式员工的标准要求自己，严格遵守实习单位的规章制度，及时汇报实习实训进度。

（2）勇于担当。遇到问题先想解决办法再寻求帮助，保质保量按时完成既定工作，积极主动寻求新任务。

（3）笃行不忘笃学。学会回顾工作、总结经验、反思不足。认真思考实习实训的重点环节是什么，自己有哪些问题，如何改进，如何避免出错，如何更好地应对突发状况，等等。

 拓展阅读

如何成为优秀的实习生

1. 积极主动，强化工作意识

实习生必须明确自己到实习单位是来学习、实践的，知道自己要做什么、该做什么。要想取得良好的实习效果，实习生就要仔细阅读实习单位的相关资料，明确实习单位的运行机制和人事结构；强化工作意识，工作时全身心投入，不做与工作无关的事情，如聊天、

玩手机等；主动向他人请教，主动帮助他人；不迟到，不早退。

2.千里之行，得从小事做起

实习生一没有工作经验，二缺少人脉关系，要获得实习单位的认可，只有认真、主动地工作。如果实习单位不分配任务，实习生就要学会自己找事情做，如主动送文件、寄快递等，力争把每一件小事做好、做到位。

3.谦虚学习，尊重领导同事

实习生刚踏入社会，缺乏实际工作经验，办事情、处理问题的能力可能不如其他同事。实习生只有保持一颗谦虚之心向同事学习，尊重同事，自身的能力才会提高。

4.勇于创新，善于分析思考

创新是一个民族进步的灵魂，是一个国家兴旺发达的不竭动力。同样，创新也是实习单位永葆生机的源泉。思路决定出路，实习生要善于观察，养成积极思考的好习惯，积极探索新路子、寻找新方法。

5.勇担责任，保持工作激情

一个对自己的工作有高度责任感的人，会花更多的时间提升自己，也更值得领导信任。实习生无论处在哪个岗位，都要重视自己的工作，对工作满怀热情，做到在其位、尽其责，精益求精，一丝不苟。

（三）实习实训结束时

（1）开具实习说明。实习生应请实习单位出具一份实习说明，并签字盖章。实习说明中应写明实习岗位、实习过程中完成的任务、实习评价等。

（2）写好实习总结。及时做好总结，争取在以后的工作中做得更好。

 案例在线

"旗帜引领"
2021年"扬帆计划·中央和国家机关大学生实习"启动

2021年7月18日，2021年"扬帆计划·中央和国家机关大学生实习"在中国人民大学启动。来自全国156所、海外18所高校的770名实习学生，47个中央和国家部委、34所在京高校的团委负责同志，线上线下一同参加启动仪式和培训会。

会议指出，中央和国家机关大学生实习，是贯彻落实习近平总书记关于青年工作重要思想的积极探索，是共青团发挥组织优势加强对大学生联系服务的创新实践，是中央和国家机关促进大学生成才成长的务实举措，自2014年实施以来，为大学生受教育、长才干、作贡献搭建了重要平台，取得了积极成效。

会议提出如下要求：

（1）实习学生要深入学习习近平总书记在庆祝中国共产党成立100周年大会上的重要

讲话精神，利用在机关政务实习的契机，学好一部党史，学史明理、学史增信、学史崇德、学史力行，更加深刻理解中国共产党为什么能、马克思主义为什么行、中国特色社会主义为什么好，更加牢固树立"四个意识"、坚定"四个自信"、做到"两个维护"。

（2）实习学生要值好一班岗，珍惜实习机遇，强化政治意识、工作意识、岗位意识、责任意识，立足岗位勤奋学习、勤勉工作，学习践行国家公务人员优良作风，学习了解把握"国之大者"，在岗位历练中提升专业水平和工作能力。

（3）实习学生要读好一本书，通过认真学习《习近平与大学生朋友们》，更加深刻感受总书记的领导艺术、人格风范、人民立场、务实作风和对青年学生的关心关爱，更加深刻领悟总书记对大学生学习、实践、择业、发展的要求，志存高远、脚踏实地、行循自然，更加自觉地把青春奋斗融入党和人民的事业。

第二节 激发创新活力，共筑创业梦想

大学生创业靠专业

大学生如何基于专业开展创业活动？投资者更看重哪种创业方式？

某知名教育专家认为，大学生创业最大的优势就是专业，"基于专业进行创业已变成一种新的趋势"。之前的模式创业强调高流量、低成本，为了获取更多的流量，创业者会通过赠送、给予补贴等手段快速占领市场，但模式创业的最大问题就是可复制性强。只有提高创业项目的技术含量，才能降低这种可复制性。大学生恰恰拥有在专业领域进行深耕的基础。

南京科技职业学院的大三学生小朱有过一次失败的创业经历。那次创业项目是搭建互联网创业服务平台，帮助创业者解决在创业过程中遇到的问题，包括PPT定制、计划书撰写、资金申报、公司注册等方面的问题。但是因为没有核心竞争力，自己的项目很快就"流产"了。

不久后，小朱与机电一体化技术专业的同学一起合作，再度创业。小朱说："我和我的合伙人都喜欢骑行，在骑行过程中，我们经常会遇到无法确定队友位置、无法确定前后方交通情况等问题。为了解决这些问题，我们两个机械专业出身的人研发了智能背包和智能骑行把立（自行车两个把手之间的零部件）。"

小朱坦言，之前搭建互联网创业服务平台失败的原因就是不了解互联网创业服务平台，定位不准确。而基于专业的创业模式，不但有技术壁垒，而且需要对市场把控更精准，对问题分析也更准确，这正是我们所擅长的。在发展过程中出现问题，我们可以通过向老师

请教和查找专业资料予以解决，投资者也更认可这种创业模式。

"时代在变，方法在变，思维在变，模式在变。"在温州大学创新创业学院院长看来，创业如在激流中游泳，不进则退，大学生必须通过不断地学习去提升能力。

【想一想】
（1）你参与过创新创业活动吗？
（2）你认为创业成功需要具备哪些条件？

一、培养创新创业思维

（一）培养创新思维

创新思维是指人脑对客观事物的未知成分进行探索、发现和提出新问题，设计新方法，开创新途径，解决新问题的过程。创新思维有很多种，创业者可以着重培养以下几种。

1. 逆向思维

逆向思维是对司空见惯的、似乎已成定论的事物或观点反过来思考的思维方式。在日常生活中，对于运用常规思维难以解决的问题，运用逆向思维反而有可能轻松解决。例如，当小伙伴落入水缸急需施救时，常规思维是"救人离水"，而少年时期的司马光面对险情，却运用了逆向思维，果断地用石头把水缸砸破，"让水离人"，从而挽救了小伙伴的生命。

案例在线

巧使货车通过桥洞

一名司机在驾驶货车通过某处桥洞时，因未看清桥洞的高度标记，导致货车卡在了桥洞里。为了让货车通过桥洞，司机想了很多办法，如用人力推、卸下车上的货物等，但都无济于事。这时，一个小孩走了过来，笑着说："你为什么不把车胎的气放一点出来呢？这样车身的高度不就降低了。"司机一想，觉得这确实是个办法，于是便放了一点车胎的气，货车的高度果然降低了。最终，货车顺利地通过了桥洞。

这个故事告诉我们，运用常规思维有时不但不能解决问题，反而会使我们的思维受到束缚。这时，让思维适时地"转弯"，从相反的方向去思考，往往会引出新的思路，使问题迎刃而解。

2. 发散思维

发散思维又称辐射思维、求异思维，是指寻求变异和多种答案的思维方式。

俗话说，条条大路通罗马。面对一个问题，我们应从多个角度进行思考，从而形成诸多新颖、独创的方案，以为确定最终方案提供参考。

> **拓展阅读**

思维导图

思维导图又称心智导图，是一种表达发散思维的图形思维工具。它运用图文并重的技巧，将各级主题的关系用有隶属关系的层级图表现出来，使主题关键词与图像、颜色等形成链接，便于记忆。此外，思维导图遵循记忆、阅读、思维的规律，有助于人们在科学与艺术、逻辑与想象之间平衡发展，从而激发人类大脑的无限潜能。

人类大脑的自然思考方式是放射性思考。每一种进入大脑的资料，不论是感觉、记忆还是想法，都可以成为一个思考中心，并由此中心向外发散出成千上万个节点，而每一个节点又可以成为另一个思考中心，再向外发散出成千上万个新的节点，呈现出放射形立体结构。这种放射形立体结构就是思维导图的雏形。

思维导图既可以手工绘制，也可以借助计算机软件绘制。手工绘制思维导图的步骤如下：

（1）准备纸和笔。

（2）在纸的正中央写下主题内容。

（3）从主题出发，绘制较粗的线条作为一级分支，然后用关键词为每条一级分支命名。

（4）从每条一级分支出发，再绘制发散的线条作为二级分支，并用关键词为每条二级分支命名。

（5）依此类推，绘制各级分支，并添加相应的关键词。

3.集中思维

集中思维又称聚敛思维，是指在发散思维的基础上，将获得的若干信息或思路加以重新组织，使之指向一个正确的答案、结论或方案的思维方式。具体说来，就是对发散思维提出的多种设想进行整理、分析、选择，再从中选出最有可能、最经济、最有价值的设想，并加以深化和完善，从而获得一个最佳的方案。

4.联想思维

联想思维是指由一事物的表象、动作或特征联想到另一事物的表象、动作或特征的思维活动。人们常说的"由此及彼""由表及里""举一反三"等就是联想思维的体现。联想思维的形式一般分为如下几种：

（1）接近联想。接近联想是指由一种事物联想到另一种在时间或空间上与其相接近的事物。例如，由"桃花"联想到"阳春三月"，由"蝉声"联想到"夏日炎炎"，由"落叶"联想到"秋风萧瑟"，由"梅花"联想到"寒冬腊月"，等等。

（2）类比联想。类比联想是指由一种事物联想到另一种在性质、形态上与其接近或相似的事物。例如，由"大海"联想到"海浪"，由"鸟"联想到"飞机"等。又如，文艺作品中用"暴风雨"比喻"革命"，用"雄鹰"比喻"战士"，等等。

（3）对比联想。对比联想是指由一种事物联想到另一种与其具有相反特点的事物。例如，由"白"联想到"黑"，由"高"联想到"矮"，由"胖"联想到"瘦"，由"高兴"联想到"忧伤",由"自由"联想到"禁锢",由"朋友"联想到"敌人",由"战争"联想到"和平",等等。对比联想使人容易看到事物的对立面,对于认识和分析事物有重要的作用。

探究与分享

你能举出几个体现联想思维的例子吗?

5.逻辑思维

逻辑思维又称抽象思维、概念思维,是指人们在认识事物的过程中借助概念、判断、推理等思维手段,能动地反映客观现实的思维方式。只有运用逻辑思维,人们才能把握事物的本质和规律。逻辑思维代表了人的认识的高级阶段,即理性认识阶段。

6.灵感思维

灵感思维是指人们在接触事物及思考的过程中,因受到某种启发而突然找到解决问题的方法的思维方式。它是在抽象思维和形象思维的基础上产生的顿悟式思维。

灵感思维具有偶然性、突发性等特点,通常是可遇而不可求的。我们要善于抓住灵感思维,并对其进行深入的思考和研究,以促进新生事物的产生或疑难问题的解决。

案例在线

大学生打造校园旅游平台

因为爱"穷游",两名大学生合伙创立了专为大学生服务的校园旅游平台。平台试运营后,业绩甚至超过一些传统旅行社。更让两人意想不到的是,平台还获得了高额投资。

1. 创业灵感来自糟糕经历

小徐和小敏是安徽农业大学的大四学生,就在其他同学忙于找工作时,两人的创业项目——"嘻游记"已经步入正轨。"嘻游记"被大学生亲切地称为最懂大学生的校园旅游平台。

创业灵感的迸发,离不开生活的启迪,而他们创立校园旅游平台源于一次糟糕的旅游经历。大二暑假,小徐召集了7个同学去云南旅游,其中就有小敏。"做旅游预算时发现,无论怎么节约,每个人都要花3000元。"小徐说。对于大学生来说,这是一笔不小的费用。思前想后,众人还是选择了报旅游团。但意想不到的是,由于小徐等人在旅游过程中花销太低,旅游结束时每人还得补缴600元团费。

五天四夜的云南行,留给小徐的却是异常糟糕的回忆。"两天耗在车上,两天耗在购物场所,半天花在走马观花的照相上,半天花在卫生间排队上……"此后,小徐萌发了创立校园旅游平台的想法,该想法吸引了小敏的注意。

2. "硬面包"获得了高额投资

相较于普通旅游市场,校园旅游市场规模不大。大学生有限的消费能力、相对集中的出游时间,无不成为校园旅游经营者盈利的制约因素。小徐和小敏却偏偏选择了这块不好啃的"硬面包",创业起步时,周围很多人都不看好。

为了将校园旅游与常规旅游区别开来，两人想了不少方法：将热门综艺节目里的游乐环节放置到景区内，只做精品线路不求数量，创业团队只招募在校大学生，等等。在小徐的记忆中，创业之后最难入眠的夜晚莫过于首发旅游团开团的前一夜："担心能不能招满一车人，担心行程安排是否符合游客的期待，担心出行的质量……"让两人没想到的是，首发旅游团开团就有百余人报名，最终出行人数也远远超出预期。

"嘻游记"3月开始试运营，一个季度的时间未到已经取得了喜人的业绩。据小徐介绍，"嘻游记"刚开始只有4条旅游线路，但每条线路每周都有约300人报名。与业绩一同增长的，还有"嘻游记"旅游创业团队的加盟人数。

成功的喜悦不仅如此，"嘻游记"还意外获得了一笔高额投资。技术、运营经验、资金三要素齐备的"嘻游记"在庞大的旅游市场中开辟了一条属于自己的发展道路。

（二）培养创业思维

创业思维是一种能够帮助创业者做出合理决策的思维，包括商业价值思维、协同发展思维和应变思维。

1. 商业价值思维

好的创业项目必须具有商业价值，创业者发现创业机会、撰写创业计划书、整合手中的资源等，都建立在对商业价值的判断之上。培养商业价值思维，要求创业者以市场为导向，关注市场变化趋势，敏锐捕捉商机。

2. 协同发展思维

仅依靠个人力量是无法成功创业的。要想创业成功，创业者需要培养协同发展思维，整合和利用资金资源、劳动力资源、信息技术资源、社会关系资源等，与其他企业积极合作。

3. 应变思维

创业活动是在动态环境中开展的，包含了大量的不确定因素，这就要求创业者具备应变思维，能从不同角度寻求解决问题的办法。创业者要想培养应变思维，一方面应掌握必要的创业基础知识，另一方面应多学习优秀企业案例，了解这些企业的管理者是如何应变的。

 案例在线

大学生靠应变思维创业成功

小何是重庆某大学市场营销专业的一名学生，大三时，他在网上发现了一个连锁酸奶店的经营项目，并两次专程去北京考察其运作情况。他在北京看到，这家连锁酸奶店很受欢迎，一个店每天要卖近500杯酸奶，收益相当可观。

此时，恰好有人在重庆大学某校区附近开了一家酸奶店。尽管这家酸奶店的生产技术和管理模式并不成熟，但生意还算不错。于是，小何更加坚定了创业方向，打算在重庆开酸奶店。为方便以后扩张，他多方筹集了25万元，拿下了此项目在重庆地区的总代理权，并免费获赠了一套甜品制作和封装设备。

小何发现,很多北方人都将酸奶看作日常生活的必需品,不大在乎价格。但重庆人认为酸奶只是偶尔品尝的甜品。于是,他根据自己的经营理念,对店面形象、产品定价、产品口味搭配等进行了调整。

小何将第一家店设在步行街,而非住宅区或者学校附近。因为在他看来,人流量大的地方才有更多的潜在消费者。他将店面装修得时尚、明亮,并改良了产品的口味和包装,以迎合大学生、白领等消费群体。

新店开张后,周末一天可卖出近400杯,而周一到周四,日均销量只有周末的一半。一个月下来,这家店的净利润在1万元与1.6万元之间。据小何透露,不出半年,他就收回了装修费等单店投入成本,还赚了几万元。

按照这一思路,小何又投入5万余元,在某商场内开了第二家店。让他没想到的是,这家店的生意比第一家店还好。开业半年来,这家店每月都能为他带来几万元的收益。

二、掌握创业知识

(一)创业者应具备的基础知识

为提高创业的成功率,创业者应具备以下基础知识。

1. 专业知识

专业知识是创业者知识结构的核心部分,其中最重要的是专业技术能力,即创业者掌握和运用专业知识进行专业生产或专业服务的能力。创业者只有在实践中不断学习、积累,才能充实专业知识,提高专业技术能力。

2. 管理知识

企业经营离不开管理。所谓管理,就是通过计划、组织、控制、激励和领导等环节来协调人力、物力和财力资源,以便更好地完成组织目标的过程。创业者要想取得成功,必须学习管理知识,并将这些知识运用到日常的管理实践中。

3. 营销知识

将产品或服务顺利推向消费市场,是创业成功的第一步,这就要求创业者具备一定的营销知识。营销知识包括市场调查知识、消费心理知识、定价知识和销售渠道知识等。

4. 财务知识

财务管理活动是每个创业企业都绕不开的管理活动之一。财务管理活动出现失误,很可能引发财务风险,进而导致创业失败。因此,创业者必须掌握一定的财务知识。财务知识包括货币金融知识、资金核算及记账知识、税务知识等。

5. 法律知识

社会主义市场经济本质上是法治经济。随着我国经济体制的逐步成熟与完善,相关法律法规已经渗透到生产、交换、分配、消费等各个环节。创业者必须主动学习法律知识，了解关于企业设立与经营的法律法规。

（二）获取创业知识的途径

大学生可以通过以下途径获取创业知识：

（1）借助媒体，如报刊、电视、互联网等。

（2）和老师、同学、商业人士交流。

（3）参加创业竞赛。

拓展阅读

全国大学生创业服务网

全国大学生创业服务网（图7-3）是教育部唯一专门宣传、鼓励、引导、帮助大学生创业的官方网站。该网站于2011年3月29日开通，由全国高等学校学生信息咨询与就业指导中心负责网站的具体运营。

图7-3　全国大学生创业服务网

全国大学生创业服务网可为大学生提供"互联网+"大赛支持、创业项目对接、创业培训实训、政策典型宣传、创业专业咨询等服务。大学生可登录该网站，查询与创业有关的信息。

（三）常见的创业模式

1. 创办新企业

创办新企业是最常见的创业模式。与其他创业模式相比，创办新企业的难度和风险更大，但创业者从中获得的成就感也更高。创业者创办新企业不仅需要具备吃苦耐劳的品质，还要具备一定的社会关系。

2. 内部创业

内部创业是由企业内部有创业意向的员工发起，在企业的支持下承担企业内部某些业务或工作项目，并与企业分享成果的创业模式。这种创业模式不仅可以满足员工的创业欲望,同时也能激发企业内部活力,改善企业内部分配机制,使员工和企业实现双赢。由于有企业的资金支持及通畅的产品、服务营销渠道,内部创业风险较小,成功概率更大。

3. 加盟连锁

加盟连锁又称特许连锁,是指连锁企业以签订特许协议的方式,将其店名、经营模式以及所经营的产品转移给系统之外的商店使用,对其进行统一配货及业务指导,同时要求其按企业的统一要求开展经营。作为回报,连锁企业会向加盟者收取加盟费。

加盟连锁是一种较为省心的创业模式,但加盟费用可能较为昂贵。创业者应对连锁企业的市场竞争力、口碑、盈利模式等有较为清楚的了解后,再决定是否加盟。

4. 经销或代理

经销是指经销商依照约定的条件,取得其他企业的产品所有权,然后卖出这些产品,赚取进货价和销售价差额的经营方式。代理即"代企业打理生意",代理商并未取得其他企业的产品所有权,而是代替企业销售产品,从中赚取代理佣金。

创业者选择经销或代理的创业模式,难点在于与企业建立权责分配合理的、明确的合作关系,并确保经销或代理的产品能够得到消费者的认可。

(四)适合大学生的创业项目

1. 开设寝室商店

在不违反学校寝室管理规章制度的前提下,大学生可以将同学作为目标客户,在寝室内出售零食、生活用品或者提供理发、打印、照相、手机贴膜等服务。

案例在线

大学生寝室开"理发店",生意红火

四川某学院男生在寝室开"理发店"的消息已经传遍了学校。

1. 自购设备,手艺得到室友的肯定

19岁的小丁是四川某学院新能源汽车专业大一的学生。"进入大学后,我就想做点什么来挣生活费,"自认为对发型颇有研究的小丁说,"从高中起我便常常为自己理发,没学过,经常剪得不整齐。高三的那个寒假,我去理发店做了半个月兼职,虽然只是打杂,但我有空就观察理发师如何理发。虽然理发师没怎么教过我,但半个月下来我还是对理发有了一些了解。"

小丁说:"进入大学后,有一次我参加学校的职业规划比赛,萌生了一边学习、一边利用课余时间创业的想法。"考虑到理发店理发每次至少30元,自己对理发也有些了解,小丁便花了200多元购置剪刀、梳子、电推剪、夹子、围布等工具,准备为自己理发。

为自己理完后,小丁感觉还不错,室友小光也决定试试小丁的手艺。得到室友的肯定后,小丁每天利用课余时间在网上看视频学习理发技巧,一边学一边继续为室友理发。没多久,在室友的鼓励下,小丁在寝室开起了"理发店",为全校男生提供服务。

2. 价格实惠，顾客源源不断

"班上51个男生，有一二十个找我理过头发。其他班的同学也有不少找我理过头发，几乎每天都有一两个。"小丁说。小丁的"理发店"只负责理发，不负责洗头发，收费很便宜，大多是五六元，最贵不过八元。"觉得我理得好的同学，会多给我一两元。觉得理得不好的，我一分钱不收。"

"他理得还不错，和外面的理发店相比，也很便宜。"找他理过头发的同学说。小丁表示，他开"理发店"只是希望挣点零花钱，够每天吃饭就行。

3. 学校鼓励创业，免费提供场地

"对大学生而言，开理发店虽然不是技术含量很高的创业项目，但很贴近生活。"该学院的张院长表示。国家大力支持大学生创新创业，学校也很重视，得知小丁开寝室"理发店"的事后，学校决定免费为小丁提供一个工作室，让其带领一个团队创业，并帮助其申请创业资金。

张院长还说，学院将大学生创新创业纳入了人才培养计划，学校也正在搭建创新创业平台，成立创新创业中心，鼓励更多的大学生创业。

2. 开设网店

电子商务的蓬勃发展，为大学生网络创业提供了契机，开设网店成为许多大学生青睐的创业项目。但应当注意的是，运营网店需要耗费大量的时间，大学生应合理分配自己的时间，不能耽误学业。

三、撰写创业计划书

创业计划书是指创业者在正式启动创业项目之前，基于对整个项目的调研与分析结果，对创业项目进行全面说明的计划性文件。它是对创业过程的系统规划，可用于指导创业筹备与运营工作，也可用于向相关人士说明创业计划，争取合作伙伴加入和投资人的资金支持。一份优秀的创业计划书往往能帮助创业者旗开得胜。

（一）创业计划书的内容

一般来说，创业计划书应包括以下内容。

1. 摘要

摘要是创业计划书的精华，涵盖了创业计划书的要点。摘要应做到一目了然，以便投资者在最短的时间内了解创业项目并做出判断。

2. 项目描述

项目描述主要包括拟建企业基本情况描述和产品基本情况描述。

（1）拟建企业基本情况描述包括企业名称、性质、宗旨、组织结构、经营范围和未来

发展目标等。

（2）产品基本情况描述包括产品的名称、特点、具体用途，产品对客户的价值，产品的开发过程、技术难点和生命周期等。产品基本情况描述应准确、详细、通俗易懂，最好附上产品原型、照片或其他相关资料，以便非专业领域的投资者阅读和理解。

3. 团队成员介绍

团队成员介绍主要包括各成员的专业、经历、特长、工作范围以及能够给企业带来哪些贡献等。

4. 市场分析

市场分析主要包括目标市场分析、行业分析、竞争对手分析等内容。

（1）分析目标市场时，创业者通常要考虑以下问题：

① 我的目标市场是什么？

② 我使用什么营销策略将产品推向市场？

③ 不同阶段的目标市场份额是多少？

④ 未来5年的计划收入和利润分别是多少？

（2）分析行业时，创业者通常要考虑以下问题：

① 该行业发展到了何种程度？总销售额是多少？利润率如何？

② 该行业的未来发展趋势如何？

③ 该行业利益相关者（包括竞争者、消费者、供应商、分销商等）的概况如何？

④ 影响该行业的因素有哪些？

（3）分析竞争对手时，创业者通常要考虑以下问题：

① 我的竞争对手有哪些？最大的竞争对手是谁？

② 竞争对手的优势在哪里？有哪些新动向？

③ 我具备哪些优势和劣势？如何发挥优势、改变劣势？

④ 我能否承受竞争带来的压力？

⑤ 我如何战胜竞争对手？

5. 财务分析

财务分析是指对企业的运营能力、盈利能力、偿债能力和增长能力等进行分析和评价的经济管理活动。做好财务分析，可以帮助企业降低经营风险，增加获取投资的可能性。

进行财务分析时，创业者必须考虑以下问题：

① 拟建企业需要多少投资？

② 需要雇用多少人员？何时开始雇用？工资预算是多少？

③ 生产每件产品的成本是多少？

④ 每件产品的定价是多少？

⑤ 什么时候开始增加产品线？

6. 风险分析

风险分析不仅能让投资者对企业有全方位的了解，增强其投资信心，更能体现创业团队洞察市场和解决问题的能力。风险分析通常包括对市场风险、技术风险、资金风险、管理风险和其他风险的分析。

 拓展阅读

生产计划

生产计划是企业对生产任务做出统筹安排,确定拟生产产品的种类、数量、质量和进度的计划(如果是非制造业,则不需要生产产品,可以制订相应的经营计划)。

具体来说,生产计划应包括以下内容:所需厂房的基本情况(包括地址、配套设施、交通条件等),所需制造设备的基本情况,生产流程及关键环节,质量控制和改进计划,新产品投产计划,等等。

部分创业团队会在创业计划书中列出生产计划,但也有部分创业团队选择将产品外包给工厂生产,因此不在创业计划书中列出这一内容。

(二)撰写创业计划书时的注意事项

为确保创业计划书能够得到投资者的关注,创业者在撰写创业计划书时要注意以下事项。

1. 写好摘要

创业者要对创业计划书进行高度浓缩,将摘要撰写得简明生动、突出重点,让投资者清晰了解创业项目的基本情况,看到创业项目的优势。

2. 注重分析对手

"商场如战场",创业者要做到知己知彼,将竞争对手的有关信息写入创业计划书中。通过分析竞争对手来体现自己创业项目的优势,从而赢得投资者的青睐。

3. 明确重点

虽然不同的投资者对于创业项目的关注点不同,但是创业者还是应当明确创业项目的重点。一般来说,创业计划书中要突出产品的独特性和创业项目的美好未来这两个重点。

4. 注重细节

优秀的创业计划书不仅体现在内容方面,也体现在格式等细节方面。撰写创业计划书时,要做到格式一致、图文并茂。

 实践活动

撰写一份创业计划书

在现实生活中,许多大学生都有创业的想法。在创业前,做好相应的准备工作,尤其是撰写好创业计划书,对创业成功至关重要。创业计划书是创业者叩响投资者大门的"敲门砖",一份优秀的创业计划书往往能起到事半功倍的效果。

为了增强学生的创新创业意识,引导学生积极参与创新创业活动,班级组织开展"撰写一份创业计划书"活动。请以小组为单位，撰写一份创业计划书。

【知识储备】

问题1：常见的创业模式有哪些？

问题2：适合大学生的创业项目有哪些？

问题3：创业计划书应包含哪些内容？

【活动记录】

活动开展计划：

活动开展难点及解决方案：

心得体会：

【活动评价】

教师可参考表7-1对各小组撰写的创业计划书进行评价。

表7-1　创业计划书评价表

评价标准	分值	分数小计	教师评价
活动准备工作做得充分，活动过程记录详细	10		
创业项目贴近大学生实际	30		
创业项目可行性高	30		
创业计划书层次清晰，内容完整	30		
总计	100		

第八章

用劳动回馈社会，用行动重筑人生

人的价值在于创造价值，在于对社会的贡献。大学生踊跃投身志愿服务、参与社会实践，通过参与服务性劳动回馈社会、报效祖国，既能锻炼本领、增长才干，也能提高思想觉悟、磨炼意志品质、书写无悔青春。

第一节 志愿服务，让爱传递

 课堂引例

奉献是刻在中国人骨子里的精神

2021年7月，河南省多地遭遇强降雨，他奔赴新乡市抗洪救灾第一线……这个暑假，对于21岁的大学生志愿者小刘来说，有着不一样的意义。他说："生在和平年代的我们，不用上战场拼刺刀，但仍可以为国家冲锋陷阵、奉献自我，这是刻在中国人骨子里的精神。"

小刘是河南省商丘市民权县人，河南工业职业技术学院测绘环保工程学院工程测量技术专业测量2002班班长。即将成为大二学生的小刘，在老师眼中是贴心帮手，在同学心中是学习榜样。他常说："加倍努力，才能实现梦想！"小刘刻苦学习知识，勤奋钻研技能，学习成绩一直名列年级前茅。因为技术过硬，小刘代表学校参加了第六届河南省高等学校大学生测绘技能大赛，获得了团体一等奖及多个单项二等奖。

获奖后，小刘本来打算利用暑假时间为全国高等学校大学生测绘技能大赛做准备，但是在得知河南省多地遭遇强降雨且受灾情况严重这一消息后，他立刻向指导老师申请去抗洪救灾第一线。他再三保证不会影响比赛进程，老师看到他的决心和勇气，最终同意他和其他志愿者一起奔赴抗洪救灾第一线。

这个暑假，小刘用行动为"00后"打上了"不畏艰险、勇往直前、无私奉献"的标签。

他的班主任郭老师说:"小刘是一名优秀的入党积极分子和学生干部,不仅在校期间表现优异,而且在抗洪救灾期间作为志愿者积极主动投入地方的志愿服务活动。哪里有需要,哪里就有他。他的突出表现感染了很多人。"回想这段时间的志愿服务,小刘感慨道:"没有国哪有家,没有家哪有我!我只是做了大学生应该做的事情。"

> 【想一想】
> (1)你参加过志愿服务吗?未来是否有投身志愿服务的计划?
> (2)你如何看待志愿者?志愿者应具备哪些品质?

一、志愿服务的特点和类型

志愿服务是指个人或非政府组织基于道义、良知、慈善和责任而自愿奉献时间和精力,不以物质报酬为条件,利用自身的知识、技能或财力,为社会及他人尤其是困难群体提供各种形式的公益性服务行为和活动。它是一种由内在的精神动力所支持的活动,是每个人实现个人价值和社会价值的渠道之一。

《志愿服务条例》第三条规定:"开展志愿服务,应当遵循自愿、无偿、平等、诚信、合法的原则,不得违背社会公德、损害社会公共利益和他人合法权益,不得危害国家安全。"

(一)志愿服务的特点

志愿服务具有自愿性、无偿性、公益性和组织性四个特点。

1. 自愿性

志愿服务必须是个人自愿参加的。相关组织可以通过各种方式动员志愿者,但应让志愿者在没有任何压力的情况下自愿投入志愿服务。强制参与、强制奉献、募集摊派等都不符合自愿原则。

2. 无偿性

志愿服务属于无偿行为。志愿者不应向志愿服务对象收取或者变相收取报酬,也不得接受志愿服务对象的捐赠。但是,志愿者组织为志愿者提供交通补贴和午餐补贴等不影响志愿服务的无偿性。

3. 公益性

志愿服务必须指向公共利益。营利行为不属于志愿服务,偶发的帮助行为、基于亲缘或友谊的帮助行为、针对特定个人的帮助行为和互益互助的行为也不属于志愿服务。

4. 组织性

志愿服务体现的是一种人与人之间的社会关系,是在一定的公共空间和特定人群中进行的他助或互助活动,一般都以有组织的、公开的、社会化的形式开展。志愿服务组织可以采取社会团体、社会服务机构、基金会等组织形式。

拓展阅读

蓝天救援

蓝天救援成立于2007年,是中国民间专业、独立的纯公益紧急救援机构,在全国31个省市及自治区设有授权队伍,共7.9万名志愿者,其中拥有20000余名经过专业培训和认证的志愿者。蓝天救援的服务范围覆盖生命救援、人道救助、灾害预防、应急反应能力提升、灾后秩序恢复等多个领域。蓝天救援的标志如图8-1所示。

图8-1 蓝天救援的标志

图8-2 抢险救灾

(二)志愿服务的类型

根据服务内容不同,志愿服务可分为扶贫济困、助老助残、社区服务、生态建设、抢险救灾(图8-2)、社会管理、文化建设、西部开发、海外服务等。

根据组织形式不同,志愿服务可分为以下三类:

① 以国家政策为导向的志愿服务,如大学生志愿服务西部计划、大学生志愿服务苏北计划等。这类志愿服务一般持续时间较长,往往要求志愿者具备特定的资格条件。

② 由政府职能机构等组织的官方志愿服务,如奥运会、世博会、亚运会期间的志愿服务。这类志愿服务主要以赛事、会议等活动为载体,涉及面广,持续时间短,参与者多为临时招募。

③ 由民间组织开展的志愿服务,如一些公益协会开展的爱心助学活动、绿色环保活动等。这类志愿服务面向不同的群体,持续时间长短不一。

案例在线

首批137名冬奥会志愿者入馆培训

在历届奥运会开展期间,志愿者都是赛事保障和场馆运行不可或缺的群体。五棵松体育中心场馆运行团队志愿者经理陈大鹏介绍,志愿者培训分通用培训、场馆培训、专业培训和岗位培训四个阶段。其中,通用培训包括志愿服务基础知识、基本技能和行为规范培训,志愿者需要通过在线学习平台,完成23门课程的培训和考试。

通用培训考试合格后,才能接受场馆培训。2021年12月30日,首批137名来自北京科技大学的志愿者抵达五棵松体育中心(图8-3)开始接受场馆培训。赛时,他们将服务于十多个业务领域。

图8-3 五棵松体育中心

陈大鹏介绍,场馆培训是志愿者被录用后,正式抵达场馆、接触场馆和团队,为下一步工作开展做准备的重要环节。志愿者需要学习五棵松体育中心场馆运行团队的运行模式、规章制度,熟悉场馆空间、点位、区域等。

培训过程中,陈大鹏通过由内及外、由下至上的方式,对场馆竞赛层、观众层、包厢层等区域进行了详细讲解,并以"你需要知道的25件事"为主题,为志愿者讲解了场馆工作人员必须遵守的各项规章制度。"冬奥会正赛期间,志愿者代表的不仅仅是自己。希望通过培训,让志愿者既达到场馆的要求,又能展现良好的形象。"陈大鹏说。

"相约北京"系列测试赛(以下简称"测试赛")期间,北京科技大学冶金与生态工程学院大四学生小张便参加了志愿者工作。北京冬奥会期间,小张将在通信中心业务领域提供志愿服务,担任通信中心业务领域助理,通过固定台传递场馆各业务领域的工作信息。

再次来到五棵松体育中心,小张直呼变化很大:"跟参加测试赛时看到的不同,场馆景观布置发生了变化,冬奥会的氛围更浓了。"场馆内随处可见的北京冬奥会景观布置让她感受到了冬奥会即将来临。小张说:"测试赛结束回到学校后,我就在记事本上开始倒计时了,非常期待冬奥会的到来。"

谈到场馆培训,小张说:"测试赛跟冬奥会比赛有很大差别。我们之前参加过很多线上培训,但还是要通过实际到场馆后的线下培训,才能更加深刻地理解线上培训的内容,更好地适应今后的工作。"小张称,通过线下培训,她更加明白志愿者进行服务时需要注意什么,应该怎么做。

小陈就读于北京科技大学材料科学与工程学院,他的志愿服务内容是为冬奥会相关人员提供注册服务。小陈说:"赛时,肯定会有人询问场馆路线,所以我们要了解场馆的布局,熟记每个业务领域在哪个地方,这样才能提供更好的服务。"

完成场馆培训后,志愿者前往各自的业务领域,各业务领域负责人将结合岗位需求,对他们进行专业培训和岗位培训。陈大鹏表示,经过上述四个阶段的培训后,志愿者将拥有良好的冬奥情怀和服务技能,在冬奥会期间能提供最优质的服务。

二、志愿者的自我修养

志愿者又称义工、义务工作者，是指不图任何物质报酬，利用自己的时间、知识、技能、体力等，自愿为国家、社会和他人提供服务的人。

（一）服务心态——志愿者的三种动机

志愿者参与志愿服务活动的动机有以下三种：
（1）自我取向，即看重个人学习与成长，期望获得内在的满足感。
（2）人际取向，即看重他人和团体的影响，期望结识朋友，获得他人的肯定。
（3）情境取向，即主动承担社会责任，期望获得社会的认可。

探究与分享

有的学生为了增加阅历去做一些赛事或会议的志愿者；有的学生为了提高自己而选择去支教；有的学生却为了获得奖学金、出国机会等，通过不法途径购买志愿服务证明。

你和你身边的人参加志愿服务的动机是什么？不同的动机对服务效果有影响吗？为什么？

（二）自我期待——志愿者的三重境界

做志愿者有三重境界。
（1）第一重：帮助他人，使自己快乐。在帮助他人后，看到他人快乐，自己也因此获得快乐。这是初为志愿者最深刻、最直接的感受。
（2）第二重：关心他人，服务社会。不论身在何处，都会时刻关注身边需要帮助的人，为他们提供帮助，服务社会。
（3）第三重：传递爱心，传播文明。关怀他人，将"爱心"和"文明"传递给更多的人，最终汇聚成一股强大的社会暖流。

探究与分享

小刘说："做志愿者真的是一件很有魅力的事情。因为我经常陪伴家里的老人，对老人有一种天然的亲近感，所以我很喜欢去养老院参加志愿服务活动。在与养老院的老人聊天时，尽管有时候很难理解一些老人说的方言，我却能感到踏实与快乐。"

小朱说："有一天，我突然发现认识很久的朋友一直在宣传反诈骗知识，并为有需要的人提供法律援助。他是一位默默无闻的志愿者，当我问他为什么要做这些事时，他说：'能帮助他人，我觉得很有意义。'"

你心目中的志愿者是什么样子呢？

（三）自我提高——志愿者应有的素质

对于志愿服务对象，志愿者要有爱心、有耐心、言而有信、善于聆听、保护对方的隐私。

对于志愿工作，志愿者要善用时间、灵活多变、积极主动、有责任心、知难而进，认真履行服务承诺，尽职尽责完成工作。

对于志愿者组织，志愿者要服从上级安排，虚心听从组织意见，富有团队精神，诚实守信。

三、参与志愿服务

（一）志愿者的基本条件

2013年12月，中国共产主义青年团中央委员会（以下简称"共青团中央"）、中国青年志愿者协会颁布新修订的《中国注册志愿者管理办法》，对注册志愿者的基本条件做出如下规定：

（1）年满十八周岁或十六至十八周岁以自己劳动收入为主要生活来源者；十四至十八周岁者，须经其法定代理人同意；未满十八周岁的在校学生申请注册的，按所在学校有关规定办理。

（2）具备参加志愿服务相应的基本能力和身体素质。

（3）遵守国家法律法规和注册机构的相关规定。

此处的注册机构是指市（地、州、盟）、县（市、区、旗）、乡（镇、街道）以及大中专院校团组织及其授权的志愿者组织。

（二）志愿者的注册程序

注册成为志愿者的程序如下：

（1）申请人直接到开展志愿者注册工作的团组织、志愿者组织提出申请，或通过网络、通信等方式提出申请，填写《志愿者注册登记表》。

（2）注册机构对申请人进行审核。

（3）审核合格，注册机构向申请人颁发注册志愿者证章。注册机构可根据实际需要，为注册志愿者编制本地管理服务号码。

 拓展阅读

中国志愿服务网

中国志愿服务网是面向广大社会公众、志愿者、志愿队伍，面向各行业志愿服务管理部门的社会化服务平台。

利用该网站，社会公众可以注册成为志愿者参与志愿服务；志愿者可以参与自己感兴趣的志愿队伍和志愿服务项目，记录、转移、接续自己的志愿服务时间；志愿队伍可以按照规范的流程发布志愿服务项目，招募志愿者，开展志愿服务，从而实现供需有效对接；

志愿服务管理部门可以实时或定时收集全国各行业各区域志愿服务数据，全面了解志愿服务情况，开展数据分析与决策。

（三）志愿者的权利与义务

1.志愿者的权利

志愿者享有以下权利：

（1）参加志愿服务活动。

（2）接受相关的志愿服务培训，获得志愿服务活动真实、必要的信息。

（3）获得从事志愿服务的必需条件和必要保障。

（4）优先获得志愿者组织和其他志愿者提供的服务。

（5）对志愿服务工作提出意见和建议。

（6）相关法律、法规、政策所赋予的权利。

（7）可申请取消注册志愿者身份。

2.志愿者的义务

志愿者应履行以下义务：

（1）遵守国家法律法规及团组织、志愿者组织的相关规定。

（2）每名注册志愿者根据个人意愿至少选择参加一个志愿服务项目或活动，每年参加志愿服务时间累计不少于20小时。

（3）履行志愿服务承诺，完成志愿服务任务，传播志愿服务理念。

（4）自觉维护团组织、志愿者组织和志愿者的形象。

（5）在志愿者职责范围内，自觉维护服务对象的合法权益。

（6）自觉抵制任何以志愿者身份从事的营利活动或其他违背社会公德的活动及行为。

（7）依法应当承担的其他义务。

（四）对志愿者的激励和表彰

为激励和表彰志愿者，我国实施了志愿者星级认证制度。注册机构负责具体认证工作，根据志愿者注册后参加志愿服务的时间累计，认定其为一至五星志愿者。星级志愿者认定后，可由相关注册机构在其注册证上进行标注。

（1）志愿者注册后，参加志愿服务时间累计达到100小时的，认定为"一星志愿者"。

（2）志愿者注册后，参加志愿服务时间累计达到300小时的，认定为"二星志愿者"。

（3）志愿者注册后，参加志愿服务时间累计达到600小时的，认定为"三星志愿者"。

（4）志愿者注册后，参加志愿服务时间累计达到1000小时的，认定为"四星志愿者"。

（5）志愿者注册后，参加志愿服务时间累计达到1500小时的，认定为"五星志愿者"。

同时，共青团中央、中国青年志愿者协会定期组织开展中国青年志愿者优秀个人奖、组织奖、项目奖评选表彰活动。

> **拓展阅读**
>
> ### 志愿者标志与志愿者日
>
> 中国青年志愿者标志（俗称"心手标"，见图8-4）的整体构图为心的造型，又是英文"Volunteer"的第一个字母"V"，图案中央是手的造型，也是鸽子的造型。该标志寓意中国志愿者向社会上所有需要帮助的人们奉献一片爱心，伸出友爱之手，表达"爱心献社会，真情暖人心"和"团结互助、共创和谐"的主题。
>
> 每年3月5日是中国青年志愿者服务日，12月5日是国际志愿者日。
>
> 【做一做】
>
> 有感情地读出以下志愿者誓词：
>
> 我愿意成为一名光荣的志愿者。我承诺：尽已所能，不计报酬，帮助他人，服务社会，践行志愿精神，传播先进文化，为社会进步贡献力量！

图8-4　中国青年志愿者标志

四、弘扬志愿精神

志愿精神可以概括为奉献、友爱、互助、进步。志愿精神与中华传统文化一脉相承，与社会主义核心价值观相契合。

（一）奉献

奉献即不求回报地付出。奉献精神是志愿精神的精髓。志愿者在不计报酬、不求名利、不要特权的情况下参与推动人类发展、促进社会进步的活动，这些都体现了高尚的奉献精神。正是因为雷锋践行了奉献精神，他的故事永远为后人传颂。图8-5是奉献中的志愿者。

（二）友爱

友爱精神提倡志愿者尊重他人、欣赏他人、与人为善。志愿者的爱跨越了国界、职业差异和贫富差距，是没有文化差异、没有民族之分、没有收入高低的平等之爱，它让社会充满温暖。

图8-5　奉献中的志愿者

（三）互助

互助精神提倡互相帮助、助人自助。志愿者凭借自己的双手、头脑、爱心开展各种志愿服务活动，帮助那些处于困难和危机中的人们。同时，志愿者以互助精神唤醒了许多人内心的仁爱和慈善。在志愿服务过程中，服务对象得到了帮助和关爱，志愿者的内心得到了满足，能力得到了提升，这种双向的互助使得社会越加和谐稳定。

（四）进步

进步精神是志愿精神的重要组成部分。志愿者通过参与志愿服务，使自己的能力得到提高，同时促进社会的进步。志愿服务活动中，无处不体现着进步精神。正是这一精神，促使人们不求回报，甘心付出。

第二节　社会实践，服务大众

大学生的"山海情"

在脱贫攻坚取得胜利后，全面推进乡村振兴成为我们奔向新生活的起点。眼里有光、心中有火、脚下有路的大学生选择到艰苦环境中去、到乡村振兴一线去、到党和人民最需要的地方去。

甘肃省宕昌县是一座距天津大学1600多千米的小县城，也是天津大学连续8年的定点帮扶地。2021年暑假，益路援昌实践队再次前往宕昌县，深入调研当地特色农产品和电商产业，发起并承办全国高校公益助农营销赛，为宕昌县巩固脱贫攻坚成果、打造乡村振兴长效机制贡献青年力量。

"想助力乡村振兴？想体验创意营销？想看看谁是公益助农小达人？不服来赛！"这场营销赛面向各大高校师生召集"营销高手"。选手需要"采购"特色农产品，利用所学营销技能"各显神通"，在规定时间内将农产品售出。大赛销售收入全部返还宕昌县等地的企业和农户，"真金白银"助力乡村振兴。

"公益助农营销赛共设电商、文旅和美食三个赛道，辐射全国26所高校300余名学生，直接销售额超过13万元，"天津大学管理与经济学部王老师说，"在助农浪潮里，大学生皆可为、皆有为。"

"到祖国需要的地方去，是我们每位支教队成员的夙愿和情结。如果我们小小的举动，能够对孩子们产生一点点积极的影响，那就足够了。"浙江海洋大学国际交流合作处留学生主管说。他和他的学生们就是在这种信念的支持下，于千里之外的大山小城，撒下了一颗梦的种子。

囊谦县位于青海省最南端，在这个大山深处的内陆小城，看海成为当地孩子们的奢望。2021年7月，浙江海洋大学"山海情，海山梦，携爱向西行"支教队悄悄为囊谦县第二完全小学的孩子们带了很多特别的礼物。

路氏双髻鲨、虎斑宝贝……支教队10位成员把打包好的百余件海洋生物标本带到了这里。这些在课本上都未出现过的海洋生物，让孩子们挪不开眼。"这个贝壳是真的吗？""它们都生活在大海里吗？"众多的问题让支教队的小老师们来不及作答。

有汗水，有笑脸，有回忆。如今，3000多千米之外的囊谦县，与浙江海洋大学的学生们有了更深的情缘。未来，这些学生将带着这份热情和激情去往更广阔的教育天地。

【想一想】
（1）社会实践有哪些形式？
（2）你参与过社会实践吗？它对你有哪些帮助？

一、"三支一扶"计划

（一）"三支一扶"计划的基本要求

"三支一扶"计划即支教、支农、支医和帮扶乡村振兴计划的简称。2021年，《关于实施第四轮高校毕业生"三支一扶"计划的通知》（以下简称《通知》）印发。《通知》提出，要引导和鼓励高校毕业生到基层干事创业，加快培养一支扎根基层、奉献基层的青年人才队伍，为全面推进乡村振兴、加快农业农村现代化提供人才和智力支持。

《关于组织开展高校毕业生到农村基层从事支教、支农、支医和扶贫工作的通知》指出，"三支一扶"计划的招募对象主要为全国普通高等学校应届毕业生，并且毕业生应具备以下条件：①政治素质好，热爱社会主义祖国，拥护党的基本路线和方针政策；②学习成绩合格，具有相应的专业知识；③具有敬业奉献精神，遵纪守法，作风正派；④身体健康。值得注意的是，对于"三支一扶"计划的具体招募条件和招募程序，各地有所不同，学生可咨询其所在学校就业办或其他相关部门。

第四轮高校毕业生"三支一扶"计划的目标任务有：①每年选派3.2万名左右的高校毕业生，累计选派16万名，并结合就业形势和"三支一扶"事业发展需要，适时合理调整"三支一扶"计划补助名额；②用五年时间（2021—2025年），为基层输送和培养一批急需紧缺的管理人才、专业人才和创新创业人才，着力构建"下得去、留得住、干得好、流得动"的长效机制。

"三支一扶"计划为高校毕业生面向基层就业提供了具体的指导和保障。服务期一般为两年，期满后，毕业生可自主择业，择业期间享受一定的政策优惠。图8-6为参加"三支一扶"计划的毕业生。

图8-6 参加"三支一扶"计划的毕业生

（二）"三支一扶"计划的服务保障机制

1. 关于工作生活补贴

"三支一扶"人员的工作生活补贴标准按照当地乡镇机关或事业单位从高校毕业生中新聘用工作人员试用期满后的工资收入水平确定，并根据物价、同岗位人员待遇水平等动态调整。在艰苦边远地区服务的，享受艰苦边远地区津补贴。中央财政补助标准为西部地区每人每年3万元（其中新疆南疆四地州、西藏自治区每人每年4万元），中部地区每人每年2.4万元，东部地区每人每年1.2万元。由地方各级财政部门落实资金投入责任，安排相应配套资金，按月足额发放工作生活补贴。

2. 关于社会保险等待遇

"三支一扶"人员按规定参加基本养老保险、基本医疗保险和工伤保险。各地根据实际，按规定为"三支一扶"人员办理补充医疗保险、重大疾病险、人身意外伤害险等商业保险及住房公积金。中央财政按照每人3000元的标准，为新招募且在岗服务满6个月的"三支一扶"人员发放一次性安家费。各地为"三支一扶"人员提供交通、住宿和伙食等方面的便利，参照本单位工作人员标准给予相应补助。

（三）"三支一扶"计划的服务期满流动机制

1. 加大机关定向考录和事业单位专项招聘力度

落实公务员定向考录政策，各省（区、市）每年应拿出公务员考录计划的10%左右，面向"三支一扶"计划等服务基层项目人员定向考录。各省（区、市）县乡基层事业单位公开招聘时，应根据本地区实际拿出一定数量或比例的岗位，对服务期满且考核合格的"三支一扶"人员进行专项招聘，并增加工作实绩在考察中的权重，聘用后可以不再约定试用期；省市事业单位公开招聘时，对服务期满且考核合格的"三支一扶"人员同等条件下优先聘用。

2. 支持继续学习深造

服务期满且考核合格的"三支一扶"人员，三年内参加全国硕士研究生招生考试的，初试总分加10分，同等条件下优先录取。已被录取为研究生的应届毕业生参加"三支一扶"计划的，学校应为其保留入学资格。高职（高专）毕业生服务期满且考核合格的，可免试入读成人高等学历教育专科起点本科。服务期满的"三支一扶"人员可按规定享受学费补偿和助学贷款代偿政策。本科及以上学历毕业生参加支医服务的，服务期满且考核合格后，由县级卫生健康主管部门统一安排参加住院医师规范化培训。

3. 促进多渠道就业创业

各地要依托公共就业和人才服务机构，为自主就业的服务期满"三支一扶"人员提供有针对性的就业服务。对就业困难的，提供"一对一"就业帮扶。及时将有创业意愿的服务期满"三支一扶"人员纳入创业引领行动，提供创业培训、孵化等服务，鼓励创办家庭农场（林场）、农民合作社，按规定落实扶持政策。参加"三支一扶"计划前无工作经历的人员服务期满且考核合格的，两年内在参加机关和企事业单位考录（招聘）、自主创业、落户、升学等方面可同等享受应届毕业生相关政策。"三支一扶"人员在基层服务年限计算为工龄，其参加工作时间按其到基层报到之日起算。

 案例在线

"无私奉献"
基层天地广阔，青春大有作为

青春从这里启航。在大山深处，在偏远农村，有一支数十万人的"三支一扶"队伍扎根基层就业，用专业知识改善当地百姓的生活。

1. 吃得苦留得住，基层历练成"大树"

小赵是广东省韶关市乳源瑶族自治县必背镇土生土长的瑶族人。从"三支一扶"人员到必背镇党委副书记、镇长，十多年扎根基层的历练使他成长为建设家乡的带头人。

2008年，小赵从广东技术师范大学中文系毕业后，参加"三支一扶"计划回到了家乡。他坦言，当时每月只有800元的补贴，靠这些补贴连养活自己都有点困难，而必背镇一下雨就容易出现洪涝和塌方，各方面的条件和大城市比，有很大差距。

"镇上很多老干部都来开导我，说他们当年的条件更艰苦；我爸爸也告诉我，年轻人不要怕苦，要坚持。"小赵在大家的鼓励下，又坚持了半年。2009年，小赵跟着老干部在汛期做入户排查和说服转移工作，挽救了很多人的生命，这让他对自己的工作有了更深刻的认识。

扎根基层，建设家乡。经历两年的锻炼，小赵坚定了留下来的信念。多年来，他常常因"为群众做了点事"而开心。现在，身为必背镇镇长的他，每天琢磨如何用当地的茶叶、辣椒等资源谋发展，带领当地百姓过上好日子。

2. 输送急需人才，壮大基层组织

在云南省曲靖市罗平县老厂乡法乃村，"90后"医生小敖和护士小瑞坐在一位老人身旁，一边量血压、测体温，一边详细询问老人的服药情况。临走时，他们有些不放心，拉着老人的手叮嘱说："做菜时少放点盐，走路慢点，千万别摔着。"这样的进村入户工作，小敖和小瑞一天要进行十多个小时。他们在老厂乡卫生院上班，有一个共同的身份——"三支一扶"人员。

地处罗平县北部边远山区的老厂乡卫生院，2009年以来先后招募了14名"三支一扶"人员，目前服务期满留下的和新招募的人员一共8名。

在第一个支医人员到来之前，"红汞碘酒，抹抹就走；有效无效，责任尽到"是老厂乡卫生院医疗水平的真实写照。

"要么招不到人，要么留不住人，做血常规的机器都蒙上了一层灰。"老厂乡卫生院院长说，老厂乡卫生院从"小诊所"发展为有7个业务科室的"小医院"，"三支一扶"人员功不可没。

二、"三下乡"社会实践

1996年12月，《关于开展文化科技卫生"三下乡"活动的通知》印发。1997年，"三下乡"社会实践活动在全国正式开展。

（一）什么是"三下乡"社会实践

"三下乡"是指文化、科技、卫生下乡，"三下乡"社会实践活动是各大中专院校在暑期开展的一项旨在提高学生综合素质的社会实践活动，其主要内容是学生将城市的文化、科技和卫生知识带到发展相对落后的偏远地区，向当地人传授知识。

文化下乡的内容主要包括图书、报刊下乡，送戏下乡，电影、电视下乡，开展群众性文化活动；科技下乡的内容主要包括科技人员、科技信息下乡，开展科普活动；卫生下乡的内容主要包括医务人员下乡、扶持乡村卫生组织、培训农村卫生人员、参与和推动当地合作医疗事业发展。

开展"三下乡"社会实践活动既能促进先进生产力的发展，又能帮助和引导学生按先进生产力发展要求成长成才；既能传播先进文化，又能帮助和引导学生接受先进文化的哺育；既能维护人民群众的根本利益，又能助力学生全面发展。

 探究与分享

你参加过"三下乡"社会实践吗？具体是什么样的活动？有何收获？

（二）"三下乡"社会实践方案策划

1.活动形式

"三下乡"社会实践活动涉及面广，内容丰富，形式多样。活动可以是单人形式，也可以是小组形式。一般而言，小组形式更有利于实践活动的开展，也更有利于取得成功。随着社会发展，"三下乡"社会实践活动的形式也应有所创新和发展，如充分利用互联网创新活动形式，结合社会热点设计活动，等等。

2.活动流程

（1）确定活动主题。确定活动主题是顺利开展社会实践活动的前提。主题必须联系实际，切忌空谈和夸大。

（2）拟定活动方案。确定主题后，必须根据主题拟定详细的活动方案。活动方案的内容应包括活动形式、具体活动内容及各种注意事项，其优劣关系到整个活动能否顺利开展。

（3）提出申请。向学校提出书面申请，同时上交活动方案并领取"三下乡"社会实践活动相关申请表格。

（4）开展活动。根据活动方案，在教师的指导下开展活动，确保活动安全。

（5）撰写总结。活动结束后，成员需要就活动过程和结果，撰写并提交活动总结报告。总结报告的内容应包括对整个活动的基本描述、成员的自我评价和心得体会。

案例在线

暑期"三下乡",这群大学生超"接地气"

"民以食为天,食以土为根。发展山地种植,就要特别注意水土保持。"2021年7月盛夏,一场农技讲座在重庆市城口县咸宜镇举行。几位农学专业的大学生和指导教师依次上台,向村民们讲解土壤健康、水土保持的知识。

地处秦巴山区腹地的咸宜镇,地广人稀、山高坡陡,是重庆市确定的乡村振兴重点帮扶乡镇。2021年暑假,西南大学的学生实践团队来到这里,将农学专业理论知识与当地实际相结合,开展支农助农活动。

咸宜镇大部分坡地的海拔在1000米以上,这些坡地适宜种植魔芋和中药材。针对当地的种植情况和特色,实践团队事先收集资料,制作图文并茂的种植科普指南,在农技讲座现场免费发放。

一些村民由于居住在偏远地区或忙于农务,没能赶来镇上参加讲座。实践团队成员们便上门入户,主动将技术送到田间地头。

每到一户,成员们都入户了解村民的家庭情况,实地查看作物的生长情况。咸宜镇李坪村五组的冯阿姨种了很多魔芋,其中一块地的魔芋长势不佳。看到实践团队上门,她赶忙求助。

"这些叶子全都耷拉下去了,茎秆也开始腐烂,这是软腐病的症状。"来自土地资源管理专业的大三学生小任拔起一株芋苗,仔细查看后告诉冯阿姨,温度高、湿度大都有可能导致软腐病。"这种病还会传染,所以遇到这种情况就一定要及时拔掉病株。"

什么时候除草,施用哪种化肥,遇到病虫害怎样处理……成员们一边帮村民除草疏苗,一边讲解种植知识,答疑解问。遇到一时无法解决的"疑难杂症",成员们就申请"场外支援",通过视频电话寻求学校教授的远程指导。

走访村民的过程中,实践团队发现当地留守儿童较多,放暑假后,孩子们的管护成了大问题。成员们主动请缨,借用学校校舍、村委会办公室办起了免费暑期托管班。"袁隆平爷爷故事讲述""农业植物双语科学科普""科研趣味小实验"……大家发挥专业特长,用丰富多彩的兴趣课程,帮助孩子们度过一个充实又有意义的暑假。

奔走在山间、吃住在村里,实践团队的努力和付出得到村民们的认可。"这些大学生特别接地气,大伙儿盼着他们明年暑假还来!"李坪村党支部的冯书记说。

(三)"三下乡"社会实践安全须知

1.实践中可能遇到的问题

在"三下乡"社会实践活动中,可能遇到以下问题:

(1)对当地环境不适应而突发疾病,或者被蛇、虫咬伤。

(2)不慎被盗被抢,甚至可能遭受人身伤害。

(3)遭遇交通事故。

(4)因接近危险设施或前往危险地段遭受伤害。

（5）与社会不良人员发生纠纷。

（6）团队成员之间无法及时取得联系。

（7）遭遇火灾、踩踏等突发事件。

2.实践中各种问题的防范措施

掌握以下防范措施，就能在"三下乡"社会实践中避免遇到上述各种问题：

（1）掌握基本的生理卫生常识和急救知识，随身携带常用应急药物，平时注意个人卫生。

（2）增强自卫意识，保持警惕心理；保管好个人贵重财物，遭遇偷窃、抢劫时，保持冷静，先确保自身的人身安全，然后及时报警；减少单独活动和夜间活动，尽量采取小组活动的形式，并及时向负责人报告活动行程。

（3）增强交通安全意识，遭遇交通事故后尽快将伤者送往医院，并注意保护现场。

（4）远离危险设施，避开危险地段。如果需要接触危险设施或在危险地段活动，必须有专业人士陪同，并穿戴安全防护用品。

（5）在公共场合注意言行举止，尽量避免与人争执，做到克制、忍让。团队成员若与社会不良人员发生争吵甚至产生肢体冲突，其他成员应及时制止并报警，防止事态恶化。

（6）建立多种沟通渠道，如建群、组队行动。确定明确的沟通时间，使用协作工具，建立备份联系人，培养良好的沟通习惯，利用技术手段以及保持耐心和理解。

（7）如果发生火灾，团队成员应有序逃生，及时拨打火警电话；尽量不去拥挤的地方，在公共场所或参加大型活动时注意保护自己。

3.实践注意事项

在"三下乡"社会实践中，应注意以下事项：

（1）出发前再次与实践地联系，确保食宿等安排妥当。

（2）出发前办理好在实践地活动所需的证明。

（3）出发前充分考虑可能出现的各种问题，学习各种问题的防范措施与应对技巧，熟悉当地习俗和地理情况等。

（4）团队成员应遵守纪律，听从负责人的指挥，负责人应与每名成员随时保持联系。

（5）团队成员应互相关心、互相帮助，遭遇突发事件时应沉着冷静，共同寻找解决办法。

第三节　社区服务，便民利民

厨余垃圾变废为宝，大学生进社区制作环保酵素

为了让小朋友们了解垃圾分类的重要意义，一起参与到垃圾分类工作中，苏州农业职业技术学院的大学生志愿者走进高新区狮山横塘街道金色社区，开展环保酵素制作活动。

活动现场，大学生志愿者向小朋友们介绍了环保酵素的神奇功效，小朋友们听完后跃跃欲试，都想亲手制作酵素。据介绍，酵素不仅可以用于洗碗、洗头、洗衣，还可以用于土壤改良、生态种植、生态养殖等。

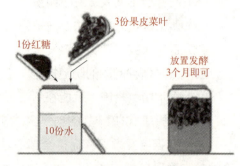

图8-7　环保酵素的制作方法

环保酵素的制作十分简单，就是将1份红糖、3份果皮菜叶和10份水放入塑料容器中等待发酵，如图8-7所示。在制作初期，需要每天打开瓶盖放气，3个月后，酵素就制作完成了。小朋友们在志愿者的指导下，称量果皮菜叶、红糖，加水，忙得不亦乐乎。

一桶桶"未来的酵素"被小朋友们带回家，3个月后，他们就可以用自己亲手制作出的酵素浇花、洗衣了。志愿者小丁介绍说："环保酵素制作简单，而且用途广泛，能够让厨余垃圾变废为宝，对环保起着很大的作用。"

【想一想】

（1）你参与过社区服务吗？它对你的成长有哪些帮助？

（2）如何策划社区服务活动？

社区是比家和学校大一个层次的社会单位，是我们运用知识、施展才华、实践成才的舞台，也是我们"服务他人、奉献社会"的一个起点。参与社区服务不但有利于社区的精神文明建设，而且有利于我们提高劳动技能、适应社会、提升道德素养。

一、了解社区居民服务需求

一般来说，社区居民服务需求主要如下：青少年、儿童课业辅导，老年人陪伴慰问，重病患者陪护，残疾人康复训练，法律咨询，心理辅导，等等。社区具有一定的地域性特点，每个社区的居民服务需求有一定的差异，我们要先对社区居民的服务需求进行调查、了解，然后有针对性地为他们提供服务。

图8-8　社区义诊活动

社区居民服务需求调查是开展社区服务最重要的前期工作。一般来说，可通过直接和社区工作者沟通或发放调查问卷来了解社区的需求，然后再结合自己的能力和专业优势确定服务项目。参与社区服务的形式主要有个人参与和团队小组参与两种。图8-8为某大学医学部的志愿者为社区居民做健康检查，免费测量血压。

> **探究与分享**
>
> 你学的是什么专业？与同学讨论如何结合自己的专业优势，为社区居民服务贡献自己的力量。

二、策划社区服务活动

如果以个人名义进社区提供服务，只需要向社区申请，确定时间和工作内容即可；如果以团队名义进社区提供服务，除了要跟社区沟通之外，还需要提前策划社区服务活动。这种社区服务活动的前期准备工作很多，如撰写计划书、人员招募、场地对接、准备物资等。

（一）活动准备

（1）撰写计划书。计划书应包括活动目的、活动目标、活动时间、活动地点、活动流程、活动评估、预计困难与对策、经费预算等内容。

（2）人员招募。一般情况下，可以在班级、院系或学校内寻找"志同道合之士"。如果服务项目有特殊要求，也可通过互联网招募合适的团队成员。

（3）场地对接。需要与社区协调确定活动场地。

（4）准备物资。根据项目需求提前做好物资准备，如制作PPT、购置各类物资等。

（二）活动过程

活动正式开始前，可以通过一些热身小游戏活跃气氛，给服务对象营造一个轻松、自然的活动氛围，从而促进服务的开展。活动过程中，可酌情加入一些内容新颖、趣味性强的环节，引导在场的社区居民积极参与。

（三）活动后期

活动结束后，要及时反思并总结社区服务活动的成效，包括社区居民参与度高不高、目标有没有达成、哪些环节需要改进等，为再次开展活动积累经验。需要注意的是，在活动结束后，应及时将活动场地打扫干净。

 实践活动

开展志愿服务

奉献是一种能力、一种美德、一种幸福。只有当我们真正投身于志愿服务时，才能体会到"奉献、友爱、互助、进步"的深刻内涵，感受到"赠人玫瑰，手有余香"的美好。

4~8人为一组，从中选出一名组长，开展一次志愿服务，用视频的形式将整个服务过程记录下来。

【知识储备】

问题1：什么是志愿服务？

问题2：志愿服务有哪些类型？

【活动记录】

活动要点：

活动难点及解决方案：

心得体会：

【活动评价】

教师可参考表8-1对各小组的志愿服务开展情况进行评价。

表8-1 志愿服务评价表

评价标准	分值	分数小计	教师评价
活动准备工作做得充分，活动过程记录详细	10		
对志愿服务的相关知识理解透彻	30		
在服务过程中传递了志愿精神	30		
通过志愿服务真正帮助了他人	30		
总计	100		

第九章

强化安全意识，确保劳动安全

劳动安全问题是劳动过程中应该重视的问题，它不仅关系到大学生的生命安全，也关系到成千上万个家庭的安稳，甚至可能影响社会经济的平稳健康发展。为避免在劳动过程中遭受伤害，大学生应强化劳动安全意识，提高劳动安全防范能力，学会保护自己和他人，做一名合格的劳动者。

第一节 强化安全意识，筑牢安全防线

 课堂引例

操作不当引发爆炸事故

2021年8月29日，四川省某公司生产部机修工李某在部长孙某的带领下，在一储油罐顶部对输入半成品油的管道进行切割作业。8:40左右，李某坐在储油罐顶部对管道进行切割前的烘烤，孙某则在一旁辅助李某作业。几分钟后，管道温度升高引发气体爆炸。爆炸产生的冲击波将李某冲至距操作地点一米多远的罐体连接处，孙某则被冲落至地面。随后，孙某经抢救无效死亡，李某腰椎骨折且全身多处被冲击波热量烫伤。

【想一想】
（1）劳动安全事故有哪些分类？
（2）案例中劳动安全事故发生的原因是什么？

一、劳动安全事故的分类

劳动安全是指在劳动过程中，劳动者的生命安全和身体健康不受威胁或侵害的状态。根

据《企业职工伤亡事故分类》(GB/T 6441—1986),劳动安全事故可分为20类,具体如表9-1所示。

表9-1 劳动安全事故的分类

序号	事故种类	说明
1	物体打击	落下物、飞来物、滚石、崩块等造成的事故,不包括因坍塌、爆炸等引起的物体打击
2	车辆伤害	不包括起重设备提升、牵引车辆和车辆停止状态下发生的事故
3	机械伤害	不包括已列入其他事故种类的机械(如车辆、起重设备等)造成的事故
4	起重伤害	从事起重作业时发生的事故
5	触电	电流流经人体并造成生理伤害的事故
6	淹溺	大量的水经口、鼻进入人体肺部,造成呼吸道阻塞或发生急性缺氧而窒息死亡的事故。包括高处坠落淹溺,不包括矿山、井下透水淹溺
7	灼烫	包括火焰烧伤、高温物体烫伤、化学灼伤(酸、碱、盐、有机物引起的体内外灼伤)、物理灼伤(光、放射性物质引起的体内外灼伤),不包括电灼伤和火灾引起的烧伤
8	火灾	不包括非企业原因(如居民家中失火蔓延到企业)造成的火灾事故
9	高处坠落	不包括以其他事故类别(如触电)作为诱发条件的坠落事故
10	坍塌	包括施工造成的山体坍塌和因设计或施工不合理造成的建筑物坍塌,不包括冒顶片帮或因放炮、爆炸造成的坍塌
11	冒顶片帮	冒顶是指在地下采矿时,顶板岩石发生坠落的事故;片帮是指在地下采矿时,因地层压力和风化等的影响,巷道两侧或采掘工作面的矿壁突然片落部分岩石或矿体的现象
12	透水	进行地下开采或其他坑道作业时,意外水源造成的伤亡事故。不包括地面水害事故
13	放炮	用火药爆破岩石、矿石等造成的事故
14	火药爆炸	火药在生产、运输、储存过程中发生爆炸造成的事故
15	瓦斯爆炸	空气中可燃气体浓度达到爆炸点时,遇高温火源发生爆炸的事故。主要发生于煤矿、天然气开采作业中,也发生于室内生产活动中
16	锅炉爆炸	以水为介质的蒸汽锅炉爆炸造成的事故。不包括铁路机车、船舶上的蒸汽锅炉爆炸造成的事故
17	容器爆炸	盛装容器、换热容器、分离容器等爆炸造成的事故
18	其他爆炸	不属于火药爆炸、瓦斯爆炸、锅炉爆炸、容器爆炸的爆炸事故
19	中毒和窒息	包括有毒物经皮肤、呼吸道和消化道进入人体造成的急性中毒和窒息事故,也包括在不通风的地方工作时,因缺氧造成的事故。不包括病理变化(细胞、组织或器官遭受各种致病因素而发生的局部或全身变化)造成的中毒和窒息事故,也不包括慢性中毒造成的死亡事故
20	其他伤害	除上述事故之外的安全事故,如扭伤、跌伤、扎伤、冻伤、动物咬伤等

二、劳动安全事故发生的原因

劳动安全事故发生的原因多种多样,总体而言可分为人的原因、物的原因和环境的原因。

(一)人的原因

劳动安全事故中人的原因主要包括劳动者的原因和管理者的原因。

1.劳动者的原因

劳动者的原因主要包括:①忽视安全警告或未经许可进行操作;②操作速度过快或过

慢；③人为地使安全防护装置失效；④使用质量不合格的工具，用手、脚或身体其他部位代替工具进行操作；⑤不安全地装载、堆放物体；⑥使用不安全的姿势进行操作；⑦不关停设备就进行检修；⑧态度不端正，注意力不集中，工作时嬉戏打闹、打瞌睡等。

 案例在线

驾驶叉车时嬉戏打闹致同事死亡

陈某是广东省佛山市某塑料制品公司的一名叉车司机。2021年6月19日，陈某在生产车间驾驶叉车准备卸货时，与陈某相熟的同事丁某跳上叉车与其嬉戏打闹。打闹过程中，陈某未直视前方且右脚误踩油门，导致货叉刺中前方的理货员贾某。贾某因失血过多，经抢救无效死亡。

 拓展阅读

轻视劳动安全的心理

在劳动过程中，劳动者应杜绝下述轻视劳动安全的心理：

（1）侥幸心理。部分劳动者偶尔违章作业没有出事，就慢慢滋生了侥幸心理，忽视了长期违章作业发生事故的必然性。

（2）麻痹心理。长期未发生劳动事故，部分劳动者在思想上就会松懈，易忽视规章制度，麻痹大意。

（3）逆反心理。部分劳动者认为安全操作规程太严格，管理措施烦琐，于是产生抵触情绪，甚至反其道而行。

（4）自大心理。部分劳动者即使预见事故即将发生，也不及时采取有效措施，以为自己技术过硬、经验丰富，可以轻易应对事故。

（5）逞能心理。部分劳动者经验不足，技能有待提升，但是为了表现自己，不懂装懂，明知有危险却偏要尝试。

（6）马虎心理。部分劳动者工作不细心，即使在进行特殊作业时，也不集中注意力，我行我素，马虎应付。

（7）从众心理。部分劳动者安全意识淡薄，看见其他劳动者违章操作非但不制止，自己也跟着做。

（8）好奇心理。部分劳动者对于不熟悉的设备存在好奇心理，即便不知道如何操作，也要亲自动手尝试。

2.管理者的原因

管理者的原因主要包括：①劳动组织不合理，指挥错误；② 未及时在现场监督、检查劳动者的工作情况；③未制定安全操作规程，对安全操作规程的落实情况要求不高，不认真对待安全事故防范工作，未及时排查或消除安全隐患；④未及时开展劳动安全教育培训或培训工作落实不到位。

 案例在线

因管理不善导致车间发生爆炸事故

2021年9月21日，湖南省某科技有限公司二甲戊灵（有机化合物，属二硝基苯胺类除草剂，可用于消除棉花田、大豆田、玉米田等农田中的杂草）生产车间发生爆炸事故，事故引起的大火持续燃烧近6个小时。经市应急管理局调查人员初步分析，事故发生的原因为：发生爆炸的容器之前一直作为硝化工序的反应容器，车间管理者在未清除容器底部残留物的情况下，便指挥工人开始投料，致使容器内含有硝基化合物的物料分解放热，进而发生爆炸。

调查人员进一步调查发现，该公司自成立以来，存在擅自变更生产工艺、安全设施不完善、安全培训不到位、管理者违章指挥、工人冒险作业等问题。事故发生后，该公司被责令停产停业，相关人员被依法追究责任。

（二）物的原因

劳动安全事故中物的原因主要包括：①机械设备存在隐患，如质量不合格，零部件磨损、老化；②原材料本身易燃易爆或存在有害物质；③工作场所狭小，布局不合理，通风不畅，照明条件差；④工作场所缺乏安全防护装置、警示装置和防护用品等。

（三）环境的原因

在劳动安全事故中，环境的原因主要是指自然环境原因，如发生地质灾害、气象灾害等。

三、强化劳动安全意识的途径

大学生可以从以下几个方面强化劳动安全意识，以免在劳动过程中出现安全事故。

（一）遵守校园规章制度

大学生在校园中会接触到各种规章制度，如宿舍安全管理制度、实验室安全管理制度、网络安全管理制度、消防安全管理制度、校园治安管理制度等，这些规章制度在保障大学生的安全方面发挥了重要作用，大学生应主动遵守。

从遵守各种校园规章制度做起，久而久之，大学生的劳动安全意识就会在不知不觉中得到强化。

（二）积极参加劳动安全教育活动

大学生应积极参加高校或实习单位组织的劳动安全教育活动，主动学习劳动安全知识、参加消防安全演练活动（图9-1），从劳动安全事故案例中吸取教训，牢固树立"安全第一，预防为主"的思想。

（三）积极报告事故隐患

大学生不仅应以身作则，自觉遵守安全生产规章制度和劳动纪律，还应及时制止他人违

图9-1 消防安全演练活动

章作业，关心工作场所的安全情况。大学生不论是在日常生活还是在实习实训过程中，如果发现事故隐患，都要及时向上级或有关部门汇报。一旦发生安全事故，大学生在确保自身安全的前提下，应尽快报警并协助调查人员做好事故调查工作。

 政策引领

> 为进一步加强安全生产工作的社会监督，鼓励举报重大事故隐患和安全生产违法行为，及时发现并排除重大事故隐患，制止和惩处违法行为，2018年1月4日，国家安全监管总局和财政部印发了《安全生产领域举报奖励办法》（以下简称《办法》）。
>
> 《办法》第三条规定："任何单位、组织和个人（以下统称举报人）有权向县级以上人民政府安全生产监督管理部门、其他负有安全生产监督管理职责的部门和各级煤矿安全监察机构（以下统称负有安全监管职责的部门）举报重大事故隐患和安全生产违法行为。"
>
> 《办法》第七条规定："举报人举报的重大事故隐患和安全生产违法行为，属于生产经营单位和负有安全监管职责的部门没有发现，或者虽然发现但未按有关规定依法处理，经核查属实的，给予举报人现金奖励。具有安全生产管理、监管、监察职责的工作人员及其近亲属或其授意他人的举报不在奖励之列。"

 自我测评

劳动安全意识自我测评

准备好笔，然后对下列测验题做出"是"或"否"的回答。

（1）你是否认为劳动安全与大学生有关？
（2）你平时是否主动学习劳动安全知识？
（3）你是否认为劳动安全教育很有意义？
（4）你在劳动过程中是否避免侥幸心理？
（5）你在劳动过程中是否避免麻痹心理？
（6）你在劳动过程中是否避免逆反心理？
（7）你在劳动过程中是否避免自大心理？
（8）你在劳动过程中是否避免逞能心理？

（9）你在劳动过程中是否避免马虎心理？

（10）你在劳动过程中是否避免从众心理？

（11）你在集体劳动过程中是否劝阻过他人，让其停止危险行为？

回答"是"计1分，回答"否"计0分。

结果分析：

0～5分：你需要增强劳动安全意识；否则，在劳动过程中很可能会出现安全问题。

6～10分：你具有一定的劳动安全意识，但还可以进一步增强。

11分：你具有良好的劳动安全意识，在劳动过程中能很大程度避免出现安全问题。

第二节　提高防范能力，确保人身安全

 课堂引例

操作不规范引发触电事故

2021年8月30日下午，福建省某公司的员工孙某、林某、陈某三人在高铁站站前广场某地下室配电房整改通信设备电源线。孙某负责在配电房高处将通信设备电源线由桥架向下穿，林某、陈某在地面配合孙某作业。

作业过程中，陈某想伸手从配电箱槽口将电源线拉出，身旁的林某对其进行了劝阻，而陈某并未听取林某的建议，擅自用手抓取电源线。随后，陈某一声惨叫，只见其手臂被卡在配电箱槽口，身体抽动。林某意识到是陈某触电了，情急之下伸手准备将陈某拉离配电箱，但接触到陈某的一刹那同时触电，于是他立刻松手，找来绝缘的PVC管想将陈某的手臂与配电箱分开，但为时已晚，陈某已经倒地不起。

事故发生后，林某和孙某立即拨打了急救电话，并采取人工呼吸等方式对陈某进行急救。随后，医务人员到达现场对陈某进行抢救，但是最终还是未能挽回陈某的生命。

【想一想】

（1）陈某为什么会触电？

（2）为防止在劳动过程中触电，我们应当如何做？

一、防止触电

电是劳动者经常使用的能源，如果缺乏安全用电知识，不按相关规程安装和维修电气设备，就极易发生触电事故（图9-2）。为防止触电，劳动者应做到以下几点：

（1）确保经常接触和使用的配电箱、配电板、闸刀开关、按钮开关、插座、导线等没有带电部分裸露的情况。

（2）不得用铜丝等代替保险丝，以防短路时保险丝熔断飞溅伤人。

（3）经常检查电气设备的保护接地、接零装置，保证连接处无松动情况。

（4）不得私自摆弄或维修电气设备，在移动电气设备时，必须先切断电源。

（5）在使用手电钻、角磨机（图9-3）等手持电动工具的过程中，应防止移动工具时导线被拉断。操作时应戴好绝缘手套并站在绝缘板上。

图9-2　触电事故　　　　　　　　　图9-3　角磨机

（6）维修电气设备时，一定要切断电源，并在显眼处放置"禁止合闸有人工作"的警示牌。

应当注意的是，大学生在劳动过程中和在日常生活中都应当防止触电，增强防止触电的意识。

 案例在线

因安全意识淡薄，引发触电事故

2020年8月1日，陕西省某家居公司钢结构库房项目施工现场，3名员工在移动脚手架过程中，脚手架顶部不慎触碰到上方架空的高压电线，引发触电事故，致使3人当场死亡。

经调查，3名员工未接受过任何安全教育培训，无特种作业操作资格，无风险辨识能力和分析作业场所重大危险因素的能力，且3人安全意识淡薄，违规进行高处作业和电焊作业，未穿戴安全防护用品，最终酿成惨剧。

二、防止机械伤害

机械伤害主要是指机械部件、工具、工件直接与人体接触引起的夹击、碰撞、剪切、卷入、碾、割、刺等形式的伤害。各类转动机械的外露传动部分和往复运动部分都有可能对人体造成伤害。

（一）机械伤害事故的分类

机械伤害事故主要可分为以下几类。

1. 切割机械伤害事故

切割作业（图9-4）的危险主要来自刀具、转动件，以及加工过程中飞出的高温金属切屑和刀具因破碎而飞出的碎片等。如果操作不慎，刀具和转动件就容易切割到劳动者的手臂、大腿等部位，飞出的切屑和碎片还可能伤到其眼睛。

图9-4　切割作业

 案例在线

切片破碎致右眼失明

童某是安徽省某环境科技有限公司的一名操作工。2020年8月12日上午，部门主管安排童某进行切割作业，但童某未佩戴防护眼镜，部门主管也未提醒。9:42左右，砂轮切割机切片在切割过程中破碎，碎片飞出并插入童某右眼，导致童某右眼失明。

经调查，该砂轮切割机未安装切片保护罩，且切片使用时间过长，因此在切割过程中破碎。

2. 冲压机械伤害事故

冲压是指借助压力机的作用，对放在凹模和凸模间的板料进行冲裁或成形、弯曲、拉伸等操作，以获得所需工件的金属塑性的加工方法。冲压作业单调且操作频率高，长时间从事冲压作业容易使劳动者机体疲劳、反应迟缓、注意力不集中、动作失调，进而引发伤害事故。

3. 铸造机械伤害事故

图9-5　铸造作业

铸造是指将熔融金属浇入铸型，凝固后获得具有一定形状、尺寸和性能物件的过程和方法。铸造作业（图9-5）工序较多，金属液温度高，作业过程中会产生各种有害气体和粉尘，易发生灼烫、火灾、爆炸、中毒等事故。

4. 锻造机械伤害事故

锻造是指把坯料加热后，用手锤、锻锤或压力机等锤击或加压，使其产生塑性变形，进而成为一定形状和尺寸的工件的加工方法。锻造的主要设备有锻锤、压力机、加热炉等。在锻造作业中，劳动者处在强振动、高噪声、高温灼热、粉尘弥漫的有害工作环境中，易出现听力损伤或被烫伤、被机械部件砸伤等。

（二）如何防止机械伤害

为防止机械伤害，劳动者在操作机械前、操作机械时和结束操作后都应遵守相应的规范。

1. 操作机械前

(1) 穿好工作服,扎紧袖口,扣好纽扣。

(2) 头发较长者应将头发盘起置于工作帽内。

(3) 车工、铸造工等应穿好防砸安全鞋。

(4) 操作有切屑飞出或有强光产生的机械时,应戴好防护眼镜或面罩(图9-6)。

图9-6 防护眼镜和防护面罩

(5) 确认操作手柄是否位于空挡。

(6) 检查安全防护装置有无松动现象。

(7) 查看交接班记录,检查机械之前的异常情况是否处理完毕。

2. 操作机械时

(1) 开动、关停机械时要提醒周围人员。

(2) 先空转几分钟,确认一切正常后再开始工作。

(3) 确保零部件无松动现象。

(4) 机械运转时,不得随意离开岗位,不得串岗作业。

(5) 机械运转时出现故障,必须立即停机检修。

3. 结束操作后

(1) 关闭机械电源,将工具放在指定位置。

(2) 检查机械是否存在安全隐患。如果发现隐患,应及时上报。

 拓展阅读

防止机械伤害的要点

防止机械伤害,要做到"一禁、二必须、三定、四不准"。

一禁:不具备机械操作相关知识的人员严禁使用机械。

二必须:机械应完好,必须有可靠、有效的安全防护装置;机械使用完毕,必须关机拉闸,并按要求上锁。

三定:机械应由确定的人员操作、保养和检查;对每一台机械,应做到定期保养;每一台机械应与特定的岗位对应。

四不准：不准运转有问题的机械，不准超负荷运转机械，不准在机械运转时对其进行维修或保养，不准将头、手等伸入运转的机械内。

三、防止火灾发生

火灾（图9-7）是最常发生的劳动安全事故，对劳动者的生命健康和社会经济发展危害极大。火灾发生的原因多种多样，但最主要的原因还是劳动者安全意识不强、用人单位安全防范责任落实不到位。

为防止火灾发生，劳动者和用人单位应做到以下几点：

图9-7　火灾

（1）定期对消防设施和消防器材进行保养，确保其完好有效。保持防火门、防火卷帘、消防安全疏散标志（9-8）、应急照明设备、排烟送风设备、火灾事故广播系统等时刻处于正常工作状态。

图9-8　消防安全疏散标志

（2）保证疏散通道和安全出口畅通。不得占用疏散通道或者在疏散通道和安全出口放置障碍物，不得在生产期间封闭安全出口，不得遮挡消防安全疏散标志。

（3）禁止在具有火灾、爆炸危险的场所使用明火。因特殊情况需要进行电焊、气焊等明火作业的，动火部门和人员应当严格按照用火管理制度办理审批手续，采取相应的消防安全措施，并清除动火区域的易燃物。

（4）消防安全重点企业应当每日进行防火巡查，并确定巡查的人员、内容和频次。其他企业可以根据需要组织防火巡查。防火巡查人员应当及时纠正违章行为，无法当场处置的，应当立即向有关部门报告。

（5）新员工在上岗前必须接受消防安全培训，具有火灾危险性的特殊工种和重点职位的员工必须接受消防安全专业培训，并持证上岗。

（6）将热处理后的工件堆放在安全的地方，严禁堆放在有油渍的地面和木材、纸张等易燃物附近。

 案例在线

违规操作引发火灾被拘

2021年1月15日12:26，广东省东莞市消防救援支队指挥中心接到报警，东莞市茶山镇某高分子材料科技有限公司发生火灾。支队指挥中心立即调派茶山镇及周边消防人员前往救援。现场火势于14:10得到控制,事故未造成人员伤亡。

经调查,起火原因为该公司员工井某在明知泡棉刚生产出来时温度很高,应将其放置到专用区域或室外空旷场地冷却的情况下,违反操作规程,将泡棉随意放置并离开现场去食堂就餐。不久后,泡棉自燃并引燃周边可燃物,火势最终蔓延成灾。

调查人员经现场实地勘察、调取监控视频、询问当事人及目击者,认定井某应承担因过失而引发火灾的责任。根据《中华人民共和国消防法》第六十四条的规定,井某被行政拘留十五日。

(7)员工要做到"三懂三会",即懂得本职业的火灾危险性、懂得基本消防常识、懂得预防火灾的知识,会报火警、会扑救初期火灾、会组织疏散人员。

 自我测评

劳动安全常识自我测评

准备好笔,然后对下列测验题做出"是"或"否"的回答。

(1)你是否接受过劳动安全培训?

(2)你是否知道用电设备一定要有漏电保护装置?

(3)你是否能正确使用灭火器?

(4)你是否知道不能用手代替工具操作?

(5)你是否穿戴安全防护用品后再进入危险场所?

(6)你是否从不违规操作电气设备?

(7)你是否在劳动过程中听从指挥?

(8)你是否能列举出至少两种劳动安全防护用品,并说出它的用途?

回答"是"计1分,回答"否"计0分。

结果分析:

0~3分:你需要加强劳动安全常识学习;否则,在劳动过程中很可能会出现安全问题。

4~7分:你具有一定的劳动安全常识,但还应进一步学习劳动安全知识。

8分:你的劳动安全常识丰富,但在劳动过程中不能放松警惕。

四、警惕职业病

职业病是指企业、事业单位和个体经济组织等用人单位的劳动者在职业活动中,因接触粉尘、放射性物质和其他有毒、有害因素而引起的疾病。

根据2013年印发的《职业病分类和目录》,职业病包括职业性尘肺病及其他呼吸系统疾病、职业性皮肤病、职业性眼病、职业性耳鼻喉口腔疾病、职业性化学中毒、物理因素所致职业病、职业性放射性疾病、职业性传染病、职业性肿瘤和其他职业病10大类,共132种。

上述职业病中，职业性尘肺病是我国最常见的职业病。国家卫生健康委员会发布的《2020年我国卫生健康事业发展统计公报》显示，2020年，全国共报告各类职业病新病例17064例，其中职业性尘肺病病例有14367例。职业性尘肺病对人体危害大，且一般无法治愈。矿工（图9-9）若在工作中长期吸入生产性粉尘，就有患职业性尘肺病的风险。

图9-9　矿工

 案例在线

矿工必须防备的杀手

汤某2007年入职山西省大同市某煤矿公司，从事打眼放炮工作。2021年5月，汤某开始出现咳嗽、胸闷、呼吸不畅、双脚水肿等症状，遂到医院检查。检查结果显示，汤某的肺部大面积纤维化，肺功能严重衰退。随后，汤某确诊为职业性尘肺病。

在煤矿公司工作以来，汤某长期在封闭的矿井中钻眼、炸矿石，但汤某每次工作时，煤矿公司只为其提供一个安全帽和一个口罩。由于防护措施不到位，汤某吸入了大量生产性粉尘，不幸患上了职业性尘肺病。

职业病防治与广大劳动者的身体健康和生命安全息息相关。劳动者在劳动前应积极接受职业卫生知识培训，在劳动过程中正确使用并及时更换安全防护用品，定期进行健康检查，学会用《中华人民共和国职业病防治法》（以下简称《职业病防治法》）等法律法规维护自己的权益。

（1）《职业病防治法》第十五条规定，产生职业病危害的用人单位的设立除应当符合法律、行政法规规定的设立条件外，其工作场所还应当符合下列职业卫生要求：

① 职业病危害因素的强度或者浓度符合国家职业卫生标准；

② 有与职业病危害防护相适应的设施；

③ 生产布局合理，符合有害与无害作业分开的原则；

④ 有配套的更衣间、洗浴间、孕妇休息间等卫生设施；

⑤ 设备、工具、用具等设施符合保护劳动者生理、心理健康的要求；

⑥ 法律、行政法规和国务院卫生行政部门关于保护劳动者健康的其他要求。

（2）《职业病防治法》第二十条规定，用人单位应当采取下列职业病防治管理措施：

① 设置或者指定职业卫生管理机构或者组织，配备专职或者兼职的职业卫生管理人员，负责本单位的职业病防治工作；

② 制定职业病防治计划和实施方案；

③ 建立、健全职业卫生管理制度和操作规程；

④ 建立、健全职业卫生档案和劳动者健康监护档案；

⑤ 建立、健全工作场所职业病危害因素监测及评价制度；
⑥ 建立、健全职业病危害事故应急救援预案。

 政策引领

职业健康是健康中国建设的重要基础和组成部分，事关广大劳动者健康福祉与经济发展和社会稳定大局。为贯彻落实党中央、国务院关于加强职业健康工作的决策部署，2021年12月，《国家职业病防治规划（2021—2025年）》（以下简称《规划》）印发，提出了我国2021—2025年职业病防治的主要任务：

（1）深化源头预防，改善工作场所劳动条件。
（2）严格监管执法，提高职业健康监管效率。
（3）强化救治措施，提升职业病患者保障水平。
（4）推动健康企业建设，提升职业人群健康水平。
（5）加强人才培养，强化技术支撑体系建设。
（6）推动科技创新，引领职业健康高质量发展。
（7）推进信息化建设，提升职业健康管理效能。
（8）加强宣教培训，增强全社会职业健康意识。

《规划》的目标为：到2025年，我国职业健康治理体系更加完善，职业病危害状况明显好转，工作场所劳动条件显著改善，劳动用工和劳动工时管理进一步规范，尘肺病等重点职业病得到有效控制，职业健康服务能力和保障水平不断提升，全社会职业健康意识显著增强，劳动者健康水平进一步提高。

第三节　掌握急救常识，守护生命之花

 课堂引例

大学生利用急救知识在列车上救人

在返乡的列车上，一位乘客突然昏倒，他挺身而出，不顾乘客口中污物，用在校学习的专业急救知识救人，使该乘客转危为安。他就是上海海事大学学生小陈。

一列从上海开往郑州的列车即将到达镇江站时，8号车厢内一位40多岁的女乘客突然昏倒在地，口吐白沫，列车长立即通过车内广播寻求帮助。小陈闻讯赶到8号车厢，主动询问并检查该乘客的情况，发现其脉搏微弱，体温下降。此时正值列车进站，他与列车员一起将乘客抬上站台，配合实施胸外按压和人工呼吸。经过10多分钟的紧急抢救，该乘客面色逐渐好转，最终脱离生命危险。

"小陈不顾病员口中的污物，实施紧急救援，感动了在场的许多乘客和工作人员，真的

很难得!"列车长对小陈的救人行为连连点赞。

"我察看后发现病员神志丧失、脉搏微弱,已无自主呼吸,心里也很紧张,但是想到自己在学校认真学过胸外按压和人工呼吸等急救方法,于是决定试一试,为医生抢救病员争取时间。"小陈说。这是小陈第一次用所学的急救知识救人,在得知病员转危为安后,他很欣慰:"我从小在农村长大,父母一直教育我做老实人,多做善事,我只是力所能及地帮助了别人,这没什么。"

【想一想】
(1)当有人昏倒时,应如何进行急救?
(2)我们应该掌握哪些急救常识?

在生活中,某些突发的意外伤害和危重急症一旦处理不当,往往会使小伤变成重伤、小病变成大病。如果掌握一些急救的常识,当身边的人发生意外时,就能有条不紊地及时对其加以救治与护理。

一、触电急救

当有人不小心触电时,应迅速断开电源或用干木棍、干竹竿绝缘体等挑开电线(图9-10),注意不能直接用手拉开触电者。然后,立即检查触电者的心跳和呼吸情况,若触电者已停止呼吸,则应立即对其进行胸外按压和人工呼吸,同时拨打急救电话,寻求专业人员的帮助。

图9-10 用绝缘体挑开电线

二、意外受伤急救

当有人因受伤大出血时,应保持冷静,迅速评估伤口大小和出血情况,然后找一个能完全覆盖伤口的干净敷料(如毛巾、纱布等)按压伤口进行止血。需要注意的是,按压伤口时一定施加足够的压力,不能轻轻覆盖,否则无法达到止血的目的。

 拓展阅读

常用的止血方法

常用的止血方法有以下几种:

(1)伤口加压法。这种方法适用于出血量不太大的一般伤口。其具体做法是:如果伤口没有异物,用干净的纱布、毛巾、绷带等物或直接用手紧压伤口;如果出血较多,可以用纱布、毛巾等柔软物垫在伤口上,再用绷带包扎以增加压力。

（2）手压止血法。用手指或手掌压迫伤口近心端的动脉，将动脉压向深部的骨头，以阻断血液流通。这种方法通常与其他止血方法配合使用，其关键是要掌握身体各部位血管止血的压迫点。手压止血法仅限无法止住伤口出血，或准备敷料包扎伤口的时候。施压时间切勿超过15分钟，如施压过久，肢体组织可能会因缺氧而损坏。

（3）止血带法。这种方法适合在四肢伤口大量出血时使用。主要是用止血带（图9-11）绞紧止血，绑扎松紧要适宜，以出血停止、远端不能摸到脉搏为好。使用止血带的时间越短越好，最长不宜超过3小时。在此时间内，每隔半小时（冷天）或1小时慢慢解开、放松一次，每次放松1~2分钟，放松时可用手压止血法暂时止血。不到万不得已时不要轻易使用止血带，因为使用止血带有可能把远端肢体的全部血流阻断，造成组织缺血，时间过长时会引起肢体坏死。

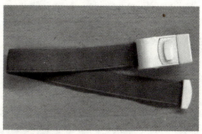

图9-11　止血带

三、烫伤急救

一旦有人被烫伤，应立即用流动的冷水冲洗或用凉毛巾冷敷伤口，以冷却伤口并减轻疼痛。如果伤口上有衣物覆盖，应先用冷水直接浇在衣物上降温，充分泡湿伤口后再小心除去衣物。如果衣物和伤口周围的皮肤粘连在一起，切勿直接拉开衣物，应将未粘连部分剪去，把粘连部分留在皮肤上，然后用清洁纱布覆盖，以防污染，并尽快送医。

劳动小贴士

被烫伤时，要注意以下两点：

（1）不能采用冰敷的方式治疗烫伤，冰会损伤已经破损的皮肤，导致伤口恶化。

（2）不要弄破水泡，也不要随意将抗生素药膏或油脂涂抹在伤口处，这些黏糊糊的物质很容易沾染脏东西，不利于伤口恢复。

四、中暑急救

当有人中暑后，应及时将其转移到阴凉通风处，让其平卧，解开衣服，同时喂其服用一些含盐分的清凉饮料（不可大量补充水分，否则会引起呕吐、腹痛、恶心等症状），然后用扇子或电风扇吹风，加快散热，如图9-12所示。若中暑情况较为严重，必须立即送往医院诊治。

图9-12 中暑急救

五、心脏骤停急救

心脏骤停是医学领域最危急的情况之一，若得不到及时有效的救治，4～6分钟后会对患者的脑部和其他重要器官、组织造成不可逆的损害，甚至致其死亡。心脏骤停有宝贵的4分钟黄金抢救时间，学习心脏骤停的急救方法在关键时刻能救命。

（一）判断心脏骤停的方法

心脏骤停起病急、死亡率高，及时识别心脏骤停尤为重要。在确保周围环境安全的前提下，应识别心脏骤停的关键点，即"三停"。

（1）意识停止：判断患者的意识状态，可用力拍打患者双肩并大声询问"喂，你怎么啦？"以看其是否有反应。

（2）呼吸停止：如患者意识停止，迅速判断患者是否有呼吸，一般是侧脸于患者鼻前感受是否有气流，同时侧头平视患者胸廓，看是否有起伏变化。

（3）心跳停止：主要判断有无颈动脉搏动，常用方法为一手食指与中指并拢伸直，置于患者喉结旁的凹陷处，用指腹感受是否有搏动，判断时间6～10秒。

若确定"三停"，须拨打120求救（建议充分利用手机免提功能）。

（二）心肺复苏

心肺复苏包括三个步骤，即胸外按压、开放气道和人工呼吸。

（1）进行胸外按压时，应让患者平卧于硬质平面上，解开衣扣及裤带，按压两乳头连线的中点（图9-13）。将左手手掌置于患者胸部中央，右手手掌置于左手手背上，双手十指相扣；上身前倾，双臂垂直，以自身的髋关节为轴，用上身的力量向下按压患者胸骨，持续按压30次（图9-14）。频率为100～120次/分，深度为胸骨下陷3～5厘米，按压过程中

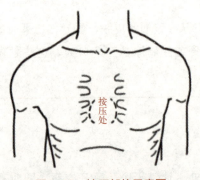

图9-13 按压部位示意图

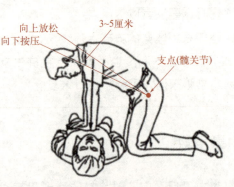

图9-14 按压要点示意图

应最大限度减少中断。

（2）开放气道主要是使患者下巴与耳垂的连线垂直于地面，呈"鼻孔朝天"状态（图9-15）。但要注意，开放气道前应该检查口腔内有无分泌物及假牙，有则应先将头偏向一侧，取出分泌物及假牙。

（3）进行人工呼吸时，要保证缓慢用力，将气体吹入患者口中，同时用余光观察患者的呼吸情况，吹气以胸廓明显上抬为准，然后放开患者的口鼻，使气体流畅排出（图9-16）。

30次按压后，开放患者气道并进行两次人工呼吸，以上为一组心肺复苏操作，连续进行5组（约2分钟）以后再检查患者情况，判断意识、呼吸、心跳等是否恢复，时间为5～10秒。现在也有研究认为，不进行人工呼吸，仅进行按压，也能起到抢救效果。

图9-15 开放气道示意图

图9-16 人工呼吸示意图

 实践活动

设计劳动安全宣传方案

现实生活中，部分大学生缺乏劳动安全知识，在参加劳动时可能会面临危险。例如，大学生不清楚机械安全操作规程，擅自使用、摆弄机械；不清楚安全防护用品的用途和使用方法；不清楚发生危险后如何正确救助他人；等等。

为了让大学生深刻体会劳动安全的重要性，引导大学生强化劳动安全意识，提高劳动安全防范能力，班级组织开展"设计劳动安全宣传方案"活动。

【活动记录】

活动开展计划：

活动开展难点及解决方案：

心得体会：

【活动评价】

教师可参考表9-2对学生实践活动的表现进行评价。

表9-2 实践活动评价表

评价标准	分值	分数小计	教师评价
活动准备工作做得充分，活动过程记录详细	10		
对劳动安全的相关知识理解透彻	20		
宣传方案贴近实际	30		
宣传方案条理清晰	20		
宣传方案有较强的教育意义	20		
总计	100		

第十章

强化法治意识，保障合法权益

大学生是国家宝贵的人力资源，是社会的新生力量，也是未来社会劳动关系中的重要主体。但是，部分大学生法治意识薄弱、法律常识缺失、用法能力亟待提升，导致其在实习、就业等过程中权益容易受到侵犯。加强大学生劳动法治教育，引导大学生强化劳动法治意识、遵守劳动纪律、维护自己的合法权益，不仅是劳动教育的重要内容，也是构建和谐劳动关系的必然要求。

第一节 学习法律法规，明辨权利义务

 课堂引例

遭遇性别歧视，女大学生主动维权

女大学生小胡在某招聘网站上看到了某公司文案策划岗位的招聘信息，她认为自己的专业和实习经历符合招聘要求，便提交了简历。等待多天后，小胡没有得到任何回复，便又打开了该招聘网站，发现网页上多了一条"限男性"的要求。小胡很不解，于是打电话询问该公司招聘负责人，对方表示该岗位不适合女性，并且公司更需要男性员工。意识到自己遭遇了性别歧视的小胡向当地人民法院提起诉讼。

法官认为，被告不对原告是否符合招聘要求进行审查，就以原告的性别为由拒绝原告应聘，其行为侵犯了原告平等就业的权利，属于就业歧视。人民法院遂判决该公司赔偿小胡2000元精神损害抚慰金。

【想一想】

（1）劳动者有哪些权利？

（2）如果你的劳动权利受到侵害，你会如何做？

一、我国的劳动法律制度

劳动法律制度是指调整劳动关系以及与劳动关系有密切联系的其他社会关系的法律制度。完善的劳动法律制度有利于保障劳动者的基本权利、维护劳动关系和谐稳定、促进市场经济平稳发展。

（一）我国劳动法律制度的构成

我国现行的劳动法律制度由多层次的法律法规和规章制度等构成，具体包括以下内容。

1.法律

由全国人民代表大会常务委员会颁布的劳动法律有《中华人民共和国劳动法》（以下简称《劳动法》）、《中华人民共和国劳动合同法》（以下简称《劳动合同法》）、《中华人民共和国工会法》《中华人民共和国职业病防治法》《中华人民共和国安全生产法》《中华人民共和国矿山安全法》等。

2.行政法规

由国务院颁布的劳动行政法规主要有《禁止使用童工规定》《失业保险条例》《工伤保险条例》《劳动保障监察条例》等。

3.部门规章

由中华人民共和国劳动和社会保障部（2008年，被划入中华人民共和国人力资源和社会保障部）颁布的劳动规章主要有《集体合同规定》《最低工资规定》等。

4.地方性法规和地方政府规章

地方人民代表大会及其常务委员会根据劳动法律、劳动行政法规，制定了部分地方性劳动法规，如《湖南省劳动保障监察条例》《河北省工会劳动法律监督条例》等。地方政府部门根据劳动法律、劳动行政法规和地方性劳动法规制定了本地区劳动规章，如《辽宁省女职工劳动保护办法》《广东省劳动人事争议处理办法》等。

5.司法解释

司法解释是指司法机关对法律、法规的具体应用问题所作的说明。有关劳动法律法规的司法解释有《最高人民法院关于审理劳动争议案件适用法律问题的解释（一）》《最高人民法院关于审理拒不支付劳动报酬刑事案件适用法律若干问题的解释》等。

（二）我国劳动法律制度的分类

我国的劳动法律制度主要包括以下几类。

1.劳动关系方面的法律制度

劳动关系方面的法律制度是调整劳动关系最基础的法律制度，《劳动合同法》在该法律制度中占据主体地位。在市场经济条件下，劳动关系主要通过用人单位与劳动者订立劳动合同来建立。由于劳动者相对于用人单位而言是弱势群体，劳动合同中容易出现一些对劳动者不利的条款，这就需要用《劳动合同法》来规范。

2.劳动基准方面的法律制度

劳动基准方面的法律制度是指国家制定的关于劳动者最基本劳动条件的法律制度，包括《最低工资规定》《国务院关于职工工作时间的规定》等。其目的是改善劳动条件、保障劳动者的基本生活、避免伤亡事故的发生。这些法律规范都属于强制性规范，用人单位必须遵照执行。

3.劳动力市场方面的法律制度

劳动力市场方面的法律制度是指调节劳动力市场、促进劳动者就业的法律制度，包括《中华人民共和国就业促进法》（以下简称《就业促进法》）、《国务院关于加强职业培训促进就业的意见》《就业服务与就业管理规定》等。就业是民生之本，因此国家采取了各种宏观调控手段创造就业机会，实现劳动者充分就业。

4.社会保险方面的法律制度

社会保险方面的法律制度是指保障劳动者基本生存条件、提高劳动者生活质量的法律制度，包括《中华人民共和国社会保险法》（以下简称《社会保险法》）以及《失业保险条例》等。

5.劳动权利保障与救济方面的法律制度

劳动权利保障与救济方面的法律制度包括《劳动保障监察条例》《中华人民共和国劳动争议调解仲裁法》（以下简称《劳动争议调解仲裁法》）等。在实践中，部分用人单位会忽视甚至侵犯劳动者的劳动权利，劳动监察对劳动法律制度的实施和劳动者劳动权利的实现起着至关重要的作用。此外，在劳动过程中，劳动争议经常出现，以《劳动争议调解仲裁法》等法律法规为基础建立的劳动争议解决机制是保障当事人合法权益的有力武器。

法治中国

劳动保障法治建设作为国家法治建设的重要组成部分，自中华人民共和国成立以来走过了70余年的辉煌历程。特别是改革开放以来，我国在劳动关系、社会保险和促进就业等方面都制定了法律法规，劳动保障法治建设硕果累累。

1. 劳动保障法律体系不断完善

中华人民共和国成立后，我国废除了不合理的劳动制度，建立了与经济社会发展相适应的劳动保障政策法规，保障了劳动者的经济权利和政治权利。

1949年通过的《中国人民政治协商会议共同纲领》对劳动立法和用工实践提出了诸多指导原则，包含了我们现在使用的工时制度、最低工资制度、特殊群体劳动权益保护制度、安全生产制度的雏形。1954年颁布的《中华人民共和国宪法》（以下简称《宪法》），明确规定了中华人民共和国公民有劳动的权利、休息的权利，以及在年老、疾病或者丧失劳动能力的情况下获得物质帮助的权利，同时规定了国家有义务逐步扩大劳动就业，改善劳动条件和工资待遇。

1994年7月5日，《劳动法》颁布。这是我国第一部全面规范调整劳动关系的基础性、综合性法律。《劳动法》建立了全面适应市场经济发展的劳动力市场制度；通过实行全员劳动合同制度，建立新型劳动关系，改变了计划经济时期的"铁饭碗"；建立了包括促进就业、劳动合同和集体合同、劳动基准、社会保险以及劳动争议处理等在内的劳动法律制度体系，为进一步深化劳动法体系提供了制度框架。

此后，《劳动法》配套的行政法规、部门规章陆续出台。国务院修订了《国务院关于职工工作时间的规定》，发布了《失业保险条例》《社会保险费征缴暂行条例》《工伤保险条例》，原中华人民共和国劳动和社会保障部陆续颁布了《工资支付暂行规定》《集体合同规定》等47个部门规章。

2004年，国务院出台《劳动保障监察条例》，为维护劳动者合法权益和保障劳动保障法律法规有效实施提供了重要执法依据。

2007年，《劳动合同法》《就业促进法》《劳动争议调解仲裁法》出台。2007年也因此被称为"劳动立法年"。随后，国务院发布《职工带薪年休假条例》《中华人民共和国劳动合同法实施条例》。

2010年，《社会保险法》出台。就在这一年，党的十五大提出的到2010年形成中国特色社会主义法律体系的立法工作目标如期实现。

以上述几部重要法律和行政法规为支架，以系列配套部门规章、各地出台的地方性法规和政府规章为补充，我国基本形成了劳动保障法律体系框架，总结和巩固了劳动和社会保障制度改革的成果，为实际工作奠定了坚实基础。

2. 依法治理使民生之基更加牢固

在完善法治的基础上，政府部门主动作为、依法履职，坚持以人民为中心的发展思想，让劳动保障法治建设成果充分发挥作用。尤其是进入21世纪的第二个十年，依法治理成为政府管理的重要特征。党的十八届四中全会通过了《中共中央关于全面推进依法治国若干重大问题的决定》，明确了全面推进依法治国的总目标。劳动保障法治建设的进一步巩固、调整、细化和深化，实现了法治建设与劳动保障业务相互促进、相得益彰，在增强人民群众获得感、幸福感的进程中不断取得更大成绩。

3. 法治理念深入人心

为进一步强化劳动保障法治理念对社会各个层面的影响，近年来，普法成为重要的执法与法治文化建设手段。2017年，中华人民共和国人力资源和社会保障部发布《人力资源社会保障部关于贯彻"谁执法谁普法"普法责任制的实施意见》，细化了普法工作措施。农民工工资支付、工伤保险、12333全国统一咨询日等主题宣传活动火热开展，各地充分利用互联网，通过普法宣传队、普法讲师团、微信普法平台、网络学法平台等渠道，组织开展法律知识竞赛、普法微视频征集评选等，用多种形式、多角度、全方位地宣传相关法律法规和政策。

经过劳动保障法治建设的洗礼，全社会劳动保障法治观念普遍增强。70余年来的劳动保障法治建设，为我国经济良性发展保驾护航，让社会主义法治"以人为本""以人民为中心"的原则落到实处。

二、劳动者的权利

我国建立完善的劳动法律制度，其中一个重要目的就是保障劳动者的权利。《劳动法》第三条第一款规定："劳动者享有平等就业和选择职业的权利、取得劳动报酬的权利、休息休假的权利、获得劳动安全卫生保护的权利、接受职业技能培训的权利、享受社会保险和福利的权利、提请劳动争议处理的权利以及法律规定的其他劳动权利。"下面分别介绍这些权利。

（一）平等就业的权利

劳动者享有平等就业的权利包括三层含义：

（1）任何劳动者都有平等就业的权利和资格，不因民族、种族、性别、年龄、文化、宗教信仰、经济能力而受到限制。

（2）任何劳动者都有平等地参与职位竞争的权利，用人单位不得歧视劳动者。《劳动法》第十三条规定："妇女享有与男子平等的就业权利。在录用职工时，除国家规定的不适合妇女的工种或者岗位外，不得以性别为由拒绝录用妇女或者提高对妇女的录用标准。"

（3）平等不等于同等，平等是对于符合职位条件的劳动者而言的，而不是不论劳动者条件如何都同等对待。

（二）选择职业的权利

劳动者选择职业的权利是指劳动者具有支配自身劳动力的权利，可根据自身的素质、能力、志趣和爱好，选择用人单位和工作岗位。

（三）取得劳动报酬的权利

劳动者付出劳动，依照劳动合同和国家有关法律法规取得报酬，是劳动者的权利。及时足额向劳动者支付报酬，是用人单位的义务。《劳动法》第五十条规定："工资应当以货币形式按月支付给劳动者本人。不得克扣或者无故拖欠劳动者的工资。"

《劳动合同法》第三十条第一款规定："用人单位应当按照劳动合同约定和国家规定，向劳动者及时足额支付劳动报酬。"

《劳动合同法》第三十条第二款规定："用人单位拖欠或者未足额支付劳动报酬的，劳动者可以依法向当地人民法院申请支付令，人民法院应当依法发出支付令。"

 案例在线

拖欠工资被判支付经济补偿

2019年3月7日，周某入职S机械智能设备有限公司（以下简称"S公司"），担任装载机司机一职。双方在劳动合同中约定，S公司于次月9日发放周某当月工资。

2021年11月10日，周某以S公司"未及时足额支付劳动报酬"为由，申请劳动仲裁，要求解除与S公司的劳动合同，由S公司补发工资并支付经济补偿。

据劳动争议仲裁委员会了解，S公司于2021年9月9日向周某发放了2021年7月份的工资，于2021年10月15日向周某发放了2021年8月份的工资，于2021年11月9日向周某发放了2021年9月份的工资。S公司承认其存在向周某延迟1个月左右发放工资的情况。

根据《劳动合同法》第三十八条和第四十六条，用人单位未及时足额支付劳动报酬，解除劳动合同时应向劳动者支付经济补偿。劳动争议仲裁委员会遂作出裁决：S公司解除与周某的劳动合同，并向周某支付10月份和11月份的工资以及14015.07元经济补偿（周某在S公司工作32个月按3年计算，解除劳动合同前12个月的平均工资为4671.69元，两者相乘得14015.07元）。

（四）休息休假的权利

休息休假时间是劳动者根据法律法规规定，在国家机关、社会团体、企业事业单位以及其他组织任职期间内，不必从事生产和工作而自行支配的时间。关于劳动者休息休假的权利，《宪法》第四十三条第一款规定："中华人民共和国劳动者有休息的权利。"《宪法》第四十三条第二款规定："国家发展劳动者休息和休养的设施，规定职工的工作时间和休假制度。"

《劳动法》第三十六条规定："国家实行劳动者每日工作时间不超过八小时、平均每周工作时间不超过四十四小时的工时制度。"《劳动法》第三十八条规定："用人单位应当保证劳动者每周至少休息一日。"

此外，我国实行带薪年休假制度。劳动者连续工作一年以上的，享受带薪年休假。

 探究与分享

（1）我国法定节日有哪些？各放几天假？

（2）带薪年休假是劳动者连续工作满1年后，每年依法享有的保留职务和工资的一定期限连续休息的假期。劳动者累计工作已满1年不满10年、已满10年不满20年、已满20年时，带薪年休假分别为几天？

（3）劳动者本人结婚或劳动者的直系亲属（父母、配偶和子女）死亡时，用人单位应给予几天的婚丧假？

（五）获得劳动安全卫生保护的权利

劳动安全卫生保护是对劳动者生命安全和身体健康的保护。关于劳动者获得劳动安全卫生保护的权利，《劳动法》第五十四条规定："用人单位必须为劳动者提供符合国家规定的劳动安全卫生条件和必要的劳动防护用品，对从事有职业危害作业的劳动者应当定期进行健康检查。"

（六）接受职业技能培训的权利

职业技能培训是指对准备就业和已经就业的劳动者，以培养或提高基本职业技能为目的而进行的技术业务知识和实际操作技能教育与训练。

《劳动法》第六十六条规定："国家通过各种途径，采取各种措施，发展职业培训事业，开发劳动者的职业技能，提高劳动者素质，增强劳动者的就业能力和工作能力。"用人单位不得干涉或阻止劳动者接受职业技能培训。

（七）享受社会保险和福利的权利

社会保险是指劳动者从国家或社会获得补偿或物质帮助的保障制度。《劳动法》第七十条规定："国家发展社会保险事业，建立社会保险制度，设立社会保险基金，使劳动者在年老、患病、工伤、失业、生育等情况下获得帮助和补偿。"与之对应，我国现行的社会保险制度可分为基本养老保险、基本医疗保险、工伤保险、失业保险、生育保险等。

关于劳动者享受福利的权利，《劳动法》第七十六条第一款规定："国家发展社会福利事业，兴建公共福利设施，为劳动者休息、休养和疗养提供条件。"

《劳动法》第七十六条第二款规定："用人单位应当创造条件，改善集体福利，提高劳动者的福利待遇。"

（八）提请劳动争议处理的权利

劳动争议是指用人单位与劳动者之间因劳动关系所发生的纠纷。关于劳动者提请劳动争议处理的权利，《劳动法》第七十七条第一款规定："用人单位与劳动者发生劳动争议，当事人可以依法申请调解、仲裁、提起诉讼，也可以协商解决。"

（九）法律规定的其他劳动权利

法律规定的其他劳动权利包括依法参加和组织工会的权利；依法参与民主管理的权利；依法参加社会义务劳动的权利；从事科学研究、技术革新、发明创造的权利；依法解除劳动合同的权利；对用人单位管理人员违章指挥、强令冒险作业，有权拒绝执行；对危害生命安全和身体健康的行为有权提出批评、举报和控告；等等。

三、劳动者的义务

权利和义务是统一的，劳动者在行使法定权利的同时，也应履行法定义务。《劳动法》第三条第二款规定："劳动者应当完成劳动任务，提高职业技能，执行劳动安全卫生规程，遵守劳动纪律和职业道德。"

（一）完成劳动任务

劳动者一旦与用人单位订立劳动合同，就必须履行相应的义务，其中最主要的义务就是完成劳动任务。劳动者不能完成劳动任务，意味着违反劳动合同的约定，用人单位可以解除劳动合同。

（二）提高职业技能

努力学习理论知识，提高职业技能，成为适应社会主义建设需要的熟练劳动者，既是劳动者应该履行的义务，也是劳动者促进自身发展、更好地实现自我价值的客观需要。

（三）执行劳动安全卫生规程

劳动者必须严格执行国家以及用人单位制定的劳动安全卫生规程，从而保障自己的生命安全和身体健康，顺利完成劳动任务。

（四）遵守劳动纪律和职业道德

劳动者有遵守劳动纪律和职业道德的义务。其中，遵守劳动纪律的相关知识将在第十章第二节进行介绍，下面主要介绍有关职业道德的内容。

职业道德是指劳动者在职业活动中应当遵守的道德，是一般社会道德在职业活动中的体现。劳动者应当遵守爱岗敬业、诚实守信、办事公道、服务群众、奉献社会的社会主义职业道德，在劳动中培养良好的道德品质。

在社会主义制度下，每位劳动者都是国家的主人。劳动者的主人翁地位由自身享有的基本权利和应履行的基本义务决定。劳动者的权利和义务相互依存、不可分割。大学生应深刻理解劳动者权利和义务相统一的内涵，以勇敢的担当精神和强烈的使命意识，在享受劳动者权利的同时更好地履行义务，按照社会主义职业道德的要求，做一名合格的新时代劳动者。

 劳动模范

赵庆祥，男，汉族，1965年12月生，中共党员，国家电网河北省电力有限公司邢台供电分公司桥东供配电中心供电抢修一班班长。多年来，赵庆祥参与抢修排险4万余次，行程累计16万千米，他用担当书写了共产党员不忘初心、至诚为公的价值追求。

1. 忠诚履责，守护电网

自1999年转业至邢台供电分公司供电抢修岗位以来，赵庆祥时刻以共产党员和军人的标准严格要求自己，日夜守卫电网安全。20多年来，他始终扎根抢修一线，手机24小时开机，每年除夕夜坚守岗位；共完成1000余次上门服务，近300次义务宣传，帮助客户处理用电问题上千次；练就了10分钟诊断事故的绝活，大幅提升了抢修效率。赵庆祥始终在急难险重任务中发挥带头作用，2016年"7·19"邢台特大水灾期间，他冲锋在抗洪抢险第一线，冒着触电危险，涉水冲入地下配电室，断开电源。

2. 苦干实干，敢于创新

多年来，赵庆祥始终坚持传承工匠精神，干一行、钻一行、精一行，以实干创新提升抢修效率和业务技能，争当创新创效先锋。1984年，作为部队电力保障骨干人员，他参与了我国第一颗通信卫星发射工作。转业后，他立足岗位创新提效，研发出架空避雷器摇臂升降装置，大幅提升了工作效率。为解决邢台市首条电缆入地项目中"环网柜相序区分"难题，他"泡"在工地20多天，研制出无线核相仪，使抢修时间缩短了一半以上。

2021年，赵庆祥被评为第八届全国道德模范。

第二节　遵守劳动纪律，增强责任意识

 课堂引例

无视劳动纪律，自尝辞退苦果

陶某于2019年5月8日进入A公司工作。A公司安排陶某自2020年2月10日起居家办公。在此期间，陶某的主管领导一直通过某工作软件与其沟通工作事务。

2020年2月14日、3月6日和4月9日，主管领导通过工作软件与陶某沟通工作事务时，陶某当天均未回复，严重影响了整个团队的工作进展。因此，2020年4月13日，A公司通过邮箱向陶某做出第一次书面警告，要求其立即改正，并向其明确强调居家办公的要求：工作时间为周一至周五10:00—19:00（12:00—13:00午休时间除外），员工需要及时回复消息，半小时内不回复消息视为旷工，公司书面警告超过2次将予以辞退。

陶某收到A公司的警告后，不以为然，仍然不及时回复消息。2020年4月14日，主管领导于9:40通过工作软件与其沟通工作事务，陶某直到15:00才回复。于是，2020年4月14日，A公司对陶某做出第二次书面警告。

然而，陶某屡教不改，仍无视A公司的书面警告。2020年4月16日15:46，主管领导通过工作软件与其沟通当天工作，陶某一直未回复消息。于是，A公司于2020年4月17日对陶某做出第三次书面警告。累计3次警告后，陶某仍然无视公司管理规定，每次晚回复消息均超过一个小时。2020年4月23日，A公司以陶某屡次不服从公司管理，严重违反劳动纪律为由，向陶某送达解除劳动合同通知书。

陶某遂向劳动争议仲裁委员会申请仲裁，要求A公司支付违法解除劳动合同赔偿金72000元。劳动争议仲裁委员会认为陶某的行为严重违反劳动纪律，A公司在此情况下与其解除劳动合同并无不当，遂裁决A公司无须向陶某支付赔偿金。

【想一想】

（1）为什么要遵守劳动纪律？

（2）在劳动过程中，我们应该如何遵守劳动纪律？

一、劳动纪律的内容

劳动纪律是指在劳动过程中，为取得行动一致，保证工作正常进行，劳动者所必

须遵守的行为准则。不论在何种生产方式下，只要进行共同劳动，劳动者就必须遵守劳动纪律；否则，共同劳动就无法进行。

图10-1　按规定的时间到达工作岗位

劳动纪律主要包括以下内容。

（1）履约纪律：严格履行劳动合同中规定的义务以及违约时应承担的责任。

（2）考勤纪律：按规定的时间到达工作岗位（图10-1），按要求请休事假、病假、年休假、探亲假等。

（3）工作纪律：根据工作岗位职责及规则，按时保质保量完成工作任务；节约原材料；爱护公共财物。

（4）安全卫生纪律：严格遵守技术操作规程和安全卫生规程。

（5）保密纪律：保守用人单位的商业秘密。

（6）奖惩制度：遵纪奖励与违纪惩罚规则。

（7）其他纪律：其他与劳动紧密相关的规章制度。

应该注意的是，用人单位的劳动纪律或规章制度必须合法，否则劳动者可以拒绝遵守。

 案例在线

违反基本劳动纪律被解除劳动合同

代某于2021年进入一家设计公司工作，双方约定代某的试用期为3个月。其间，领导发现代某入职不到半个月已迟到3次，并且多次与同事发生冲突，工作时打瞌睡，严重影响了公司的工作氛围。据此，领导告知代某，因其试用期考核不合格，公司将单方面与其解除劳动合同。

代某对公司的决定表示不服，认为自己迟到是因为堵车，而工作时打瞌睡是自己无法控制的，加之公司之前发布的招聘信息中，并没有将上述行为列为限制录用条件，因此公司不能单方面解除劳动合同。代某随后向劳动争议仲裁委员会申请仲裁，要求公司向其支付赔偿金。

劳动争议仲裁委员会认为，遵章守纪是公司对劳动者最起码的要求，不迟到、不早退、不旷工是基本的劳动纪律，更是公司考核员工，尤其是试用期员工的重要内容，即便不写入公司的招聘信息或规章制度，员工也应该严格遵守，这是根据常识和职业道德即可判断的是非准则。

代某在试用期内的种种行为，表明其劳动纪律意识较差，不能严格遵守基本的劳动纪律，因此可认定其不符合正式录用条件。该公司以代某有义务严格遵守规章制度，试用期内考核不合格为由解除劳动合同，并不违反法律规定。据此，劳动争议仲裁委员会驳回了代某的仲裁请求。

二、遵守劳动纪律的重要性

没有规矩，不成方圆。有些劳动纪律与工作或生产效率关系密切，有些劳动纪律则直接影响人的生命安全。例如，医疗卫生部门的劳动纪律关系到病员和医务工作者的生命安全，交通运输部门的劳动纪律直接关系到旅客的生命安全，饮食行业的劳动纪律直接影响到食客的身体健康，高危行业的劳动纪律直接关系到劳动者的生命安全。由此可见，遵守劳动纪律，不仅关系到集体的利益，还与劳动者的人身安全息息相关。

企业的效益与员工的利益密切相关。遵守劳动纪律是企业提高效益的重要保证，是劳动者履行劳动义务的体现，也是其享受劳动权利的前提。劳动者作为企业的一分子，应该自觉遵守企业的劳动纪律和操作规范，不断提高自身素质，增强工作责任心。

陈云的三项劳动纪律

1940年，由于日军的残酷"扫荡"和国民党顽固派的严密封锁，敌后抗日根据地和陕甘宁边区出现了严重困难。为了渡过难关，党中央决定通过生产运动解决和改善边区军队和人民的穿衣吃饭问题，即延安大生产运动。在此次运动中，时任中国共产党中央委员会组织部（以下简称"中组部"）部长的陈云制定了三项劳动纪律：①不无故不到；② 不迟到早退；③有事不到需有人代替。

这三项劳动纪律成为延安大生产运动中大家自觉遵守的劳动纪律。陈云身体不好，无法上山，大家劝他不要参加。但陈云认为不能搞特殊，无法上山，就在山坡下的菜园里种菜。他和上山的干部一样按时出工，在菜园里干整整半天，认真完成劳动任务。当时，生产中突出的问题是肥料不足，陈云和中组部的同志就带头收集肥料。此外，在中组部组织的纺线比赛中，陈云纺得又快又好，经常拿第一名。1942年2月，陕甘宁边区政府同中央机关及边区党委召开生产总结和表彰会，陈云等被评为特等劳动英雄。

在党中央、西北局和边区政府的直接领导下，在良好的劳动纪律支撑下，陕甘宁地区的生产运动取得了丰硕的成果，工业、农业、畜牧业、商业等实现了长足的发展。

三、如何做到遵守劳动纪律

用人单位如果没有劳动纪律约束，内部就会变成一盘散沙。劳动者如果蔑视劳动纪律，就难以在劳动中进步和成长。在劳动过程中，劳动者应当积极遵守劳动纪律，做到以下几点。

（一）强化纪律意识

强化纪律意识，要求劳动者克服惰性，依照用人单位的规章制度进行劳动，做到规章制度面前人人平等。

（二）严守操作规程

严守操作规程（图10-2）既是对用人单位的要求，也是对每个劳动者的要求。劳动者的工作情况直接影响用人单位的经济效益，进而影响劳动者的自身利益。用人单位的经济效益不佳，就无法提高劳动者的工资、改善劳动者的福利待遇。

图10-2　按操作规程作业

（三）提高个人素质

提高个人素质，一方面要求劳动者提高业务素质，即通过多种渠道学习业务知识，不断提高自己的劳动技能；另一方面要求劳动者提高自己的职业道德水平，做好本职工作。

 自我测评

劳动纪律意识自我测评

准备好笔，然后对下列测验题做出"是"或"否"的回答。
（1）我遵守学校的学习纪律，不迟到、不早退、不旷课。
（2）在日常的校园劳动中，我认真负责，服从安排。
（3）只要是我负责的班级值日活动，我都会积极劳动。
（4）上实训课时，我会根据老师的指导进行操作。
回答"是"计1分，回答"否"计0分。

结果分析：
0～1分：你需要强化劳动纪律意识，培养自己的劳动责任感。
2～3分：你具备一定的劳动纪律意识，但还可以进一步提高。
4分：你具备很强的劳动纪律意识，能够遵守规则。

第三节　增强知法守法意识，维护自身权益

 课堂引例

未签实习协议，权益无法保障

小宇在大四上学期进入某用人单位实习，所从事的工作与其他员工无异，但用人单位一直未与他签订实习协议或劳动合同。小宇一直工作到大四下学期，准备离职时，因加班费、交通补贴等问题与用人单位产生了分歧。

《劳动合同法》第八十二条第一款规定："用人单位自用工之日起超过一个月不满一年未与劳动者订立书面劳动合同的，应当向劳动者每月支付二倍的工资。"小宇据此要求用人单

位支付赔偿金，但是用人单位拒绝了小宇的要求。小宇遂将用人单位告上法庭，要求人民法院认定他与该用人单位之间存在事实劳动关系，并判决用人单位支付赔偿金。人民法院审理后认为，小宇的工作性质属于实习，并且在工作之初，该用人单位就知晓小宇的在校生身份，双方不存在劳动关系。据此，人民法院驳回了小宇的诉讼请求。

【想一想】
为避免出现与小宇类似的情况，大学生在实习时应当如何做？

一、如何维护实习权益

实习是人才培养的重要组成部分，是深化课堂教学的重要环节，是大学生了解社会、接触生产实际，获取、掌握生产现场相关知识的重要途径，在培养大学生实践能力、创新精神，树立事业心、责任感等方面有着重要作用。

但是大学生的法律意识普遍淡薄，一般不会主动要求与用人单位签订实习协议或劳动合同，当实习过程中发生争议时，他们往往难以维护自己的合法权利。为了维护实习期间的个人权益，避免发生争议时陷入被动局面，大学生应当与用人单位签订实习协议。

（一）实习协议的内容

实习协议主要包括如下内容。

1. 双方的基本信息

大学生的基本信息包括姓名、性别、身份证号码、地址等，用人单位的基本信息包括单位名称、单位性质、法定代表人、地址等。

2. 协议期限和工作时间

协议期限是指协议的有效时间，即实习期的时间。工作时间包括实习工作日和上下班时间安排等。

劳动小贴士

《关于加强和规范普通本科高校实习管理工作的意见》《职业学校学生实习管理规定》都规定了接收学生实习或顶岗的用人单位在实习期间除非有岗位特殊要求，一般不得安排学生加班和上夜班。

3. 实习内容和地点

大学生刚开始实习时，由于缺乏经验，可能会被用人单位安排从事一些基础性或辅助性工作。有些大学生觉得工作缺乏技术含量，难以体现自己的价值，久而久之，便失去工作积极性，从而无法达到实习的目的。鉴于此，大学生在实习前应了解工作内容，并让用人单位在实习协议中注明。此外，大学生还需要提前和用人单位确定实习地点。

4. 实习期待遇

实习工作可以为大学生提供接触社会、成长锻炼的机会。用人单位应在实习协议上注明工资的数额、支付方式和支付时间。

 明镜高悬

> 《职业学校学生实习管理规定》第十八条规定："接收学生岗位实习的实习单位，应当参考本单位相同岗位的报酬标准和岗位实习学生的工作量、工作强度、工作时间等因素，给予适当的实习报酬。在实习岗位相对独立参与实际工作、初步具备实践岗位独立工作能力的学生，原则上应不低于本单位相同岗位工资标准的80%或最低档工资标准，并按照实习协议约定，以货币形式及时、足额、直接支付给学生，原则上支付周期不得超过1个月，不得以物品或代金券等代替货币支付或经过第三方转发。"

5. 风险责任的划分

风险责任的划分是实习协议中最重要的内容之一。风险责任一般包括两类：一类是大学生在实习过程中使用人单位遭受损失所产生的责任，另一类是大学生遭遇工伤事故产生的责任。通常情况下，大学生缺乏抗风险能力并且经济能力有限，因此在实习协议中注明上述风险责任的划分十分有必要。此外，大学生可以要求用人单位为自己购买实习责任险或人身意外伤害险。

某用人单位的实习协议（部分）如图10-3所示。

```
                            实习协议

    甲方(实习单位)                   乙方(实习生)
    单位名称                         姓名
    单位性质                         性别
    法定代表人                       身份证号码
    地址                             地址
    邮政编码                         邮政编码

    乙方为学校学生，在学校推荐或乙方自主申请的前提下，甲方同意乙方到本单位实习。为确保双方在实习期间的权利和义务，经双方协商，达成本实习协议。
    第一条  协议期限和工作时间
    (一)经双方协商一致，本协议期限为____年____月____日至____年____月____日。
    (二)乙方在实习期间的出勤考核及休假，参照甲方规章制度执行；乙方休假期间，甲方不承担对乙方的教育和管理义务。
    第二条  实习内容和地点
    (一)甲方根据乙方的个人情况及自身的生产需要，负责乙方的工作安排、劳动安全、劳动纪律教育、考勤记录和必要的技术指导工作。
    (二)甲方安排乙方的实习地点为_____。
    第三条  实习期待遇
    (一)乙方实习期的工资按到岗自然工时计算，每工时为人民币____元。
    (二)甲方每月8号以货币形式向乙方支付工资。如果遇到休息日、法定节假日等，提前支付工资。
```

图10-3 某用人单位的实习协议（部分）

政策引领

为进一步提高实习质量，切实维护学生、学校和实习单位的合法权益，2019年7月，教育部印发《关于加强和规范普通本科高校实习管理工作的意见》(以下简称《意见》)，对进一步加强和规范普通本科高校实习管理工作做出规定。

《意见》明确指出，各类实习原则上由学校统一组织，开展集中实习，但学生可以自行选择单位分散实习；高校要做好学生的安全和纪律教育及日常管理，实习单位要做好学生的安全生产、职业道德教育；学生应当尊重实习指导教师和现场技术人员，遵守学校和实习单位的规章制度和劳动纪律，保守实习单位秘密，服从现场教育管理；高校和实习单位要为学生提供必要的条件及安全健康的环境，不得安排学生到娱乐性场所实习，不得违规向学生收取费用，不得扣押学生财物和证件。

（二）签订实习协议的注意事项

签订实习协议时，大学生应注意以下几点。

1. 查询用人单位的主体资格

实习协议双方的主体资格是否合法，是实习协议是否具有法律效力的前提。大学生在签订实习协议之前，一定要先审查用人单位的主体资格。查询用人单位主体资格是否合法的方法如下：

（1）使用国家企业信用信息公示系统查询。进入该系统，输入用人单位名称、统一社会信用代码或注册号进行搜索。如果搜索结果显示"存续（在营、开业、在册）"，表示该用人单位依法存在并正常运营；如果搜索不到相关信息，则表示该用人单位没有通过工商局进行登记注册，该用人单位要么属于非法经营，要么刚成立。

（2）使用ICP/IP地址/域名信息备案管理系统查询。每一个正规网站都有唯一的ICP备案号，其作用就是防止网站经营者从事非法活动。如果用人单位有官网，打开其官网，找到最下方的ICP备案号，单击ICP备案号即可进入"ICP/IP地址/域名信息备案管理系统"，在该系统中输入ICP备案号。如果查询到相关信息，则说明该网站经过备案，用人单位的主体资格合法。

此外，还可以使用"天眼查""爱企查"等商业查询平台查询用人单位的经营状况、司法风险等详细信息。

2. 检查协议条款

大学生一定要认真检查协议条款是否明确、清晰地界定了双方的权利和义务，是否符合《劳动法》《劳动合同法》等法律法规的规定。

3. 确定签订手续是否完备

大学生和用人单位签订实习协议，应完整地办理相关手续。大学生要签名并写清楚签名的时间，还应要求用人单位加盖单位公章、注明盖章时间。

二、如何维护就业权益

在就业市场中,大学生属于弱势群体,在择业前必须强化自我保护意识,明确自己享有的权利,懂得如何维护自己的合法权益。

(一)大学生就业的基本权益

大学生作为就业市场的重要主体,除了享有取得劳动报酬权、休息休假权等一般权利外,还享有就业信息知情权、接受就业指导权、被推荐权、违约求偿权等。

1. 就业信息知情权

就业信息知情权是指大学生拥有及时、全面地获取应该公开的各种就业信息的权利。其含义包括以下几个方面:

(1)信息公开。就业信息应向所有大学生公开,任何组织和个人都不得隐瞒、截留就业信息。

(2)信息及时。就业信息有很强的时效性,应及时向大学生公布,以免影响大学生就业。

(3)信息全面。就业信息应全面、完整,以便大学生准确了解用人单位,做出符合自身实际的选择。

2. 接受就业指导权

《中华人民共和国高等教育法》第五十九条第一款规定:"高等学校应当为毕业生、结业生提供就业指导和服务。"就业指导工作直接影响大学生的就业方向选择、职业生涯规划等,是大学生成功就业的重要保障。

 拓展阅读

教育部学生服务与素质发展中心

教育部学生服务与素质发展中心(以下简称"学生发展中心",见图10-4)是教育部直属事业单位,是从事高校招生、学籍学历和毕业生就业信息咨询与指导服务的专门机构。其前身为1989年批准成立的"全国高等学校毕业生就业指导中心",1998年更名为"全国高等学校学生信息咨询与就业指导中心",2022年2月更改为现名。

图10-4 教育部学生服务与素质发展中心

近年来,学生发展中心通过"全国大学生就业一站式服务系统"、大型网络招聘会、国家政策性项目等方式,每年累计收集、发布就业岗位约300万个,组织开展不少于20场网络招聘活动,搭建网络招聘、双向选择的对接平台,在促进毕业生就业方面发挥了重要作用。

3. 被推荐权

高校在就业指导工作中的一个重要职责就是向用人单位推荐大学生。在被推荐的过程中，大学生享有高校如实推荐、公正推荐和择优推荐的权利。

（1）如实推荐是指高校推荐大学生时应实事求是，以大学生本人的实际情况为准，不能故意贬低或随意夸大大学生的在校表现。

（2）公正推荐是指每位大学生都应有被推荐的机会。

（3）择优推荐是指高校应在公正、公开的基础上，本着"优生优待、唯才是举"的原则，向用人单位推荐表现优异的大学生。

4. 违约求偿权

如果用人单位出现违约行为，大学生可以要求用人单位承担违约责任，并支付违约赔偿金。

（二）维护就业权益的措施

大学生维护就业权益的措施主要有以下几项。

1. 自觉遵守就业规范

在就业过程中，大学生应自觉遵守就业规范。根据相关规定，大学生有下列情形之一的，学校不再提供就业服务：

（1）不顾用人单位需要，坚持个人无理要求，经多方教育拒不改正的。

（2）已签订《全国普通高等学校毕业生就业协议书》（以下简称《就业协议书》），无正当理由超过3个月不去用人单位报到的。

（3）去用人单位报到后，因不服从安排或提出无理要求被用人单位退回的。

2. 了解政策和法规

了解国家目前关于大学生就业的相关政策和法规，明确自己在就业过程中的权利和义务，是大学生维护自身权益的基础。例如，《劳动合同法》第十九条、第二十条对试用期的期限和工资作出了明确规定，大学生了解这些内容，在遇到"试用期陷阱"时就能够从容应对。

 明镜高悬

《劳动合同法》第十九条规定，劳动合同期限三个月以上不满一年的，试用期不得超过一个月；劳动合同期限一年以上不满三年的，试用期不得超过二个月；三年以上固定期限和无固定期限的劳动合同，试用期不得超过六个月。

同一用人单位与同一劳动者只能约定一次试用期。

以完成一定工作任务为期限的劳动合同或者劳动合同期限不满三个月的，不得约定试用期。

试用期包含在劳动合同期限内。劳动合同仅约定试用期的，试用期不成立，该期限为劳动合同期限。

《劳动合同法》第二十条规定，劳动者在试用期的工资不得低于本单位相同岗位最低档工资或者劳动合同约定工资的百分之八十，并不得低于用人单位所在地的最低工资标准。

3.预防合法权益受侵害

大学生在求职过程中，应本着诚实守信的原则，向用人单位介绍自己的真实情况。同时，大学生应强化风险意识，对一些用人单位使用虚假信息招聘劳动者的做法，要有提防心理，预防合法权益受到侵害。

4.积极维护自身的合法权益

在就业过程中，大学生如果遭遇不公平对待，要敢于拿起法律武器据理力争，或者向政府相关部门和学校投诉，或者借助新闻媒体来维护自身的合法权益。

 案例在线

用人单位不缴纳社会保险费该怎么办

小张毕业后就职于某用人单位，工作期间，该用人单位拒绝为其缴纳社会保险费。小张遂向人事争议仲裁委员会提出仲裁申请，但仲裁委员会出具了不予受理通知书。随后，小张以社会保险纠纷为由向人民法院起诉用人单位，要求其补偿自己的损失。

人民法院审理后指出，小张与用人单位之间的争议属于社会保险费征收与缴纳方面的争议，应归入行政管理的范畴，不属于法院民事案件的受理范围，故驳回了小张的起诉。

于是，小张查询了《劳动法》和《社会保险法》。《劳动法》第一百条规定："用人单位无故不缴纳社会保险费的，由劳动行政部门责令其限期缴纳；逾期不缴的，可以加收滞纳金。"《社会保险法》第六十三条第一款规定："用人单位未按时足额缴纳社会保险费的，由社会保险费征收机构责令其限期缴纳或者补足。"由此可见，劳动者、用人单位与社会保险机构就社会保险费缴纳等发生争议，是社会保险费征收与缴纳方面的纠纷，属于行政管理的范畴，带有社会管理性质。

对于因用人单位欠缴、拒缴社会保险费或者劳动者对缴费年限、基数有异议等发生的争议，劳动者可以要求社会保险行政部门（即人力资源和社会保障行政部门）或者社会保险费征收机构依法处理。随后，小张向当地人力资源和社会保障局求助，用人单位才补缴了小张的社会保险费。

三、如何解决违约问题与劳动争议

大学生在就业过程中通常会用到两份与就业相关的文件——《就业协议书》和劳动合同。了解与《就业协议书》有关的违约问题的处理方法、与劳动合同相关的劳动争议解决方法，有利于大学生维护自身的合法权益。

（一）与《就业协议书》有关的违约问题的处理方法

与《就业协议书》有关的争议经常发生，其原因一般是大学生草率地与某用人单位签订了《就业协议书》，但后来找到了更适合自己的用人单位，想解除与原用人单位的就业协议，从而引发违约问题。

在实践中，针对与《就业协议书》有关的违约问题，通常有以下几种处理方法：

（1）大学生与用人单位协商解决。大学生可以向用人单位说明情况并赔礼道歉，争取获得用人单位的谅解，必要时支付违约金。这种方法适用于因大学生违约而引起的就业协议争议。

（2）学校或当地省级大学生就业主管部门与用人单位协调解决。学校或大学生就业主管部门介入，使学生和用人单位达成和解。这种办法多适用于因用人单位违约而引起的就业协议争议。

（3）通过法律途径解决。对于协商调解不成的，大学生可向人民法院起诉，由人民法院依法裁决。

探究与分享

你如何看待大学生签署《就业协议书》后违约这一行为？

（二）与劳动合同有关的劳动争议解决方法

劳动合同是指用人单位与劳动者确立劳动关系、明确双方权利义务的协议。与劳动合同有关的劳动争议一般有以下几类：

（1）因用人单位辞退劳动者和劳动者辞职所发生的争议。

（2）因执行国家有关工资、保险、福利、培训、劳动保护的规定所发生的争议。

（3）因履行劳动合同所发生的争议。

劳动争议的解决方法有劳动争议协商、劳动争议调解、劳动争议仲裁和劳动争议诉讼，后三种解决方法对应的机构分别是劳动争议调解委员会、劳动争议仲裁委员会和人民法院。

（1）劳动争议协商是指劳动关系双方当事人在发生劳动争议后，自行协商解决，以澄清误会、分清责任、取得谅解，最终达成和解协议。

（2）劳动争议调解是指劳动争议调解委员会在查清事实的基础上，依照相关法律法规，向劳动争议双方当事人陈述各自的权利和义务以及利弊关系，争取在相互谅解的基础上达成调解协议的方法。

（3）劳动争议仲裁是指劳动争议仲裁委员会在查明事实、分清责任的基础上，依照国家法律法规和相关政策，对劳动争议双方当事人的责任进行认定和裁决。仲裁既具有调解的灵活、快捷，又具有法律强制执行的特点。裁决作出后，劳动争议当事人对仲裁裁决不服的,可以自收到仲裁裁决书之日起15日内向人民法院提起诉讼。一方当事人在法定期限内不起诉又不履行仲裁裁决的,另一方当事人可以申请人民法院强制执行。

(4)劳动争议诉讼是指当事人不满意劳动争议仲裁委员会的仲裁结果,依法向人民法院起诉,由人民法院依法审理并作出判决。诉讼是处理劳动争议的最终方式。最终生效的判决标志着该劳动争议案件诉讼程序的终结。人民法院对劳动争议案件的审理,适用《中华人民共和国民事诉讼法》规定的程序,分为起诉和受理、调查取证、调解、开庭审理等阶段。人民法院作出判决后,向当事人发送判决书。当事人不服一审判决的,有权在判决书送达之日起15日内,向上一级人民法院提起上诉。到期未上诉的,判决书自动发生法律效力。

劳动小贴士

劳动争议协商和劳动争议调解不是处理劳动争议的必经程序,但劳动争议仲裁是处理劳动争议的必经程序,也是处理劳动争议最重要的程序。在我国司法实务中,人民法院受理劳动争议案件是以经劳动争议仲裁委员会裁决过为前提的。只有经过劳动争议仲裁,当事人才可以向人民法院提起诉讼。不经过劳动争议仲裁,当事人直接向人民法院提起诉讼,人民法院不予受理。

实践活动

解决劳动纠纷

现实生活中,部分大学生缺乏劳动法律法规方面的知识,在发生劳动纠纷时不知道如何维护自己的合法权益。例如,签订的劳动合同中有很多条款对自己不利,大学生不知道增加补充条款保护自己的合法权益;对劳动争议仲裁程序一无所知,自己的劳动权益得不到劳动争议仲裁委员会的支持;不知道如何提供有利证据来支持自己的仲裁请求。

为了加深学生对《劳动法》《劳动合同法》等法律法规的了解,引导学生增强维护自身合法权益的意识,班级组织开展"解决劳动纠纷"主题活动。劳动纠纷的内容由学生自拟。

【活动记录】

活动开展计划:

活动开展难点及解决方案:

心得体会：

【活动评价】

教师可参考表10-1对学生的表现进行评价。

表10-1　实践活动评价表

评价标准	分值	分数小计	教师评价
活动准备工作做得充分，活动过程记录详细	10		
分工合理，各成员均积极参与	15		
劳动纠纷案例贴近实际	30		
引用的法律条文准确、合理	20		
模拟过程自然、流畅	25		
总计	100		

参考文献

[1] 曾天山，顾建军.劳动教育论[M].北京：教育科学出版社，2020.

[2] 李效东.大学生劳动教育概论[M].北京：清华大学出版社，2021.

[3] 吕罗伊莎，王调品，刘桦.劳动教育教程[M].北京：北京师范大学出版社，2021.

[4] 潘维琴，王忠诚.劳动教育与实践[M].北京：机械工业出版社，2021.

[5] 王一涛，杨海华.大学生劳动教育与实践[M].苏州：苏州大学出版社，2021.

[6] 柳友荣.新时代大学生劳动教育[M].北京：高等教育出版社，2021.

[7] 谢辛.劳动教育：观念、方法与实践[M].北京：电子工业出版社，2020.

[8] 邓辉，李春根.大学劳动教育[M].北京：高等教育出版社，2021.

[9] 党印.职业与劳动：大学生劳动教育十讲[M].北京：人民交通出版社股份有限公司，2021.

[10] 郭明义，巨晓林，高凤林.劳动教育箴言[M].北京：中国工人出版社，2020.

[11] 朱忠义.劳动教育与实践[M].北京：北京理工大学出版社，2020.

[12] 袁国，徐颖，张功.新时代劳动教育教程[M].北京：航空工业出版社，2020.

[13] 郑成华.大学生创新创业能力培养与实践教程[M].西安：西安交通大学出版社，2021.

[14] 孙百虎.大学生劳动教育[M].北京：化学工业出版社，2021.

[15] 王雄伟.大学生劳动教育[M].北京：化学工业出版社，2021.

[16] 邬承斌.大学生劳动教育理论与实践[M].北京：电子工业出版社，2023.

[17] 邹灏，侯守军，任训，等.大学生劳动教育教程[M].北京：清华大学出版社，2024.